146 メートルの廊下が作品になった！
とがびの廊下の芸術は長く……展示期間は短い？！

130m の廊下が愛でつながる / 生徒作品 / 2009
アーティストの作品から影響を受けて生徒たちが独自のプロジェクトにした。

とがびアート・プロジェクトのかお・顔・KAO

「中学校を美術館に変えよう！ 戸倉上山田びじゅつ中学校（略称：とがび）」は、２００４年長野県千曲市立戸倉上山田中学校の1学年総合的な学習の題材としてはじまった。中学生「キッズ学芸員」が美術館から借りた本物の絵を使って、企画・展示をし、その後さまざまなアーティストと協働し、文字通り学校を美術館に変身させ、地域に解放したプロジェクトです。10年間の総入場者数はのべ1万人を越えました。

仕掛け人の中平千尋・紀子夫妻や参加アーティスト、生徒たちが後でふり返り語ったことばには、「誰でもアーティスになれる場所」「若気の至りの集合体」「変態の巣窟」などが並んでいます。その中の「究極の寛容」という卒業生のことばは千尋さんが生徒たちをどれほど愛し、アートがつくる自由な場をいかに大事にしていたかを示してます。

しかし、同時に同じだけ苦労もあったと思います。管理職や同僚への配慮、プロジェクトマネジメント等々、10年の継続はさまざまな困難がある程度乗り越えられたことの証明です。驚くことに、生徒たちの中には、小学生の時からとがびをやることを決めて美術部に入部する者や、卒業して高校生や大学生になってもずっと関わり続ける者もいました。つまり、「とがび」は、この学校のみならず地域独自の文化になっていたのです。

カラー頁では、そんな「とがび」のリアルを、生徒たちの真剣な笑顔を通してご覧ください。

元色（げんしょく）／ROBO／2006
中学校の廊下に積み上げられたロッカーや机、椅子などで構成されたロボット。インスタレーションはおもに廃棄されるもので作られている。

根プロジェクト／柿崎 順一／2008
すべてのものに存在する根に集点をあてるプロジェクト。教室に大根の輪切りが敷き詰められただけなのだが、その空間は美しく、訪れた人たちは驚きの声を上げていた。

毛糸の花火 / 門脇 篤 / 200
落下の一瞬で花火のもつ時間を表現した作品

カメラ星人調査隊　第３次現地調査 / 國井 義典 / 2006

ピンホールカメラの原理を活用したこの作品は、作家と町田先生と科学研究部がコラボレーションしながら毎年展示されました。

とがびの受付をするキッズ学芸員

中平千尋先生の授業風景

魁夷 DE 中学生 / 2007

東山魁夷の中学生の頃の自画像をとがびで展示。

Ham m mock プロジェクト / 水内 貴英 / 2007

温泉街の古い布団もらってきて作った布団ハンモック作品。熟睡する生徒が続出した。

投票美 / 中平 千尋＋太田 伸幸 / 2009
選挙と重なったさくらびで選挙ポスターと映像を制作。中学校の美術教育に対する情熱あふれるメッセージを発信した。動画は Youtube で公開中。
https://youtu.be/qZco9IIPVxY

おたくの部屋 / 生徒作品 / 200
3 年生生徒がありのままの姿を展示としてみせた画期的作品。

想像の海／中学生だった自分へ / 丸子修学館高校美術部「まるび」のパフォーマンス / 200
展示で集めた手紙を校庭で燃やす作品。シュレッダーした紙にも火が移り激しく炎上した

花降る部屋 / 塩川 岳 / 2009
定期的に傘に仕込んである紙吹雪が舞い落ちてくる。光・音の体感型インスタレーション。

中学校の階段下に対話がメインのアートセンターをつくるプロジェクト。（詳細は3章）

小悪魔 mirima teen
生徒作品 / 2010

とがびの部屋 / 山本 耕一郎＋美術部二年生 / 201
「徹子の部屋」のとがび版、男子生徒が徹子に扮し
地域の人にインタビュー。（詳細は3章

まんがの部屋 / 生徒作品 / 2009
女子生徒２人が床と壁にひたすらマンガを貼った作品。

もなこさいと @room/ 尾花藍子＋演劇部 / 200
部室で行っていた自由な表現
とがびで外に発信したプロジェクト

ど貴族ラジオ / 山本 耕一郎＋美術部三年生 / 2011
とがびの瞬間だけ生まれた見ても楽しめるラジオ局。
貴族の格好をした生徒が訪れる人々を巻き込んでいった。（詳細は３章）

GENTEN/ 卒業生有志 / 2013
卒業生たちの原点を再構成し展示した作品。

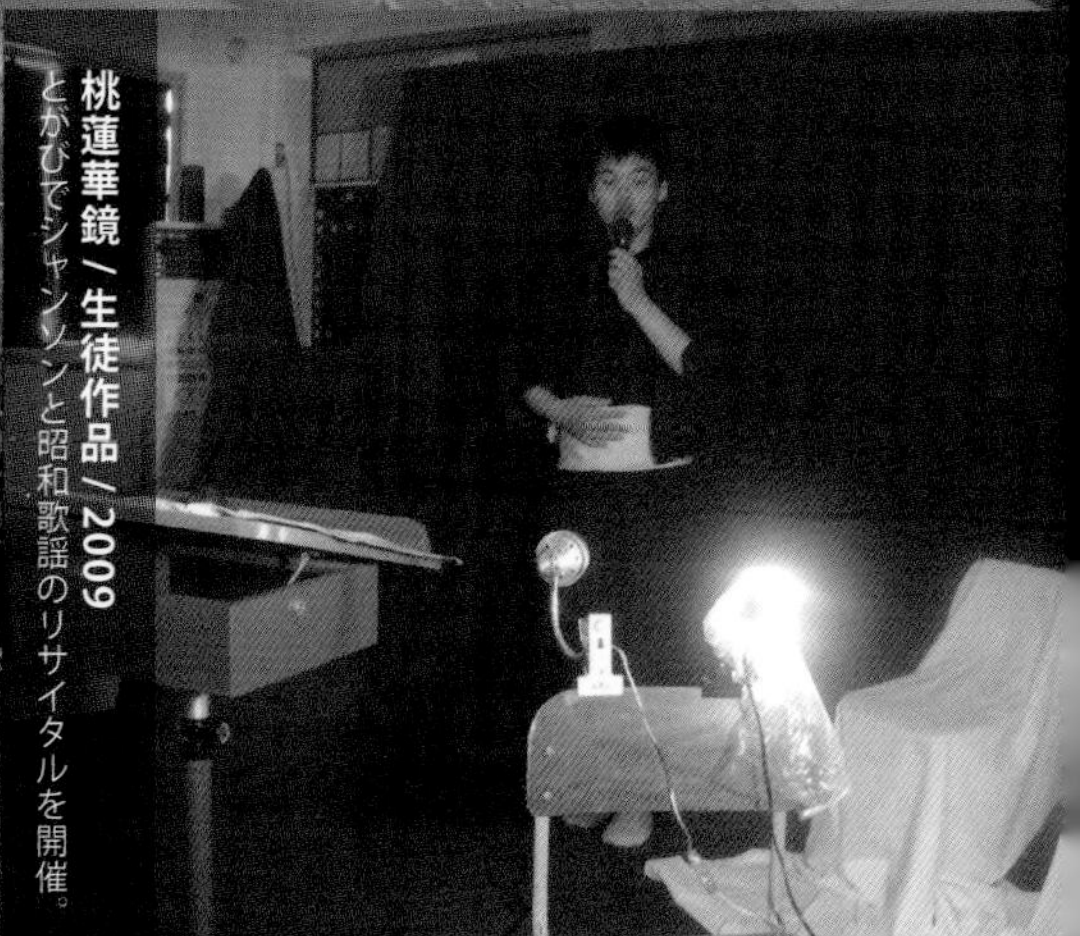

桃蓮華鏡 / 生徒作品 / 2009
とがびでシャンソンと昭和歌謡のリサイタルを開催。

ヲタサミット / 山口将 /2012
卒業生が開催した、オタクを擁護するサミット。

廊下小劇場 / 住中 浩史 / 2011
廊下に自由な表現の場として、パフォーマンス等が
行なえる小劇場を制作。

新版増補

とがびアートプロジェクト

中学生が学校を美術館に変えた

Introduction

はじめに

中平千尋は生きている——中学校美術教育は死なない

跡見学園女子大学教授
茂木一司

本書は、長野県千曲市立戸倉上山田中学校で２００４年から２０１３年まで10年間にわたって行われてきたアートプロジェクト「とがび」の取り組みを記録し、総括しながら、わかりやすく紹介します。

「とがび」は、長野県千曲市の戸倉上山田中学校の教室や廊下、グラウンドなど敷地全域を展示会場とした美術展「戸倉上山田びじゅつ中学校」（通称：とがびアートプロジェクト）の略称です。とがびの名称は美術大学の略称である、むさび、たまびに準じています。『中学校を美術館にしよう』を合い言葉に、２００４年に当時同校に勤務していた美術教諭中平千尋の発案から始まり、年を追う毎に拡張し、２００８年からは「メガとがび」と名称を変え、その後２０１３年まで開催され、同年文化庁長官表彰（文化芸術創造都市部門）を受けました。

とがびアートプロジェクトは、公立中学校の教育現場が自ら生み出し継続している取組であり、中学生が自らやりたいことを決定し表現する過程において社会性やコミュニケーション力を身につけ、勇気や自信に満ちた姿を発信するこの活動は、アートの強みを活かした実践的学びの場であり、将来の創造性豊かな地域づくりに繋がる重要な活動と言える。

受賞理由は一見もっともらしくみえますが、よく読むと何だかわからない。それは、「公立中学校が自ら生みだし継続してしている取り組み」とか、これが「中学生が自らやりたいことを決定し表現する過程において社会性やコミュニケーション力を身につけ、勇気や自信に満ちた姿を発信する活動」というような記述が、およそ今の中学校現場では想像できないからです。しかしながら、「とがび」は地域社会を巻き込んでそこに暮らすみんなに勇気と希望を与えた小さくとも鋭利なアートプロジェクトであり、同時に学校教育や美術教育をも越えた希有な教育実践です。また教育の中でもっとも難しい中学生という時期を輝かせた本当にすごい取り組みだった。彼はいつも言っていた。「中学生って、おもしろいんだよ(^o^)。それを伝えたいんだ」と。

美術教育の授業時間数が減っていく中で、中学生という時代にこそ表現活動を思いっきりさせてあげたい、そして彼らを抑圧から解放し、自由に生きることの大切さを学ばせたいという中平千尋の思いを、わたしたちは感傷的な思い出として語るわけにはいきません。彼は、少ない授業時数を活かし補うために、Nスパイラルという独自のカリキュラムを考案し、必修授業で学んだことが有機的に他教科や教科外活動を含めた中学校教育全体を美術教育がつなげる、インクルーシブなカリキュラムデザインを実践しました。それは、見えない不自由さ、いわば教育の檻の中で生きにくさを抱えた中学生がアートの表現やコミュニケーション力によって、自己の存在を確認し、他者に対する思いやりを学ぶ場として機能しました。子どもと大人の両面を持った中学生の力をビジュアル化し、彼らと美術との出会い方に新たな可能性を拓き、また教室から社会に飛び出し、その接面で起こるさまざまな問題や葛藤をともに経験しながら、真に生きて働く力を獲得し、成長していったのです。それは社会に拓かれた新しい美術教育のあり方を示しただけでなく、(中)学校教育の存在自体への問いかけになった大きなプロジェクトでもありました。

中平千尋本人は残念ながら、2014年11月に逝去してしまいました。しかし、わたしたちはこの運動を継続させていくという課題を彼から託されたと思っています。授業時間数の削減だけでなく、専任美術教師の不在など、美術教育を取り巻く環境はますます厳しさを増し、同時に子どもたちの自由な学びは奪われ、学校教育は困難を極めています。長野県の美術教諭である中平千尋・紀子の2人がはじめた「とがび」を記録し、振り返ることで、それを受け継ぐ若い美術教育研究者・実践者ばかりでなく、次代を担い、未来をつくっていく若者たちに、アートがつくる自由に生きることの精神を受け継ぎ、さらに新しい運動へのちからになってほしいと、本書は期待しています。

Introduction

とがびを、今、絶対やらなきゃいけない！

中平千尋

中学生に美術の面白さを伝えたい。中学校美術の教師になったら、きっと面白いことができるに違いない。そういう気持ちで、私は大学卒業後に就職したデザイナー業を辞め、通信教育で教員免許を取得後、長野県の中学校美術教師となった。

より楽しい授業を行うため、オリジナル授業題材を考案し実践した。生徒の反応は上々。校舎内の空き教室をギャラリーに変え、いつでも生徒作品が鑑賞できるように展示を工夫した。ドイツのパフォーマンスアーティストが来校し、パフォーマンスを生徒に鑑賞させた。……必修授業だけでなく、選択美術、場所の活用など思いつく工夫は全て行ってきた。しかし、10年近い美術教師生活の中で、どこか心は満たされず「何かが足りない。こんなはずじゃなかった」と悶々とし続けていた。そのモヤモヤ感は、どこか美術の授業がいつまでも美術の焼き直しでしかなく、本当の美術的創造空間になっていない、いつまでも練習試合であって、決して訪れることがない本番の試合を待ち望んでいる感覚に近かった。

そして、ある時、無力感に襲われた。「いろいろやってきたが、何も変わっていないじゃないか。いつまでたっても、美術での経験は生徒にとって、単なる楽しい経験でしかなく、美術室から出れば記憶から抹消されているんじゃないか。中学生はもっと美術的発想を武器として、おもしろいことができるエネルギーを持っているんじゃないか？そんな本番の試合ができる場を作りたい！」

そうだ、中学校全体を美術館に変えてやろう！しかも中学生の力で。数日間、中学校をびじゅつ中学校に変えるんだ。今やらないと絶対だめだ！

それが、「とがび」実行のきっかけである。全く前例も事例も、マニュアルもない。しかし、意味不明なやる気の高まりと、根拠のない自信はあった。この中学校で、この中学生とならばきっとできるだろうとどこかで感じていたに違いない。

とがび。はじめは自分の思いで突っ走った10年間だった。しかし、振り返ると、中学生が主体的にとがびを動かし始め、アーティストや地域の方々を巻き込み続け、今では生き物のように地域の文化へと成長した。この愛すべき「とがび」の10年間をドキュメントで伝えることが本書の目的である。さあ、皆さんも、一緒にとがびワールドへジャンプしましょう。

※この文章は、中平千尋自身が「とがび」を本にしたいと考えて、企画書をつくったときにしたためた前書きです。

Introduction

「やってもいいよ」からはじまる「とがびアートプロジェクト」

中平紀子

「とがびをいつかまとめてもっと人に伝えたいね」

そんな会話を夫・中平千尋としたことがあります。しかし、公立中学校の教員をして実践をしながらまとめるという時間はなく、両方をやることに限界を感じる日々でした。そんな中、夫は群馬大学大学院で学ぶ機会を得て、とがびについての実践をまとめるチャンスを得たのです。しかし、2014年11月、夫は他界しました。残されたパソコンの中には、「とがび本の目次」やコンセプトが書かれていて、夫の本作りはすでにスタートしていました。

とがびアートプロジェクトは、総合的な学習の時間に美術の授業数が削減される中で、もっと美術の必要性を生徒をはじめ保護者、地域社会に感じてもらいたいという思いからはじめたものです。公教育の美術の授業が削減されたら、さらに美術のよさに触れ合う機会がないまま大人になっていく子どもたちが増え、社会の中での美術の役割はどんどん失われいくのではないか。そんな危機感から夫の中平千尋は、社会への提言として「とがびアートプロジェクト」をはじめたのです。

「中学生にはすごい力がある。それをみせたかった。子どもたちの表現欲求を満たし、認めてもらえる場つくる。そのために、大人、地域、社会は協力する……」という立場での協働がとがびでした。10年間、その柱は変わらず、美術作家のための発表の場ではない、美術館との連携でもない、あくまでも子どものための「とがび」。

とがびには、生き生きとした笑顔の中学生や自分をみてくださいと思い切り表現する中学生、コミュニケーションを楽しむ中学生……、中学生のリアルな表現の場、それが「とがびアートプロジェクト」です。そして、そんな取り組みを訪れる人々が、毎年数が減ることなく大勢いました。

中学生が表現を楽しめるようになったのはなぜか。中学生が爆発的な力を発揮できた仕組みが「とがびアートプロジェクト」にはあるのです。

夫の後任として戸倉上山田中学校に赴任し、「とがび」を引き継ぐことになったとき、中学生のための美術、中学生のための場所をつくろうと思いました。「~してはいけない。」と言うのではなく、「~してもいいよ。」「やってもいいよ。」を中学校の中に増やしたいと、わたしと夫はいつも話していました。「やってもいいよ。」という言葉で中学生が動き出し、「とがび」ははじまりました。とがびはわたしと夫の絆であり、夫婦=同士のかたちです。

この本の中には、中学校を軸としながらさまざまな人やものやことや環境が巻き込まれていく様子が描かれています。そのカオスこそ、まさに「とがび」そのものです。

とがびアートプロジェクトのもたらしたムーブメントから、今厳しい状況に置かれた子どもたちや美術教育、そしてアートの必要性やこれからの学校や社会の中の大きな美術教育について、みんなで考えてほしいと願っています。

目次　新版増補　とがびアートプロジェクト――中学生が学校を美術館に変えた

資料編　263

新版増補

とがびアートプロジェクト

——中学生が学校を美術館に変えた

編集　茂木一司（代表）・住中浩史・春原史寛・中平紀子＋Nプロジェクト

第１章

「とがび」のはじまりと展開

――美術の授業時間数の削減、教育現場の現状への怒りを発端に

中平千尋の少年時代

大学の頃はバンドに熱中した中平千尋

「とがび」に至る前段階
プレとがび——生い立ちから「光の美術館」などへ

跡見学園女子大学教授
茂木一司

中平千尋の実践を読み解くには、彼がデザイナーをやめて、なぜ美術教師の道を選んだのか、つまり「異色の立ち位置を持つ」（伊藤、2015）美術教師としての生い立ちを眺める必要があるだろう。

「中平です。私の履歴のようなことをお知らせします。

1966年12月7日生まれ今年39歳。出身地は、長野県下伊那郡松川町上片桐。実家が文房具屋で、父親が水墨がコレクターであった影響で、紙をふんだんに使って絵画教育がほどこされた。小学校時は、漫画家になることが夢で、講談社新人漫画大賞などに応募したが、いまだに返事が来ない。小学校、中学校は漫画と野球に熱中していた。

中学校の時、レコードジャケットのロシアアバンギャルド風デザインに強烈なインパクトを受け、絵画表現の雰囲気が写実派から一気にアバンギャルドへと向かう。その勢いで高校生になり美術を選択してどんな課題もアバンギャルドにやっていたら先生に怒られた。

ある時、高校で何を書いてもいい、という絵画の授業があったので、テニスコートにピンクの豚が2匹遊んでいる絵を描いたら高校美術教師に「おまえは俺を馬鹿にしているのか」といわれ、私は反動から、美大へ行くことを決意。2浪して武蔵野美術大学視覚伝達デザイン科へ入学。卒業後、なんとか新宿にあるデザイン会社に入社。自分でなくてもできる仕事が多かったので1年で退社。

帰郷し、通信教育で中学校美術免許を取るために勉強を始める。なぜ教師になろうとしたのか。一つ

1回目のとかび開催時の中平千尋

さくらび09の「投票美」ポスターに写る中平千尋と中平紀子夫妻

は、教師になると、自分しかできないおもしろい仕事ができる予感がしたこと。もう一つは、大学へ行っても見つからなかった美術教育を自分で作ってやろうと思ったから。

免許は1年で取れたが、採用試験には2年目で合格。初任地は、長野県稲荷山養護学校という肢体不自由学校。手など思い通りにうごかせられない子どもに、どうやって美術のおもしろさを伝えるのか？長く観察しているといろいろ発見できた。例えば何も興味を待たないような子どもでも、水には興味を示したり、靴が並べられていることに興味を示したりする。人間にはなにか必ず興味を持つ対象があることの発見。そこから現代美術との共通点を発見し、美術からアートというものへ変遷していく。

養護学校での学びを諏訪の中学校で実践してみた。これが本当に美術なのかと疑わしくなるような実践が続いたが、今の私の原動力なっていることは事実である。五感での作品作りや、暗闇の教室内で「がっこうの怪談」という課題で作ったおばけの作品を懐中電灯で鑑賞する実践。それが戸倉上山田中で今年4年目になる「暗闇美術館」の原型であった。

戸倉上山田中に赴任して「鑑賞学習から始まり、3段階に教材を構成する3年間のカリキュラム」を考案し今も実践している。自由に発想し、自由に制作することができるように、素材体験や技法、鑑賞学習など行い、自由ゆえの苦しさや楽しさを味わって卒業させるカリキュラムである。ここで重視していることは、鑑賞である。1年にルネサンスから始まり3年には現代美術で終わる段階的にすすむ鑑賞授業。この授業は、たとえば「モンドリアンでマドリアン」という授業のように、鑑賞と制作が結合しているよう工夫してある。楽しみながら鑑賞し、応用して制作するということである。このカリキュラムは、「中平スパイラル（Nスパイラル）」と勝手に銘々し、同じ内容を、長野県信濃美術館で毎月行われる「やねうら美術館講座」で行っている。こちらは毎月30名ほどの受講者がある。鑑賞と制作が一体にならないと、美術教育はできないとかんがえている。その延長線上に「とがびプロジェクト」がある。部活やいわゆる主要5教科に重きがおかれがちな中学校を、2日間だけ美術で占領したら、楽しいだろうなあという思いが出発点である。将来は、学校行事、地域行事になれたらうれしいと思っている。」（「ブログ＊とがびアート・プロジェクト」2005.9.8ブログ）

とがびのはじまりには、中平千尋の履歴から読み取ることができる「誰でも創造的に美

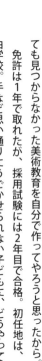

もんぜんぷら座
長野市中心部にある市民活動と交流の場・市民ギャラリーを併設

展示風景（受付）
生徒作品をカードにして配布する工夫

術・アートに触れ、楽しみながら世界と自分とのコミュニケーションの回路を拓き、自己承認ができる」という思いと、それに反して、「自由な美術を、美術教育（教師・制度）自体が制限している」、という疑問や怒りが動機となっていることがわかります。前者は、引っ込み思案で、内向的な千尋を美術（似顔絵）が救ってくれた幼年期の体験や、初任地の長野県稲荷山養護学校で肢体不自由児たちとの協働から生み出された「プロジェクトとしてのアートの種」です。反応が読み取りにくい障害をもつ子どもに美術のおもしろさを伝える試行錯誤の中で、「アートとはアートそのものを問うこと」であることを実感し、五感を重視した、あるいは暗闇での体験型表現に結びついていったのだと思います。

　彼は、幼年期の体験を人生最初の「自分アート・プロジェクト」と呼んでいます。

「美術の授業って、何のためにあるんですか？

まず初めに、私の過去をカミングアウトしたい。私は、保育園から小学校にかけてとても引っ込み思案で、内向的な子どもだったらしい。外で遊ぶよりも家の中で、本を読んだり、絵を描いたりすることが好きな、どこにでもいる内向きの子どもだった。絵は父の影響で好きだった…。そんな私が小学校に入学し、集団の中で生活を始めるわけだが、内向的な性格の上、さらに吃音が激しくなったため、ますます人としゃべることや、関わることが苦手になっていってしまった。特に国語の時間は地獄で、先生に指名されて音読させられるのが苦痛であった。未だに悪夢のようにその時の光景をフラッシュバックするときがある。…しかし、ある日、私が授業に集中できず、教師の似顔絵を描いていたとき、隣の同級生が「おお、これうまいなあ。そっくりだ」と声をかけてくれた。いけないことだが授業中に、私の描いた似顔絵がクラス中を回り、男子も女子も、同級生が笑顔になっていった。その時「絵を描くとクラスの人気者になれるかもしれない。」という思いが心の中にわいてきた。それ以降、私はクラスメイトに注目されるために面白く、みんなが注目する描き方で絵を描き、集団で生きていく自信を持った。私の魂は美術によってこの展示により、生徒作品を不特定多数の方々に見ていただくことが、生徒の表現意欲を高め、また多くの一般の方々に歓迎されるということに気づかされました。生徒は、自分の作品と、鑑賞者による感想を読みたいがために、はるばる戸倉駅から電車で朝一番に会場へ足を運んでいました（※戸倉上山田中のある千曲市から「もんぜんプラ座」のある長野市までは「しなの鉄道」で30分ほど電車に乗り、長野駅から歩いて15分ほどかかる行程です）。一般の方々は中学生の作品群を驚きの眼で鑑賞し、一つ一つの作品に丁寧に感想を書いてくださいました。（ブログ＊とがびアート・プロジェクト 2006. 3. 24ブログ）

ドイツのアーティストのボリス・ニーズロニー氏のパフォーマンスの授業鑑賞

救われたのである。

これは、私が生まれて初めて行った「アート・プロジェクト」だったのではないだろうか。自分のために自分と他者をアートによってつなげた「自分アート・プロジェクト」である。「アート・プロジェクト」というと、…特別なことではなく、アートが好きだという大人のほとんどが、私のようなアートによるコミュニケーションの面白さや自己肯定感を味わっているのではないだろうか。「アート・プロジェクト」とは、特殊な新しい取り組みではなく、アート活動や美術教育の中にすでに内在されているものであると、私は感じている。美術教育による教育的効果は、上記の通り絶大である。一人の子どもの人生観を瞬時に変えてしまう。中平少年が感じた「美術っておもしろいぞ」という確かな実感は、周囲に自分の作品を見てくれて、感想を言い、反応してくれる他者がいたからである。今だから言うが、教師は技能を教えてくれたが、「自分アート・プロジェクト」を進める上では何ら意味のない技能であった。つまり、中平少年は、意欲が高まれば、自ら主題を持ち、自ら発想し、自ら技能を見つけ、自ら表現したのである。

では、美術の授業って何のためにあるのだろうか。子どもがリアルに感じている世界と、授業の中での表現が隔絶しているのではないだろうか。授業で教えている技能は、授業の中だけのものになっていて、子どもが本当に表現したい時の武器になりえていないのではないか。他にも美術教育に関する問題点や疑問は多くあり、どう解決したらいいか、私自身もわからない。しかし、学校を舞台にして生徒が中心で動く「アート・プロジェクト」は、自分の経験から、上記の問題を解決する上で、少しは有効であると、私は実感している。（『シンポジウム「美術の先生は何を考えているのか」報告集』、61頁より）

「とがび」に至る前段階（プレとがび）：「とがびの芽」としての光の美術館

第1回とがびがはじまる前に、すでに中学生によるアートプロジェクトがはじまっていました。前年（2年次）の「暗闇美術館」（次の伊藤論文参照）を体験した生徒たち（79名）は、3年選択美術で行われた「光の美術館」（もんぜんぷら座・長野市）と題した生徒作品展に参加します。この展示の目的は、長野市でももっとも人が集まる場所として知られるこの場所で、生徒がアーティストになって、作品を市民などに公開し、直接評価を得ることで、彼らに表

長野市で活躍するグラフィティー・アーティストのロボ氏の校内にある中庭での作品制作を鑑賞する。

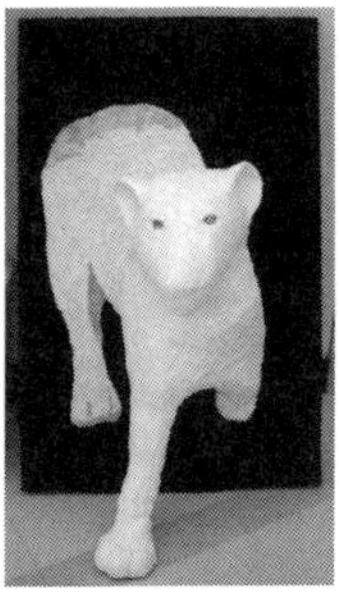
石膏で作ったライオンの彫刻
とにかく大きな立体彫刻作品を作りたくてこの講座を取り、夏休み中何回も登校して完成させました。母親も制作に参加していたことが印象に残っています。（2006.3.27ブログ）

現や展示に対する意欲を持たせることです。

授業内容は、アーティストが外部講師となって授業を支援し、中学生たちが制作した作品を展示するほか、長野市在住アーティストが長野市内で実施するアートプロジェクト「アートナビ03」に参加し、アーティストたち（13名）の展示を中学生が見学し、批評新聞を作る活動などの鑑賞活動を実施しています。中平は、この企画を実施するために、精力的にアートマネジメントをこなしています。アーティストへの参加の呼びかけ、もんぜんぷら座鵜野関係機関の調整や生徒及び保護者への文書による周知はもちろん、雑誌『美術手帖』への取材の申込まで、ぬかりなく徹底してやっています。

小林稜治（Nプロジェクト）は、「アーティストのパフォーマンスによって、言外に「これも『表現』の一つなんだよ、好きなことやっちゃえよ」というメッセージが伝えられる。（その手法が難解なものでも、分かりやすいものでも）」と、この授業にコメントしています。

生徒たちは、「表現方法やテーマなど全て自由」に制作をしました。二週間の展示で、700人を超える入場者があり、多くの感想が届きます。つまり、とがびの芽になったのは、①生徒及び中平自身が外部評価の力の意味を知った、②教師のやる気次第で作家や一般市民が協力してプロジェクトはできる、③生徒の自主性を引き出せば教育も生徒も変わる、④Nスパイラルという必修美術で基本的な知識・技能を学び、それが自由な選択美術の中で発展した、ということです。そういう意味で、彼は次年度から選択美術がなくなることを非常に残念がっていました。

ゼリーを主材料とした作品　食べられる作品。２週間展示していく間に腐ってきましたが、食べ物を表現材料に使った生徒作品は初めてだったので、多くの鑑賞者の方々も驚いていました。

参加型作品　「このお話の次を描いていってください」というメッセージに従い、鑑賞者は前の絵を見ながら、絵によるストーリーの続きを描きます。

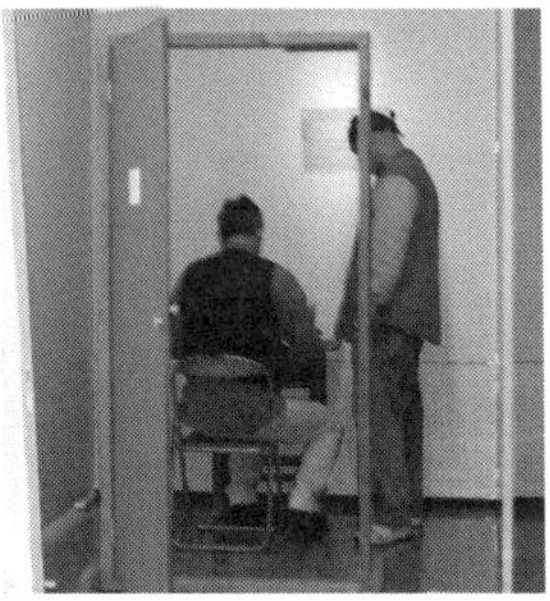

３学年選択美術
A.B 講座「現代絵画アカデミー」　C 講座「ものづくりファクトリー」は、

展示名「光の美術館～ 79 個の光」で、
「アートナビ'03　in　NAGANO」に参加します。

1　アートナビ'03　in NAGANO とは？
発起人は宮沢真さんと宮下ちとせさん。
10 月 4 日から 11 月 3 日まで長野市を中心にした様々な場所で一斉に行われるアートムーブメント。

2　展示名「光の美術館～ 79 個の光」とは？
昨年が暗闇だったので今年は「光」？光をテーマに受講生 79 名がそれぞれの「光」を、一人の中学生ではなくアーティストとして作品発表します。

3　会場「長野市・もんぜんぷら座」
旧ダイエー跡地に長野市が今年６月にオープンさせた多目的スペース。６月だけで 6000 人の利用があったという長野市の新名所。ここの２階テラス、３階市民ギャラリーを光の美術館に変身させよう。(長野東部中学校美術部も参加？)

もんぜんぷら座と３階市民ギャラリー

4　参加日程
１０月４日（土）午後１時から搬入作業
１０月５日（日）10:00 開館　入場無料
１０月 19 日（日）最終日　午後３時から撤去
＊最終日：会場にてアーティストとの交流会あり。

「樹」を描きました。

5　参加の目的
参加の主な理由は、制作やアーティストとの交流、作品発表を通して、美術を好きになるということ。また、一人のアーティストとして作品を不特定多数に見てもらい、表現について考えて欲しい。

6　長野市在住アーティストとの交流
アートナビ参加アーティストがお互いアーティストとして、また、ライバルとして授業に来てくださいます。構想、制作展示段階で、高めあえることを望みます。展示最終日にはもんぜんぷら座で、授賞式ができたらいいなと思います。

リゾートアーティスト宮沢真さんの暗闇美術館での作品。

受講生徒・保護者用配付資料３年選択美術「現代絵画アカデミー」講座（2006.7）

美術館からみたプレとがび——中平式、もうひとつの支流

（一財）長野県文化振興事業団　芸術文化推進室次長
伊藤羊子

長野県美術教育研究会の「Nスパイラル授業」報告

はじめてチヒロTに出会ったのは、2003（平成15）年6月14日、長野県造形研究会（美術教諭の研究団体）でした。私はその半年前の2月に長野県信濃美術館に赴任したばかり。館では県立美術館のあり方を再検討していた時期にあって、私は教育普及事業を優先課題として位置づける必要性を感じていました。

研究会では中平レジメ「表現と鑑賞を結びつけた年間計画の実践　本校美術科研究テーマ～見る・感じる・考える・表現する美術教育を求めて～」（＊1）に釘付けになったことを記憶しています。

これはNスパイラル授業の発表でした。古今東西の著名な美術を鑑賞しながら、その特徴となる構図や技法のポイントをごく身近にある材料で制作し体験します。そして最後に学習を応用して自由に制作するというものです。例えば、「**モナ・リザでマネ・リザ**」では、謎めいた解説文を読み聞かせ、文章の対象作品がモナ・リザであることを解いていく↓13枚のモナ・リザのなかから本物のモナ・リザ画像をさがす↓カメラ・オブ・スクラ原理を応用して、透明下敷き越しに片目でモナリザポーズの友達を描く。この学習によって見たままに描く行為を学ぶ。そして最後に自由制作「人生の中の私のルネッサンス的出来事」を描き、相互鑑賞して感想を書く、といった内容です。技量がなくても、著名な作品の原理を体験しな

Nスパイラル

Nスパイラル授業というネーミングは、2003年から美術館との連携事業を実施した際、私からチヒロTへ提案したものである。それは当初からNをナカダイラのNからナガノのNとして展開していこうと進言したためである。文化庁の芸術拠点事業に採択されて、ナガノのNスパイラル事業となったのは2006年宅配美術館事業でのことであった。（伊藤羊子）

暗闇美術館

「暗闇美術館」は、夕方4時30分から展示を開始し、6時から開館。7時30分には終了し、作品撤収を行います。あっという間に美術になったと思ったら、また数時間後にはいつもの学校に戻るのです。今まで、この暗闇美術館には、生徒作品だけでなく、長野市在住の若手現代作家も作品を出品してくれました。生徒作品の隣に大人の作品

が並ぶのも痛快です。こんな鑑賞の場はあまりないと思います。夜作品が並べられた学校を外から見ると、ブラックライトがぼわっと光る教室や空間が見えて楽しいです。この美術館への入場者は、受講している生徒、保護者、先生方、作家などです。夜間開館なので一切外部告知はせず、生徒も限られた人しか見ることはできません。この限定感覚がまた生徒にとっては楽しいようです。毎年、様々な生徒が新しい作品で感動させてくれています。インスタレーション作品、立体作品、臭いを強調した作品、美しい作品など方向性は様々です。今年はどんな展示になるのか、今からわくわくしています。
写真は、第1回暗闇美術館の生徒作品「手部屋」です。（2005.11.17ブログ）

がら理解でき、楽しい作品が生み出される。これは生徒だけでなく一般の方にも十二分に楽しめる体験型の美術講座だと思いました。私は思わず、**「このスパイラル授業で、中学校のいわゆるカリキュラムを満たせるのですか？」**と聞きました。チヒロTは、中学3年間のカリキュラムを丹念に再構成し、このスパイラル事業を構築したと答えました。また、稲荷山養護学校での教員経験を踏まえ、ハンディのある生徒であっても、本人が興味関心を示す物事を提供できれば、美術は他のどの教科より集中して取り組むことが可能な分野であるとも語りました。

「アートファンをふやそう！」というチヒロTのテーマは、私たち美術館にも重要な課題でした。以降、私はチヒロTの校内活動に可能な限りお邪魔するようになったのです。

戸倉上山田中学校「暗闇美術館」

戸倉上山田中学校では、2年生の選択美術の受講生に**「五感でアート」**というカリキュラムを組んでいました。これは美術＝視覚の世界と考えている常識から離れて、聴、味、触、嗅の四覚に注目して鑑賞、体験、制作することにより、新しい表現の楽しみを味わうこと、生活や学習したことを総合的に活かす力を身に着けることを狙いとしていました。そしてそのまとめとなる発表会を一夜限りの「暗闇美術館」と銘打って学校全体を使って開催していたのです。受講生と参加した若手アーティストたちは、理科室やトイレ、ベランダなど校内の思い思いの場所を使って、来館者の五感に訴える作品を展示する。来館者は懐中電灯をもって各作品をまわり、触ったり、臭いをかいだり、音を出したりしながらそれぞれの作品を楽しむことが出来る、参加体験型の展示会です。しかし、防犯等の観点から一般には非公開で、参加者は受講生と受講生の保護者などの関係者に限られていました。私は平成15年12月に暗

「夜の屋根裏美術館」の準備の様子

夜の屋根裏美術館（2005年（株）週刊長野新聞社提供）

闇美術館を訪れ、懐中電灯をたよりに肝試し感覚で生徒たちの作品をまさに五感で楽しませてもらいました。そこには、「つくる」楽しさは勿論、彼らが訪れる人たちにどうやって楽しんでもらおうかと趣向を凝らした「伝える」楽しさが、一方の訪れた者には作品を体験しながら、作り手の意図を楽しむ喜びが溢れていました。ここではアートを媒介とするコミュニケーションが成立していた。誰にでも楽しめる、美術の原点がそこにありました。「次は伊藤さんの、美術館の番ですよ。」というチヒロTの言葉に「是非、うちでやらせて下さい。」と思わず口走ってしまいました。

「夜の屋根裏美術館」の開催

平成16年2月に善光寺のライトアップを中心とした「長野灯明まつり」が開催されることになり、隣接する長野県信濃美術館でも夜間の延長開館を実施することになりました。私はこの機会に暗闇美術館を招致しようと考えました。場所は空調機械が故障して以来、ほどんど使用されていなかった最上階の講堂です。チヒロTが打ち合わせに訪れた際「ここ（講堂）は屋根裏部屋みたいですね。」と述べたことから、イベント名を「夜の屋根裏美術館」と決めました。生徒たちは2ヶ月をかけ、作品を美術館用に再制作してくれました。

チヒロTは、自腹でハイエースを借り、学校から美術館まで片道24㎞の雪道を何度もピストン輸送をして、子どもたちの作品を搬入してくれました。途中到着が遅く、心配してTに連絡を入れると、搬送中、生徒指導の緊急連絡が入り、河原で停車したまま、電話対応に追われていたといいます。チヒロTは24時間、全力で中学校の「先生」をしていたのです。

「夜の屋根裏美術館」は、2月7日〜15日の8日間の午後5時から8時までの3時間だけ開館しました。会期、わずか24時間の美術館に1203名の人が訪れました。また、県内の

やねうら美術館講座の「五感でアート」と「アート鑑賞」の様子

暗闇探検隊ピカソの陶芸展

なりきりルネサンス

新聞、テレビ、ラジオ、雑誌等、10社を越えるマスコミが大きく報道してくれました。「今どきの中学生が、何を考えているかわかった気がした」などと生徒たちと関係のない市民が大勢訪れたのでした。加えて、通常の展覧会ならば、お願いしてもなかなか書いてもらえないアンケートも、回収率は27・3％に及び、そのほどんどが積極的な支持表明でした。

この反響は、美術館内部、館長からひとりひとりの職員にまで、大きな影響を与えました。思わぬ収穫だったのは、ゼロ予算事業のために管理課、学芸課の職員が交代で受付を担当していたお蔭で、皆が来館者の反応を目の当たりにできました。展示室から出てきたお客さまはほぼ全員が「**ありがとう**」と笑顔で帰っていく。これは、国内外の著名な美術品の展覧会を数々行ってきた美術館の職員が、中学生の作品展示で初めて味わった「喜び」でした。一方、「利益の出ない事業はしない」といっていた館長は、別の視点からこの事業の効果を認めたのです。多くのマスコミが挙って取り上げたことよるイメージ効果、広報素材としての価値です。しかし、もっとも幸運であったのは、それまで、この美術館が教育普及という使命を持たない組織であったことかもしれません。だからこそ、この一撃の効果は絶大だったのです。教育普及事業の推進に絶好の館内環境が整いました。以後、講堂は、「やねうら美術館」として同館の教育普及活動の拠点となり、象徴となったのです。

ある夜、盛況の夜間開館を横目に受付の脇でチヒロTとノリコT、私の3人は「この反響にどう応えていくか」を話し合いました。私たちは嬉しさを通り越して、打ち上げ花火で終わらせないためにどう対応すべきかという使命感に震えていました。そしてその答えが、新年度からの「とがび」であり、長野県信濃美術館「やねうら美術館講座」でした。

やねうら美術館講座
館蔵作品の鑑賞と身近な材料による制作体験の様子。モンドリアン講座では、オノサト・トシノブ作品を鑑賞

触物物語
箱の中のものを触ってあてる

やねうら美術館講座（2004年4月〜）

「やねうら美術館講座」は一般の人たちにも、中平式の美術のおもしろさを体験してもらい、次の夜の屋根裏美術館での発表をめざす目的で開設しました。勿論、講師はチヒロT。初年度は、「五感でアート」講座と、Nスパイラル授業を活用した「アート鑑賞講座」を月に一度、実施しました。

老若男女、まさしくさまざまな年齢層の受講生が集まりました。「アート鑑賞講座」では、著名な作品の画像の他に、関係する美術館の所蔵作品を鑑賞しながら講座を行いました。チヒロTは、「普段、特定の年齢層の人間だけを相手にしているため、こうした市民講座は受講者の年齢に幅があり、勉強になる」とよく話していました。

「宅配美術館」 Nスパイラル授業の普遍化をめざした実践

「宅配美術館」（＊2）は、文化庁芸術拠点形成事業に採択されたアウトリーチプログラムです。これは、2004（平成16）年度から同館で行ってきた「やねうら美術館講座」の事業内容を活用して、Nをナカダイラ・スパイラルからナガノ・スパイラルへと発展させ、県内の学校や教育施設、公民館などでの実施をめざしたものです。必要な物品をセットにして貸し出し、各所で幼児から高齢者に至る幅広い層を対象として美術鑑賞とあそび的な要素のある造形体験を実施してもらうものです。これにより学校の図工や美術の時間に鑑賞を取り入れやすくすること、社会教育施設においては、専門家がいなくても気軽に楽しく造形体験ができることをめざしました。

プログラムの作成には、チヒロTをはじめ地元の小中大の学校教員13名を委員とした推進委員会で中平講座を基に内容の検討を行い、多くの先生が授業で使いやすいものに改訂しま

モンドリアンでマドリアン

彫刻に触ってみよう

宅配美術館会議のチヒロT

した。また、博物館実習生にも協力を得ながら、特に美術を専門としない実施者でも美術鑑賞・制作講座が簡単に実施できるように工夫をしました。館内での試行後、県内各所で41件の実施を経て7つのパッケージを制作しました。

以上のように、本事業は、Nスパイラルを多角的に検証し、全県下に向けて普及することを可能にした事業例です。Nスパイラルの命名以来の念願であった構想であり、広域なエリアを担う県立美術館として先端的なカリキュラムを県域に広く展開できる組織的、継続的なものにして普及できた事例といえます。

しかし、多くの教育者によって普遍化をめざしたことにより、結果的にはオリジナルにあった各題材の面白味やインパクトが薄れてしまったことも否めません。少なくとも最初に私が歓喜した項目は無くなってしまいました。また、折角出来上がったプログラムも、広く活用されるものにするには、制作後も継続した広報や普及活動が不可欠であるのにもかかわらず、担当者が変われば、制作物への理解や愛着も希薄になってしまいます。常に新しい事業が乱発されて、過去のものは忘れられていく。ガラガラと人の代わる組織の中で、ひとつの事業を息長く継続することの難しさを痛感しています。独自の手法をその輝き失わせることなく一般化すること、雇われ組織の中でひとつの活動を普及し続けること、残された課題は多いと感じています。

※1　研究報告資料は27～29頁拙稿「「アートファンをふやそう！」中平千尋先生との実践」長野県信濃美術館紀要　第9号２０１４年参照。

※2　詳細は『平成18年度芸術拠点形成事業「宅配美術館」報告書』長野県信濃美術館２００６年を参照。

「とがびアート・プロジェクト」の展開

武蔵野美術大学准教授
春原史寛

本書編集メンバーによる中平千尋自宅における資料調査・取材

はじめに

中平千尋は、「とがび」（とがびアート・プロジェクト「戸倉上山田びじゅつ中学校」）を「学校の教育課程にある中学校美術科教育と学校外のアートが連携・統合して成立する教育・学習系アート・プロジェクトという独自の運動体」と明快に定義しています。本節では、彼自身の論文（2014、2015未完）やブログ（http://www.voluntary.jp/weblog/myblog/1267、以降は「ブログ」と表記）、さらに「とがび」の紙の記録＝一次資料をもとに、中平が生前4期に分けて考察しようとした「とがび」を運動体と捉えて総括します。

第1期「**借り物アート期**」（２００１〜２００４年）は、中平が戸倉上山田中学校に着任し、先生主導で生徒たちがキッズ学芸員として美術館やアーティストから作品を借用し、学校内に展示するプロジェクトがはじまった時期です。そこでの「アート」は中学生にとっては借り物なのでそのように命名されました。この時期、「Nスパイラル」（２００１〜２０１３、２章）が始動し、学校の内と外をつなぐプロジェクトとして「とがび」が始まります。

第2期「**キッズ学芸員覚醒期**」（２００５〜２００６年）では、中学生が主体的にコラボレーションする作家を選んで活動することに目覚めた時期です。しかも、生徒は自分たちの「自己表現」を社会との接面で試す力を自ら発見していったのでした。

第3期「**とがび解体期**」（２００７〜２００９年）は、千尋が長野市立櫻ヶ岡中学校に異動し、

中平千尋の自宅書斎

校内に設置された「とがびプロジェクト2004」の立て看板

戸倉上山田中学校には妻の紀子が着任し「とがび」を継続していきます。この時期の特徴は、作家と協働をしながらも、生徒たちがより主体的に自己開示をし始めたことです。

第4期「脱アーティスト期」(2010～2012年)では、生徒たちはこれまで継続されてきた作家との協働や美術館からの作品借用・展示をやめて、すべてを自分たちで主体的につくり上げていこうとした時期です。それは、自主企画としての2013年のとがびにつながっていきます。(なお、名称は「とがび」(2004～2007年)、「メガとがび」(2008～2012年)と変わり、卒業生が自主的に関わった2013年の名称は「とがび」に戻されました。)

第1期　借り物アート期　2001～2004年

中平は、独自に考案した中学校美術科の「Nスパイラル」による実践によって、美術が苦手な生徒も興味をもって取り組むことができる、さまざまな工夫をしていきます。遊び的題材から始まる、技能ではなくアイデア主体、などです。ある生徒は、「限られた条件の中で発想の自由を与えれていた印象があります。限られた条件というのが授業の内容と時間、場所、使う物です。**美術はやらされているというよりは自分で動いて自分で考えて初めて作品になるという感じがして面白かったです**」と述べています。

中平の工夫はさらに発展していきます。**本物に触れる**(鑑賞)**活動**をやってみたらどうか。必修授業内では美術館への訪問が難しいので、館との協働による「暗闇美術館」「光の美術館」(前節)が実現し、必修授業外の「とがび」へ至る道になりました。

中平は研究の中で、とがび以前のいくつかの学校アート・プロジェクトのほとんどが、アーティスト主体のもので生徒はワークショップの参加者にすぎないことを指摘しています。彼は、先行事例では欠けていた、中学生がアートと関わり、主体性や社会性が育成されるこ

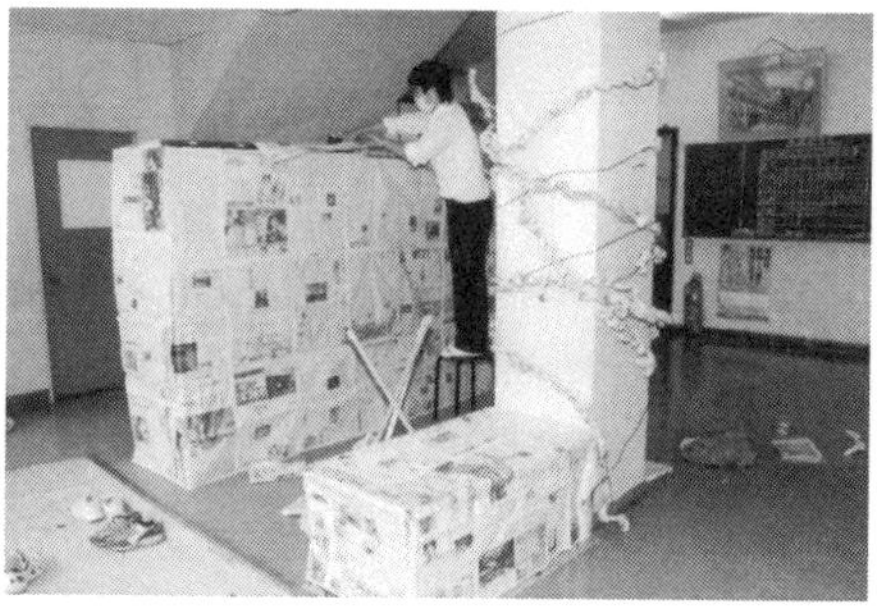

開催前日の準備作業

とを課題として考え、とがびでは次の4つのポイントを理念としました。

①総合的な学習の時間に組み入れた題材としてコミュニケーション能力育成を重視する。

②生徒が「キッズ学芸員」として作品制作や展示、解説を行う要素を入れる。

③生徒とアーティスト、地域の交流の場を作り出す。

④3年選択美術で制作した中学生作品も展示する。

これらの観点から2004年4月にはとがびの構想が完成し、美術館からの作品借用・展示、アーティストと生徒とのコラボレーション、生徒作品展示、それらの準備・運営作業のすべてを中学生が「キッズ学芸員」として担うことで学校を美術館に変え、地域にアート・ファンを増やすことが計画されたのです。

●第1回　とがびアート・プロジェクト2004　2004年10月9日・10日

最初のとがびは2学期制の間の学期間休業に開催されました。参加生徒は中平が担任の1年1組と、1年2組の計80名で、「キッズ学芸員」となって実行委員会を組織しました。参加アーティストは22名で、加えて卒業生4名と3年選択美術生徒60名（10作品）が参加しています。保護者ボランティアも受付などを担当しました。台風通過という悪条件下にもかかわらず入場者数は1131名で、子どもから高齢者まで地元千曲市内外から幅広く来場しました。プロジェクトには約5ケ月間の準備期間がありました。

4月　総合的な学習の時間として、同校1年1組・2組がプロジェクトを立ち上げる。
5月　県信濃美術館を訪問し、東山魁夷の絵を借用したいと松本館長に直接交渉。貸し出し条件を出される。
6月　生徒による戸倉周辺での東山魁夷作品人気リサーチ活動を行う。合計935人の回答を得る。企画

美術館見学と副館長への借用交渉

リトグラフ作品の選定と展示環境対策の授業支援の様子

書に人気の高い順に展示することを盛り込む。展示の際の作品の取り扱い指導を受けることと、展示環境を整備することを条件に美術館からリトグラフの貸出が許可された。

8月　県内外の作家が多数参加することが決定。

9月　生徒と作家の交流会を行う。生徒による広報・宣伝活動（チラシ・ポスター作りなど）が始まる。

10月　前日にアーティストと共に展示の準備をし、展覧会当日生徒はキッズ学芸員として、作品保護や作品紹介、案内などを行い、さまざまな作品を自由に見学した。作家によるワークショップにも参加した。

この年のメインとなった活動は、長野県信濃美術館から、東山魁夷と池田満寿夫の実物のリトグラフ作品を借りて学校で展示することでした。生徒たち自身で作品を決定し、美術館に出向き、借用依頼・交渉をする実践です。中平は生徒が美術館や作品の大切さを実感できる演出をあらかじめ学芸員にお願いし、**リアルな社会との接触**を学習の場に変えました。それは、**社会における実践的コミュニケーション**を体験させるために、生徒に質問の仕方や設問の問題点の改善を意識させる実践的な学習です。

たとえば、美術館からの、**作品の必然性から展示内容やストーリーを考える課題**などです。学級内ばかりか町民にまでアンケートをとるなど、作品選定には時間をかけ、工夫をさせています。会場づくりも本格的で、有孔ボードを設置、窓を黒紙で覆い暗室化し、クリップライトを設置するなど、教室を美術館に変えるため生徒と共に整備しました。

アーティストの参加は15人で、長野県内外から集まりました。9月の総合的な学習の時間での生徒とのミーティングから始まり、キッズ学芸員たちが割り当てられてコラボレーションが行われました。7色の毛糸を校舎内外に展開した門脇篤「中学校に虹をかけよう」、教

開催当日の「中学校に虹をかけよう」

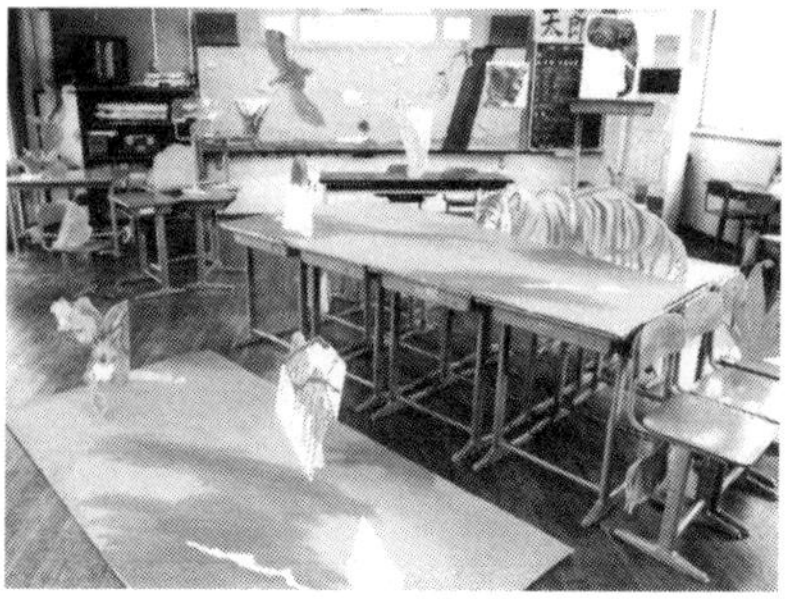

佐々木啓成「とがび創造動物園」

室を動物園に見立てて来場者も動物を描く佐々木啓成「とがび創造動物園」（学区内の城祉にかつて動物園があったことから着想）、圓井義典による発泡スチロール製の人が入れるサイズの巨大なピンホール・カメラ、吉岡伸行による和紙の照明オブジェ、参加者の希望・願いに応じて装着型のオブジェを作る関野宏子「ニョロ」、宮沢真による中学生がDJ体験をするFMラジオ局「FM苺」、幅佳織「あなたが今までに流した涙の量をはかってください」などの作品が展示され、ナカムラユミによる中学生が抱える問題を自分たち自身で表現したパフォーマンスなどが実施されました。

また、自分の作品を出品する「作家＝生徒」の活動は、3年選択美術受講生60人の作品が**「立体派宣言！」**として、校舎のさまざまな場所を生徒自身が選んで展示されました。

とがびの特徴に、ブログをはじめとする記録の重視・充実があります。担任の1年1組の学級通信は、5月以降この借用・展示の準備プロセス一色となり、生徒の生活ノートに記された感想の抜粋を記載するなど活動の丁寧なまとめが行われ、生徒が活動をふりかえる場となっていました。生徒たちに活動をすべてメモやビデオで記録することに留意させ、ブログを活用して積極的な記録・広報が展開されました。チラシやポスターと展示案内図は生徒が手書きし、しなの鉄道の列車内映像広告を依頼しました。当日の様子は『信濃毎日新聞』など各紙に掲載され、ニュース番組等でも放映され、広く地域の市民に周知されています。9日には、図書室でシンポジウム「「アートの力」——地域をめぐって」（松本猛・ムトウイサム・吉本伊織・宮沢真）を開催し、地域に生徒のアートを通じての活動を伝えています。

小林稜治（Nプロジェクト）は、自身が1年生で参加した本年のとがびでの美術館との関わりについて次のように報告しています（2006.11.28ブログ）。

開催当日の東山魁夷作品の展示風景

「東山魁夷展」ギャラリートークツアーの準備で美術館を訪問する生徒たち

「学校全体を中学生たちの力で美術館にして地域に開放するというとがびの前例のない試みの、美術や教育が持つ力を再認識させた成果は、美術館学芸員、参加アーティスト、教育関係者によって高く評価され、多数の来場者が中学生の丁寧な説明に感激しました。来場者のアンケートには「こんなに楽しく表現出来る人達のエネルギーを子どもたちにこれからも伝えて欲しいなあと思った」「学校が美術館になるなんてステキですよ！美術館に行きたくても行けない人は大勢いると思います。町の人にももっと知らせたらよかったかな？」といった言葉が残されています。生徒たちはその学校外からの評価によって自信を付けていきます。」

第2期　キッズ学芸員覚醒期　２００５〜２００６年

「1年目は、なんだかよく分からずやっていたので、今考えるとやらされていた気もします。でも2年目は自主的に選択授業でとがびに参加したので、やらされてる感は、無かったです。（中略）2年目は自ら選んだことだったから。また、確か自分達でお手伝いする芸術家さんを選んだと思うので、そういった点でしょうか」（「とがびアート・プロジェクト10年の歴史」『美術教育学』より）

中平はこのような状況を、美術館の作品は本物であっても与えられ押し付けられた借り物であり、この問題解決には生徒のより主体的な関わりしかないと考えました。

●第2回　とがびアート・プロジェクト２００５　２００５年10月8日・9日

この年から総合的な学習の時間が選択希望制となり、とがびを選択する2年生56名と、３年選択美術の71名（17作品）、さらに高校生9名（6作品）が参加しました。参加アーティスト（本人不在で作品展示のみを含む）は15名で、入場者数は昨年度よりは減少しましたが７００人を記録しています。

とがびの看板を準備する生徒たち

「なつかし絵画展」
出品作の作者に手紙を書く生徒たち

本年はさまざまな面で主体性や経験値が表に出ています。実行委員会の委員長は立候補によるものであったり、チラシは広報効果を考えて印刷にし、ギャラリートークツアーや3年3組（選択美術受講生）によるアート・ドミノ「ドミノDE戸美ノ」の実施予定スケジュールなどの細かい情報が掲載されています。昨年の来場者の意見を踏まえて展示会場マップもつくり、チラシは中平が私費で印刷会社に依頼してつくったのです。

特に、昨年中平が生徒の担当作家を割り振ってしまったので、「お手伝い」感が強かったキッズ学芸員は、本年は生徒が自分で呼びたい作家を選んで交渉しました。6月から、授業内でさまざまなメディアを通じて見つけたイラストレーター、画家、彫刻家らとメールや手紙でやり取りをして、断られることも返事が来ないこともありましたが、いずれの生徒も投げ出すことはありませんでした。その後、作家の指示で地域の取材や美術館を訪問するなど数か月をかけてリサーチや制作を行い、当日の設営・解説・撤収までの一連のプロセスを共にしています。本年は3から6名の生徒がひとりの作家を担当しています。イラストレーターの326（ミツル）と交渉した1年生の生徒は「**緊張して手紙やビデオレターを送ったので、返事が来たときはうれしかった。好きな作品をみんなに見てもらえてうれしい**」と語っています（『信濃毎日新聞』2005.10.9）。

他の主な参加アーティストと内容は、門脇篤「**戸倉上山田アート温泉**」「**間奏曲――とがみ中の白馬と椅子**」（東山魁夷《空飛ぶいす》を再現し、来場者は紙で椅子を作って吊り下げる）、斎藤秀幸「大空の雄姿――模型で見る大戦の翼」（地域のプラモ・ファンと中学生の協同で、戦闘機、戦車などのプラモデルで展示構成）、関野宏子・ニョロの森工房「走るミシン」（移動するミシンで「ニョロ」を伸ばす）、奈良美智・天明屋尚「**Rock'n roll in TOGABI**」（個人コレクターから奈良作品を借用して展示、天明屋は中学生からの要望で作品にコメントを寄せた）、圓井義典「**カメラ星人調**

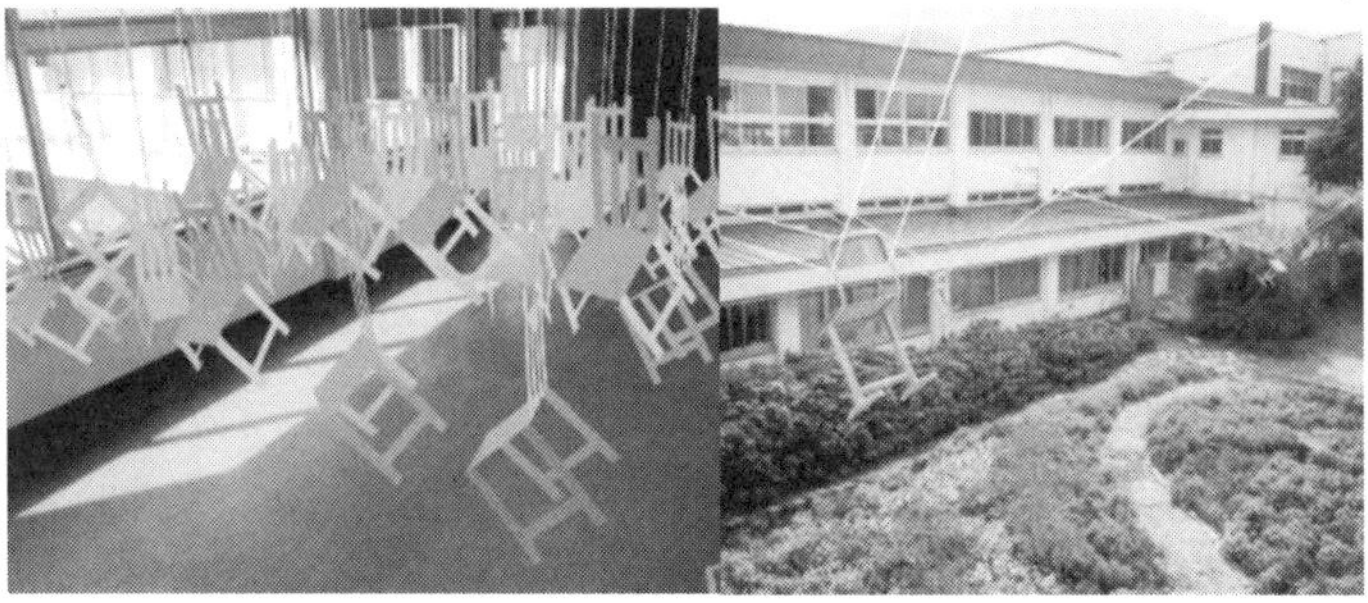

門脇篤「間奏曲——とがみ中の白馬と椅子」　長野県信濃美術館・東山魁夷館にゆかりの作家・東山魁夷の作品「コンコルド広場の椅子」と白馬シリーズをモチーフにした作品で、「とがび」が中学校内にとどまらず、外へと広がる最初のきっかけとなった。（2005.11.15ブログ）

査隊　第2次現地調査」（校内の様々な場所にカメラ・オブ・スキュラを設置）、326「3階の2年6組——略して326」（作品展示）、室木おすし「おすし展」（CGイラストを生徒が制作した額を用いて展示）、もりやゆき（千曲川の風をイメージした風車をキッズ学芸員が制作してインスタレーション）、山本ゆり子「**トラップ・インスタレーション**」（指示に従い教室に置かれた本で宇宙を体験できる）、結城愛「佐藤恵」（架空ブランド「佐藤恵」のグッズ制作）、ユミソン「小さいクマ（絵本を探せ！）」（校内に点在する4種のカードを集めると1冊の絵本が完成。その世界をライブ・パフォーマンスで表現）でした。

長野県信濃美術館からの作品借用は今年も継続してキッズ学芸員の人気作品リサーチに基づく「東山魁夷展」を行い、学芸員から指導を受け、授業時間を使って準備と練習を重ねたキッズ学芸員によるギャラリートークツアーを新たに開始（30分・各日3回）しました。中平は、「伝えたいものがあり、伝えて欲しい相手がいることで、子どもは、なんと発想力豊かに活動するのだろうと、感心してしまった。**中学生のコミュニケーション力が低下しているなんて、いったい誰が言っているのだろう**。戸倉上山田中学校の中学生は、こんなにも豊かだ」と感嘆しています。キッズ学芸員から提出された「とがび2005の反省」には、一部「今までやってきたことを生かすことはあまりできなかったかもしれません」という率直な感想もあるものの、「自分のイメージを書いて正直ここまでできるかなと思ってたけど、3人で協力して当日イメージ通りに展示できてよかった」「お客さんに「きれいだった」とか「よかった」とか言ってもらえてうれしかった。最高にすばらしくよかった」といった中平の実感を裏付ける言葉が多数見られました。

一方、選択美術の3年生は、とがびを目指して「作家」として作品制作を続けてきており、そのことが従来の学校の美術教育の枠には収まらない作品を生み出すことにつながっていま

関野宏子「走るミシン～ニョロはのびるよどこまでも～」
数台のミシンを駆使してオリジナルキャラクター・ニョロをとにかくのばしていく作品。にょろってなあに？（2005.10.25ブログ）

山元ゆり子「トラップ・インスタレーション」
来場者は指示に従って、その日あった出来事を紙に書き、封筒に入れ、深夜0時に開封するように言われ、笑顔で退場。開けると書いたはずの文字はきれいに消えている作品。（2006.10.26ブログ）

す。「夜空の音楽室」「色のパパラッチ」「波導は我にあり！」「日本書紀で口臭ギャング」「ほの暗い箱の中から」といった**中学生の実感に基づく作品**が展示され、ブラックライトを活用したものや、匂いや感触を利用したものが多数見られました。

中平は3年生にこの年のとがびに展示した感想と、来年度卒業後の参加希望をアンケートで聞いていますが、「**美術はあまり得意じゃなかったけど、自分のいいように表現できた**」「自分の作品を見て感想をボソボソのべている人を見るのがうれしかった」「美術について『勉強した！』って気になれた初めての講座でした」「**まぢで楽しかったです！** 1人で1つの教室を使えたことも嬉しかったし、一般の人に自分の作品を見てもらうこともできました。中には『ココロが晴れやかになりました』という感想を言ってくれる人もいました！大きなキャンバスを使うこともできて、色んな事がのびのびとできる場でした」といった実感を持った言葉が見られ、自己の表現が見られることへの意識がうかがえます。

一方では、選択授業やとがびの活動自体には貴重な体験として充実感や意義を感じつつも、来年も作家として参加したいという回答は多くはなく、鑑賞者として来場したい、あるいは参加するつもりはないというものも見られます。ここには当初から「作家」として参加した3年生、作家との協働の経験を経て表現した「学芸員」として参加した2年生のそれぞれの体験の違いが表れているのかもしれません。

●第3回　とがびアート・プロジェクト２００６　２００６年10月8日・9日

この年にとがびはアサヒアートフェスティバル（ＡＡＦ）２００６の企画に選ばれました。ＡＡＦへの参加は２０１３年まで継続し、社会的な認知度を上げ、とがびをさらに発展させると同時に、中平個人への注目度も上げていきます。経済的な支援によって、ポスター、

門脇篤「オープニング・フォールズ」
門脇篤とキッズ学芸員による温泉祭りプロジェクト　オープニング・フォールズ」を行います。戸倉上山田温泉の夏の風物詩であり、町が1年で一番輝く温泉祭り。この花火の音は、キッズ学芸員が今年の温泉祭りで録音してきたものです。次にその花火のようすを毛糸で表現いたします。どうぞご覧ください。（2006.9.27ブログ）

千曲市総合観光会館における「そば祭り・とがび展」

リーフレットが外部委託できるようになり、社会へのアピール度が強くなっていきました。総合的な学習の時間は選択講座制となって3年選択77名、3年選択美術33名、卒業生7名と、多数の生徒が参加しています。参加アーティストは16人、入場者数は８００人でした。1年生からとがびに参加してきた生徒が3年生になって活躍したこともあって、参加アーティストの門脇篤が「**このある種の奇跡ともいえる『とがび』**」（2006.11.2ブログ）と呼んだ、充実した回となったのです。また、キッズ学芸員の「とがびまるごとツアー」も開始されました。

昨年以上に学校が地域に出ることを意識しており、門脇による戸倉上山田温泉祭り花火大会を教室で毛糸によって再現した「**オープニング・フォールズ**」（カラー3頁）や、戸倉上山田中学校で17年間教壇に立った美術教員・飛矢崎真守の油彩作品を市民からのエピソードとともに展示した「伝説の教師となつかしの戸上中　飛矢崎真守展」などもその一環でした。また、信州大教授・木村仁と、地域の高齢者（千曲市社会福祉協議会の協力）、そして中学生による企画「万葉プロジェクト」も地域とのつながりを示すもので、高齢者と3名のキッズ学芸員が交流しながら町に点在する万葉集歌碑から好きな文字の拓本をとって鋳金作品にするというプロジェクトでした。

この年のアーティストとキッズ学芸員のコラボレーションで生まれた主なプロジェクトには、次のようなものがありました。

塩川岳「キャッスルプロジェクト〜麒麟・ドラゴン・UNICORN〜」（戸倉上山田温泉の高台にあった荒砥城の非実在・空想の天守閣をレゴブロックなどの素材によって「復元」。多摩美術大学校友会主催「出前アート大学」での千曲市立五加小学校5年生とアーティスト木村崇人との共同制作の成果も展示）、白幡敦弘「同化プロジェクト」（キッズ学芸員のコスプレがしたいという希望で、戸倉上山田の風景に異物であるコスプレした中学生が違和感なく「同化」している写真を制作し、教室内で黒板や開きかけの

都梨恵「七色風船夢風景」
「とがび」の最後を飾る風船飛ばしは本当に印象的でした。風船の中に花の種。飛び立った夢はやがてどこかで花咲くこと。ひもつきの風船は無数の精子のようにも見えました。（門脇篤記事 2006.10.18ブログ・表紙写真）

ROBO「元色（げんしょく）」
缶スプレーを用いて、元気のある色「元色」で地域の活力や情熱を表現した作品。さまざまなメッセージが書き込まれていました。（2006.10.23ブログ）

ノート上などの各所に「同化」するように展示）、圓井義典「**カメラ星人調査隊第3次現地調査**」（来場者は入口で白い紙の入ったビーカーや試験管を渡されて暗い部屋へと入り、窓際の暗幕の穴から入る光にかざすと外の風景が白い紙のスクリーンに映し出される）（カラー4頁）、都梨恵「**七色風船夢風景**」（教室内に無数のヘリウムガスをつめた風船を浮かべ、ひもで鳥の羽をかたどった色紙を結んだ。床には来場者の夢を書き込んだ羽を敷き詰めた。これらの風船は水溶性素材で花の種が入れられており、とがびの各日最後に校庭から放たれた）（表紙写真）、山元ゆり子「２００６年９月×日の出来事」（楽しいパーティ会場が演出された教室で、来場者は指示に従っていくつかのブースを回り、その日の出来事を紙に書き、封筒に入れ、封筒にパンチで穴をあけ、最後に深夜０時に開封するよう指示されて退出。指定の時間に封筒を開けると書いたはずの文字が消えている）、ＲＯＢＯ「**元色（げんしょく）**」（学校の使えなくなった机・椅子をペンキで塗ってメッセージを書き込み積み上げたインスタレーション）（カラー2頁）。このほか、アーティストの活動を追った石崎豪監督によるドキュメンタリー映画『≒（ニアイコール）天明屋尚』の特別上映会が行われました。天明屋は昨年度のとがびで、生徒からの要望を受けて作品にコメント・感想を寄せる形で参加しましたが、その際に撮影に入っていた本映画の石崎監督がとがびに関心を持って会期中泊りがけで取材を行い、とがびも映像内に登場しました。

　実行委員長の生徒はとがびの感想を次のように率直な言葉で書き残しています。

「とがび当日、3年6組に机・いすを展示しました。見に来てくださる方は、教室に入ると、机といすがドーンと積み上げてあるのを見て、みんなびっくりしていました。教室の中の机・いすなどの移動・準備は大変だったけど、本当にやってよかったと思いました。とがびでやる作品は、いつも予想以上の作品ができます。そして、来てくださった人が、真剣にその作品を見てくださいます。本当に嬉しかったです。

ROBO「元色」の前のキッズ学芸員と中平千尋

地元商工会とのコラボレーションによる「サンタのおくりものプロジェクト」の準備作業

「サンタのおくりものプロジェクト」における記念撮影のためのハート形イルミネーション

（中略）この二日間、新たな美術に出会えて本当に嬉しかったです。３年間で美術をいろいろ知ることができたし、経験もできました。思い出すときりがないくらい、たくさんの思い出があります。とがびを通して、少し成長できたと思います。作家の皆様やとがび関係者の皆様に、本当に感謝しています。なにより中平先生に心から感謝しています。本当にありがとうございました。」（2006.1.3ブログ）

学校外の社会の人たちからの視線や賞賛が、美術への関心を引き出しています。中平は「戸上中の美術科が取り組んできたことが確実に成果となって現れているし、一般のかたにも届いているんだなあとうれしくなりました。美術科として、生徒に「美術の楽しさ」を伝えたいけれど、それは、こういった展示活動などで不特定多数の方々に生徒自身が肯定され、ほめられることが「美術を好きになる」要因になると考えて「とがび」を実践してきたからです」と、その意図を説明しています。（2006.11.4ブログ）

この年はとがびの終了後に、生徒たちの活動が地域との協働に広がった重要な展開がありました。12月に千曲市役所戸倉庁舎で実施された「サンタのおくりものプロジェクト」です。3年生の選択美術で、生徒の発案を中平が商工会と調整して実現した共同制作によるイルミネーション作品で、「とがび」の経験が活かされました。この展示の様子は『信濃毎日新聞』等に掲載されて多くの観客を集め、その社会とつながった状況が、生徒にやってよかったという強い実感を与えました。

3年生の必修授業の最終課題・卒業制作「夢」は、「とがびで獲得した力の当然の通過点」であり、「1年や2年の時、「自由に決めてよい」「自分で決める」という課題に苦戦した生徒は、**3年になってからは、すんなりと自分の方向性を決め出す力を発揮して制作でき**

3年生生徒作品「8月7日の鼻火」

3年生生徒作品「氷花と陽炎と水」
白い液体のガラスの器のまわりに綿を配した作品。生徒や先生、両親などが暗示されている。（小林稜治作 2006.11.9ブログ）

るようになっている」と中平は指摘しています（2006.11.18ブログ）。

ここまでの第1期・2期の3回のとがびを経て、中平は次のように記しています。

「中学生もそうなのだが、人間にとって最も難しい課題は、「我慢」ではなく、「自由にやっていい」という課題であると考えている。「自由」ということが一番難しいテーマではないだろうか。特に中学生は、誰かが決められたことや、すでに答えが決まっていることに対しては、目標をたてやすくがんばることができる。数学や国語、英語は誰かがみつけた答えを、誰かが決めたやり方で解いていくいってみればゲームだ。しかし、美術は、自分で目標を決め、自分でやり方を決めて進んでいくしかない。自分の行為の責任は全て自分にある。言ってみれば将来誰もが体験しなければならない「自由」の苦しさ楽しさを体験できる教科が美術なのである。そういった意味で、美術教育が現代も、未来も意味ある教科として生き残っていくとしたら、私は、「自由」を苦しみながら楽しめる教育である、「自由」を教える教科であるという方向以外ないと思う。

しかし、それだけでは、「個人中心主義」そのままである。そこで、美術教育の視野を広める大切な要素が「鑑賞教育」というキーワードである。鑑賞教育で大事なことは、「みる＝みられる＝みせる」というサイクルである。「見られる」ことにより自分の作品をよく「見る」ようになる。「見せる」という行為により、自分とは違う他者を「見る」ようになる。そしてまた自分を「見る」ようになるのではないだろうか。それを実現するには、常に作品作りが、誰かに見せるという要素を取り込んでいなければならず、更に、より多くの不特定多数の方々に作品を発表していくという要素が入ってくることが必要となる。この状況がいかに美術教育にとって有効であるかは、とがびプロジェクトで実証されていると私は考える。逆に、自分自身や他者、不特定多数による鑑賞が意図的に組み込まれていない美術教育は、もしかすると個人中心主義を助長する教育であると言わざるを得ないのではないか。

（中略）とがびプロジェクトの3年生選択美術作品は、一見表現方法や技術が稚拙に見えるかもしれない。しかし、彼らや彼女達は、「戸倉上山田」というテーマのみ与えられ、全く「自由」に発想し、自分で作品の目標を決めているのである。しかも、どの作品も鑑賞者を意識し、自分の伝えたいことを、どうやったら伝えられるのかを工夫して表現している作品ばかりである。よくぞここまで自分で決めて制作し

校内に設置されたとがび情報コーナー

異動する中平千尋に美術部員の生徒が贈った写真立て
美術部の部活も今日で最後。2年生がかわいらしい額をプレゼントしてくださいました。ありがとうございました。(2007.03.29 ブログ)

たなあと私は驚くばかりである。「自由」の楽しさや苦しさを体験させ、でも「自由」は楽しいと感じさせるのは、3年間の長いスパンの必修授業での繰り返しの学習が必要である。(後略)」(2006.11.12ブログ)

第3期　とがび解体期　２００７〜２００９年

この時期、従来の作品の借用展示、アーティストとのコラボレーションという状況は維持されつつも、とがびは中学生主体の自己表現・自己開示の場へと変貌していきます。２００７年４月、中平千尋は長野市立櫻ヶ岡中学校に転任となり、戸倉上山田中学には中平紀子がもう１名の教員とともに美術科の後任として着任しました。これはとがびにとって大きな出来事でした。今後のとがびは紀子によって進められることとなり、千尋はとがびが持つ、社会に拓かれた美術館ともいうべき、「キッズ学芸員」を含む「生きた学校美術館プロジェクト」のシステムを櫻ヶ岡中学校の「さくらび」で展開し、とがびと並走しながら、２つの活動拠点を持つことになりました。さらに、とがび経験者の高校進学者たちが、そこでその経験を新たに展開し、再度とがびに還元するといったネットワークが出来あがっていきます。

ゼロからのスタートのさくらびについて、中平は、「美術教育は、まず実践があり、社会的認知を少しずつ進め、あとから理論付けを行う流れが自然だと思う」と考え、「地域の美術館などで作品を展示発表し、その場で、時間を限定して、中学生作家が自分の作品を一般の鑑賞者に対して、ギャラリートークを行うということが実現できたら、今年の狙いは達成したと考えていいのではないか」と、キッズ学芸員の周知・活用を前提にしながら、この地でも新しくとがびのような市民に開かれ、つながれた学校美術館プロジェクトの実現に期待していたことがわかります(2007.4.30ブログ)

さまざまな年齢層の市民が来場した受付

3年生選択美術作品「**ヲタクの部屋**」今回、良くも悪くも話題性の多かったのがヲタクの部屋。いろいろな意味で境界線を意識させられたドキドキの作品でした。（2007.10.10ブログ）

●第4回　とがびアート・プロジェクト２００７　２００７年10月6日・7日

紀子の着任初年度のこの年から、総合的な学習が活用できなくなった関係で、参加生徒は美術部員30名、選択美術「芸術家宣言」の3年生40名で、アーティストは8名となり、以前より小規模での再スタートを切っています。しかし、入場者数は２００４年以来の千人の大台に乗って１００４名となりました。

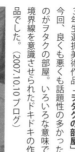

長野県信濃美術館との連携では「**魁夷DE中学生プロジェクト**」として、東山魁夷15歳の「自画像」を展示しました。自画像の借用が当初から決まっており、生徒が展示方法を考案し、来場者に制服を着て15歳になってもらうなどのアイデアが出され、中学生の自画像と並べることが提案され、長野市内の複数の中学校から作品が集められ、魁夷作品と中学生の表現が隣り合う展示が実現しました。加えて、東御市梅野記念絵画館から青木繁の「**眼**」を借用・展示できました（「梅野記念中学校館プロジェクト」）。美術部のキッズ学芸員たちによる対話型鑑賞「**とがび丸見えツアー**」も継続して実施されました。

この年、アーティストの助けを借りない、中学生の自主的な作品が多くなり、その記念碑的作品である3年生選択美術「**ヲタクの部屋**」（カラー写真5頁）がつくられました。教室内を個人的な趣味のゲームやマンガ、ポスター等のアニメグッズで埋め尽くし、フィギュアの展示ボックスやたむろするためのテーブルも自作し、ひたすらマンガを読みゲームをする**生徒たち自身も展示の一部となるインスタレーション**です。生徒たちは作品をモノからコトへと変え、とがびのアートの概念を拡張しました。これ以降、とがび参加生徒たちが表現の枠組みから解放されたことはいうまでもありません。さらに美術部1年生チームによる自主企画「**垂絵画プロジェクト**」も実施され、とがびの後半期を象徴する生徒の自主企画の萌芽が見られた年となりました。生徒は自分たちが制作・展示した作品の感想を直接の言葉やアン

中庭に展開した「マルビカフェ」
高校生の参加は、彼ら自身に自分達も工夫次第で社会やアートの現場とつながっていけるという実感を与えただけでなく、中学生ほか、みんなにアートがつながりを開く可能性を感じさせた。

ケートで知ることができるので、「見せる／見られる」ことを意識し、鑑賞者を自分の教室への呼び込み、来場者の反応に従って作品に手を加える姿も見られました。

アーティストとのコラボレーションでは、ヤノベケンジとキッズ学芸員による「**トがびんとトらやんの大冒険**」は、校内のいろいろな場所に話の１コマが飾られており、全19コマの絵を集めると一つのストーリーになっています。２日目には校庭で最後20コマ目がイベント「**トらやん・宇宙へ帰る　大冒険最終章**」として公開、この際に使用したペットボトル・ロケットは科学研究部が１カ月をかけて制作しました。さらに、１３０メートルの廊下にとがびの会期よりかなり前から時間をかけてペンギンの絵を描いて生徒たちと交流した「**１００羽ペンギン大行進プロジェクト**」（たかはしびわ・戸倉小学校・戸倉保育園）、戸倉上山田中学校を舞台に、キッズ学芸員が出演する映画の予告編のみの制作プロジェクト「**予告編プロジェクト**」（住中浩史）、温泉街の旅館などから古い布団を集めて、校庭のサッカーゴールなどの学校内にハンモックを設置した「**Ham m mockプロジェクト**」（水内貴英、カラー４頁）、多くの人々の協力で材料の箱を集め、すぐに捨てられてしまう包装のデザインの良さに注目した「**お菓子の箱の家プロジェクト**」（塩川岳）、「宇和島と千曲市プロジェクト」（森本秀樹）、さらに継続して実施されている「カメラ星人調査隊　第４次現地調査」（圓井義典）、「万葉プロジェクト」（木村仁）がありました。

さらにこの年、卒業生の小林稜治が進学した丸子修学館高校の美術部が「**マルビの美術が笑う**」と題して参加しました。南校舎全６部屋と中庭を使用して展開し、「笑い」をテーマとした作品展示、独自のパンフレットやオリジナルTシャツを準備し、中庭には「**マルビカフェ**」を開設してコーヒーを無料でふるまい、中学生にアートと社会のつながりに関する多大な刺激を与えていました。

ながのアートプロジェクト２００８「まとめ展」長野市内４小中学校＋メガとがび

丸子修学館高校美術部「マルブーの笑う森」より「笑う顔面」 他の動物に出来ない唯一の笑う能力を持った動物である人間にとっての、日常の笑いの重要性を表現

参加生徒は昨年同様に美術部と3年選択美術のほか、科学研究部や3年生有志、特別支援学級生徒も加わっています。総入場者数は開催日数が1日となった影響で５２１名でした。県内はもちろん、北九州、広島、埼玉、千葉など遠方からの来場者も見られました。この年から、「とがび」の呼称が「**メガとがび**」となりました。Nプロジェクト実行委員会の主催で、8月に長野県の小中高校、特別支援学校などの多数の学校で開催された広域的な「ながのアートプロジェクト」（長野市立信更中学校・川中島中学校・吉田小学校・櫻ヶ岡中学校）の作品を、キッズ学芸員が作品選定等のキューレーションをして、「まとめ展」として展示しました。

●第5回　メガとがびアートプロジェクト２００８　２００８年10月１２日

Nプロジェクトは、それまで中平夫妻が行っていたアートファンを増やす、地域にアートシーンを作ることを目的とする学校美術館に関連する活動を拡大し、２００７年から長野市在住の美術教員有志、県内外・学校内外の協力者を加えて活動を開始しました。以降、千尋のいる櫻ヶ岡中学校を中心とした長野市の4小中学校と地域で実施される長野アートプロジェクトと、そこに含まれる紀子のいる戸倉上山田中学校でのメガとがびアートプロジェクトが並走していくこととなります。とがびはいくつもの拠点を持って長野県内の広い地域に展開するプロジェクトとなったのです。千尋は櫻ヶ岡中学校での「さくらび」や「暗闇美術館」、生徒が長野市の街に出て表現・展示・交流する「七瀬まるごと美術館」「廃材アート」などを次々に展開していきました。

また、とがびを卒業した大学生（女子美術大学ほか）の作品展示や全校制作モザイクアートの校舎壁面への展示が新たな企画として実現し、丸子修学館高校美術部は継続して「マルブーの笑う森」として展示・カフェなどで参加し、戸倉上山田中学校の卒業生も多い上田西高校美術部が希望して新たに参加して「**うぃーすぃんくあぼうとじぇんだー**」と題してジェン

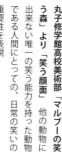

柿崎順一「根プロジェクト」のために大根を集めるキッズ学芸員（作品の写真は巻頭カラー2頁）

中学生男子2名による生徒作品「地球温暖化」　地球を形作っていたのは大量のスズランテープ。もとはさくらびアートプロジェクト２００８で「The earth」の廃品。（2008.10.18 ブログ）

ダーをテーマにした展示・ライブペインティングを実施しました。３年生選択美術作品展示「芸術家宣言」、美術部2年生による展示解説「メガとがび丸見えツアー」も継続されています。

アーティストとのコラボレーションにおいては7名の作家が参加しました。住中浩史は12名の生徒と「NAGANO SCHOOL FILMプロジェクト　戸倉上山田中学校編」（住中浩史）を制作しました。また、アーティストとキッズ学芸員、６校の児童生徒による１３０メートルの壁画と立体作品の共作**「海中美術館プロジェクト」**（たかはしびわ／千曲市立戸倉小学校・五加小学校・屋代小学校・八幡小学校・更埴西中学校・長野県稲荷山養護学校）、など協働が拡大していることがわかります。

フラワーアーティストとキッズ学芸員が教室一面にひたすら大根・人参（すべてのものに存在する根の美しさに注目）の輪切りを並べた**「PROJECT OF A ROOT　根プロジェクト」**（柿崎順一、カラー3頁）も印象深い作品でした。他に、「昭和の部屋プロジェクト」（宮沢真）、「カメラ星人調査隊プロジェクト」（圓井義典・科学研究部）、キッズ学芸員の「自分の描いた物を動かしてみたい」という願望をアニメーションで実現する「不思議な世界のはじまりプロジェクト」（Abnormal system・ながはり朱美）が実施されました。

初参加の上田西高校美術部員は、千尋に次のような感謝と感想の手紙を送っています。

「今回の作品を作るにあたって無知だった私たちは、「ジェンダー」という言葉を調べることから始まりましたが、いろいろ調べたり、部員で話し合ったり、親と話して学んだことは、とがびが終わってしまって終わりということは決してなくて、20歳になったとき、結婚した時、子供ができた時、常にジェンダーについて考えることをやめないでいこう、と思いました。そして、柿崎順一さんに言われた「もともとある素材を自分が手を加えることによって、元ある姿よりどう美しくするか」という言葉は、本当に衝撃を

生徒作品「バビブビーンズ」
宇宙を越えた愛を表現しています。

3年生選択美術生徒作品「130m廊下が愛でつながる」

受けました。今回の作品は、針金の性質を十分に引き出し、私たちが手を加えることで美しく見せることができたか、美しくなくても、見た人の心に印象を与える作品ができたかと、今でも思っているし、これからも何か作ったり描いたり、描いたりするたびに自分に問い続けると思います。」「西高美術部として、最後の活動が終わった。最初、美術部なんて、剣道が終わってただ絵を描く場所を求めて入った何の活動も、感動も期待しないただの文化部だった。だけど、最後の活動を終えた時、そんな考えはみじんも残っていなかった。いつ考えが変わったのかは分かんないけど、みんなで創る楽しさ、協力しあったときの勢い、出来上がったときの感動、達成感や満足感なんかがそこにあると分かってた気がする。最終的に、変な人たちが、変なこと考えて、変な活動していただけなんだけど、妙に楽しかった！もうみんなで何も創れないし、同じ感動を味わえないけど、すごい濃い思い出になった。ありがとう！！」（2008.11.26ブログ）

●第6回　メガとがびアート・プロジェクト２００９　２００９年9月20日・21日

参加生徒は美術部と3年選択美術（36名）と前年と変わりませんが、開催期間が2日間に戻り、入場者数は１０１２名になりました。

３年生選択美術展示「芸術家宣言」（テーマ「愛」）では、昨年まではアーティストの力を借りていた１３０メートルの廊下で、今回は5人の3年生が自発的に、３つの小中学校と自ら交渉・連携して表現した**「１３０m廊下が愛でつながる」**（カラー1頁）プロジェクトが実現しました。とがびの地域連携の成果です。

さらに、美術館とのコラボレーションとして長野県信濃美術館「神秘の森」のほか、**東御市梅野記念絵画館「目玉の館」**が実施されました。千尋は、この「目玉の館」について中学生がいかにクリエイティブかということをレポートしています。「彼らは、当初、とがびでお化け屋敷をやりたいと考えていました。そして、部内の担当として美術館の目玉の絵を展示する係になってしまいました。普通ならば、ここでお化け屋敷というコンセプトは白紙に

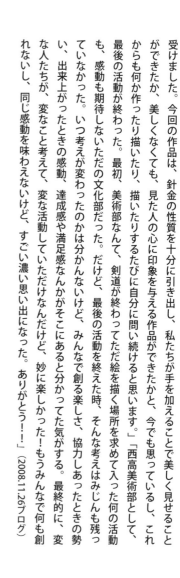

上田西高校「UNBB丼」

とがびパネルディスカッション「とがびが残したもの」

なります。しかし、とがびキッズ学芸員は、そこからが違います。目玉の作品の良さを生かしつつ、自分たちのやってみたいと考えている『お化け屋敷』を合体させるアイデアを考えたのです。それが、この『目玉の館』です。2つの結びつかないと思われるコンセプトを結びつける接着剤のような発想こそが、クリエイティブなんだと、私は感心させられました」と述べています（2009.9.25ブログ）。

高校美術部では丸子修学館高校（「マルブーと4人の王」展示、ギャラリートーク、パフォーマンス「中学生だった自分へ」）、メイド喫茶を模しながら来場者が紙粘土のオムライスにケチャップでメッセージを書く、残飯問題をテーマにした、完成度の高い作品を展開した上田西高校（「UNBB丼」展示、ワークショップ）に続いて上田染谷丘高校の美術部が初参加となりました。千尋は、「中学生は、高校、大学、作家と、自分の将来をつなげて展望することができたと思います。美術では、こういったつながりで見せる展示はなかったと思います。運動部は、陸上などは中、高、社会人が同じレースに出る競技会があります。美術はなぜないのでしょうか。あれば面白いことがおきるんじゃないかなあと思います」と解説しています（2009.10.4ブログ）。

そのほかの新たな試みとして、埼玉県で開催された展示を巡回した「図工美術なんでもパネル展示」を開催し、さらにとがび開始当初から千尋が開催を熱望していた「**とがびパネルディスカッション　とがびが残したもの**」を実施して、中学生（キッズ学芸員）・高校生（小林稜治）・保護者・アーティスト（住中浩史）・中平千尋が登壇しました（司会は美育文化の穴澤秀隆）。保護者からは「5教科は塾でもできるが、とがびはできない。今しかできないことを学校ではやってほしい」という声が聞かれ（2009.9.2ブログ）、小林の「コミュニケーション能力が〝ない〟中学生に、『とがび』がコミュニケーション能力を付与する」のではなく…

住中浩史　桃蓮華鏡のドキュメンタリー映画「個性の輝き！　自分らしく、歌い続けて…」の撮影風景

大岩由佳「すぎたるはおよばざるがごとし」

「もともと中学生には一定のコミュニケーション能力があり、更に『とがび』で不特定多数の人達と関わることにより、その能力が鍛えられる」といったところでしょうか」という言葉も見逃せません（2009.9.20ブログ）。

アーティストとのコラボレーション作品は前年までに比べて減少し、生徒作品が目立つようになりました。特別企画として篠ノ井小学校6年生による「エコアート」、山梨県甲府市立城南中学校の協力による「中学校にガンダム現れる」も加わりました。また、男子生徒・**桃蓮華鏡**の自己プロデュース（会場デザイン・演出・歌唱・音響）によるシャンソン・リサイタル「愛」も中学生の表現として特筆されます。彼は、歌唱やトークのほか、サイン会の時間設定まで完璧で、住中浩史によるドキュメンタリー映画「**個性の輝き！　自分らしく、歌い続けて…**」が発表されるなど、生々しく直截で本気の中学生の表現によって、アートの枠組みが解体・拡大し、さらに多様な表現が現れます（カラー8頁）。

アーティスト7名とのコラボレーションでは、「NAGANO SCHOOL FILMプロジェクト戸倉上山田中学校編」（住中浩史）、離れた場所にある2つの絵画を映像でつないで1つにする「バーチャル共同絵画ワークショップ」（増山士郎）、「**あなたがアリスプロジェクト**」（久恒亜由美）、「ありっ、えっへん世界」（abnormalsystem）、「カメラ星人調査隊　第6次現地調査　科学研究部編」（圓井義典）が実施されました。加えて、武蔵野美術大学学生の参加も今年の成果で、展示場所の机を使っている生徒に、1日のすべての授業で特殊な下敷きを使用してもらい、その文字痕を蛍光塗料で印刷、ブラックライトで光らせた「One Day」（百瀬文）、大きすぎる文字の消せない黒板消しを設置した「すぎたるはおよばざるがごとし」（大岩由佳）が展示されました。

千尋は今回の6回目のとがびについて、次のようにまとめています。

生徒作品「透明人間」

「長野県美術教育研究大会」における戸倉上山田中学校での中平紀子による研究授業

「今回の「とがび」でのキッズ学芸員達は、基本的に「これがやりたい」という自分なりのテーマや主題を持って集まっていると感じました。美術部長のTさんは小学5年生から「とがび」を見続けており、今3年生になって、思いっきり自分の表現をしているそうです。漫画の「ドカベン」のような登場人物と言ったら良いでしょうか。集まっているキッズ学芸員達にはそれぞれの個性があり、やりたいことは別だけれども、美術や「とがび」に対する想いは大きいのではないでしょうか。今回の「とがび」で私が注目した写真の作品「透明人間」。Tシャツにいろいろな文字や模様が描かれ、教室内に無造作に並べられています。ガラスやロッカーの上に置かれている様は、脱いだまんまの状態？ほったらかしにされた状態、などいろいろな情景が浮かんできます。3年生の作者は教室という空間で、Tシャツに今の自分を重ね合わせて何かを伝えようとしています。私がこの作品に注目したのは、作品自体の魅力もありますが、作者のキャラクターです。作者である男子生徒は、もともと男子バスケットボール部員。美術に魅力を感じてしまい、夏、部活が終了し、彼は晴れて美術部に入部しました。「バスケより美術は疲れるのはなんで？」など、ストレートな言葉で自分を表現する作者。このTシャツの作品も、私は、作者の思いなどが充満したピカイチの秀作だと思います。このように、美術表現を「求めている」生徒が、とがびを必要として集まってくる様子が、今年は顕著でした。」（2009.9.23ブログ）

第4期　脱アーティスト期　２０１０〜２０１２年

この年の11月に戸倉上山田中学校で行われた長野県美術教育研究大会では、紀子が研究授業を行い、注目を集めて同大会過去最多の59人の教員が参加しました。この授業には、「中学生が、自分たちでテーマを決めて活動できるなんて驚いた」「中学生がこんなに活動していて感動した」「自分の授業では無理だ」といった感想が多数寄せられました。

しかし千尋は、これはこの学校だからできる特別なことではなく、生徒たちは目標ややりたいことがあり、どうしたら表現を実現できるか試行錯誤し、模索できる力を持っている、

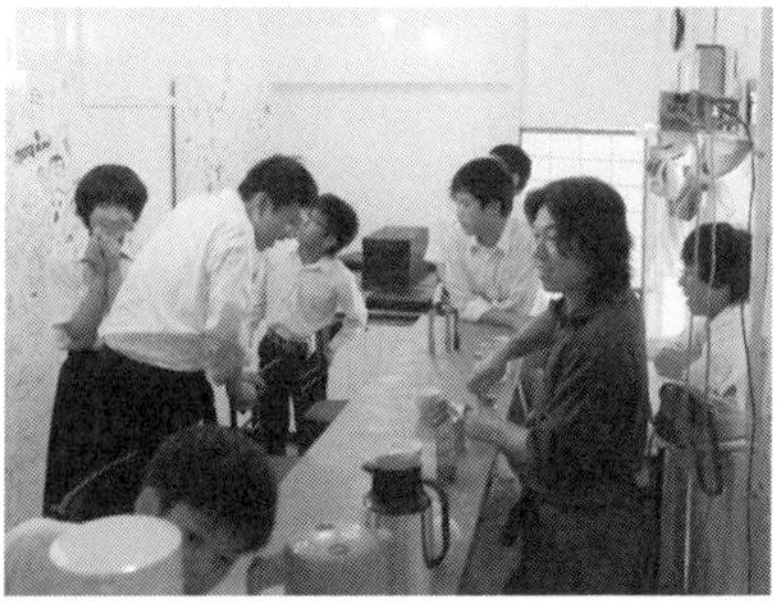
住中浩史「廊下アートセンター」

美容室さんぽ「KNY with さんぽ collection」

その力を3年間で発掘したのだといいます。その発掘は生徒と関わったアーティストによっても行われていました。とがびの中学生たちは、「自分たちで目標を決めて表現するということ」ができてしまう上に、更に「それを楽しむことができる」ということかもしれません。生意気なことを承知で書きますが、今後戸上中美術科が狙うのは、「作品ということの意味を理解した生徒が自ら主題を設定する」という新たな次元なのかもしれませんというわけです。（2009.12.7ブログ）

●第7回　メガとがびアートプロジェクト２０１０　２０１０年10月10日

参加生徒は、美術部、科学研究部、そして3年選択美術26名で、参加アーティストは１０名、入場者数は７１８名でした。先行する活動として住中浩史による「**廊下アートセンター**」が８月27日から学校内にオープンし、リラックスしておしゃべりできるカフェと、自由に表現ができる空間を活かして生徒たちとの活動を開始してとがびの準備の場となっており、さらに多くの卒業生が自然に戻って来て集まるところになりました。この活動は「**学校に小さな異空間をつくるプロジェクト**」として発展していくことになります。

前年度卒業の美術部ＯＢたちは、「百物語」として校内各所に「百」というシールを貼った、リアルな表現の絵画から、「作品」なのかどうかよくわからないオブジェなどまで、１００個を展示しました。高校生になった昨年大好評だったシャンソン歌手・桃蓮華鏡は、「10周年記念コンサート」を実施しています。

7回目となる長野県信濃美術館と梅野記念絵画館とのコラボレーションでは、美術部員1年生の企画によるキュレーションで作品展示・解説が行われました。「かわいい」「ふわふわ」「デザート」などの意味をこめて「**ミニョンヌドルチェ美術館**」と題され、かわいいも

山本耕一郎「とがびの部屋」の宣伝をするキッズ学芸員

尾花藍子＋演劇部「もなこさいと＠room」演劇部員だけが入れる部室の中の表現を公開する空間作品

のを見たときやデザートを食べた時のように、作品を見ながら気持ちをやわらげて欲しいという思いが込められています。

アーティストとのコラボレーションでは、親戚のイラストレーター作品を親戚の中学生がキュレーションするという展示「児玉やすつぐ展」や、武蔵野美術大学の大岩由佳とのコラボレーションで、メイク、服装、髪型まで、中学生がなりたいギャルに教室で変身するプロジェクト「**小悪魔 mirima teen**」（カラー7頁）、長野市の「美容室さんぽ」のプロのスタッフと、企画を熱望する生徒たちのコラボレーションで、生徒のデザイン画に対するアドバイス、エクステの付け方の指導などの協力を得たヘアアレンジメント・コレクション「**KNY with さんぽ collection**」などが実施されました。

美術部員とアーティスト・山本耕一郎のコラボレーションによる「**とがびの部屋**」も重要です。これは、テレビ番組『徹子の部屋』を模した映像作品で、主張したいことを持つ多数の地域の市民が招かれて出演し、中学生や地域へのメッセージを熱く語りました。

このように、この年は参加した中学生から、「**これが、私たちの本当にやりたかったことです**」という言葉が出るほど主体的な活動が展開されました。**中学生好みにアーティスト（大人）がつくる作品は完全に中学生自身によって乗り越えられたということです**。それを中平千尋は、「中学生の好みや趣味が作品として現れる。美術と生活の融合。特別ではなく身近な世界にある自分の世界を堂々と表現する。まさにこれからの美術教育のねらうべき姿だと思います」と表現しています（2010.10.9ブログ）。

もう1つ、外への広がりを持つ特筆すべき展開として、京都造形芸術大学アート・コミュニケーション研究センターの福のり子らによる「とがび」の作品による**対話型鑑賞プログラム**（ACOP：Art Communication Project）が2回実施されました。小林稜治が同大学に進学し

京都造形芸術大学・福のり子による対話型鑑賞プログラム

住中浩史「廊下小劇場」
とがび2011当日は中学生によるライブやダンス、OB・OGによるコント、桃蓮華鏡のライブなどが行われた。

て実施を呼びかけたことがきっかけで実現したものです。とがびの「見せる／見られる」といった様々なコミュニケーションにおける「鑑賞」の意義が改めて意識されました。8月には2年生の美術の授業で彼がACOPを実践しています。

この年のとがびにはAFF事務局が次のようなコメントを寄せて、そのアート・プロジェクトとしての在り方を高く評価するとともに、課題も提示しています。

「中学生が率先してアートに関わるものとして、プロセスも含めて刺激的な内容になっている。キッズ学芸員として活躍した中学生が、訪れた保護者や地域の人々、アーティストと、アート作品を通して語り合うことにより、自然な形で自信を持って生活し始めるという状況も数多く報告されている。中学生達の創造性の発露として大変貴重な機会となっており、卒業生の尽力で丸子修学館高校、京都造形大学がプロジェクトに加わるなどの広がりもみせている。しかしながら依然として、学校としての取り組み、教師間への横の広がりには至らず、それぞれの学校の美術担当教員である中平千尋、中平紀子両氏の尋常ではない努力で継続されているのが実態である。（中略）この類いまれなプロジェクトのアーカイブ化がまたれる。また、硬直した教育現場でこのプロジェクトがなにを成し遂げてきたのかを徹底的にリサーチし、総括される必要を感じる。AAFはこのプロジェクトの継続を応援し続けるともに、AAFとしてもこのプロジェクトを正当に評価し、その存在を知らしめる手だてを考えるべきではないか。」（2010.12.11ブログ）

●第8回　メガとがびアートプロジェクト2011　2011年10月9日

参加生徒は、美術部49名、3年選択美術39名、科学研究部、演劇部で、入場者数は813人で、9名のアーティストが参加しました。

住中浩史は、倉庫を改装してライブハウスのような生徒たちのための表現の場**「廊下小劇場」**（カラー8頁）を登場させ、「廊下アートセンター」には準備段階から様々なアーティスト

生徒作品「まんがの城」
1ヶ月前から少しづつ、漫画本を持ち運び、美術研究室に保管。9時間かけて床に貼り付けた。

生徒作品「黄泉がえり」
廃材が「黄泉がえる」と考えるとなんと「黄」に（2011.10.1ブログ）

が訪れ、生徒たちの相談に乗りました。２００８年の柿崎順一とのコラボレーションをきっかけに今年結成された卒業生アート集団「NE PROJECT」による、さらに洗練された再びの「根」の展示は、準備段階からＮＨＫの取材を受けました。

ＦＭラジオ局を開設した「**ど貴族ラジオ**」（カラー8頁）も奇抜なアイデアで魅了した作品です。女装して放送したり、貴族風の薔薇をモチーフとした小道具を制作したりと外見にもこだわってより自由度を増しています。東山魁夷作品とのコラボレーションでは、いろいろな年齢層の来場者が楽しめるようにと、実際に子どもが乗れる強度の立体の白馬を、自力で材料を買い集めて作り上げてしまった1年生もいました。

この年は、突き抜けて伝説となった生徒作品も多数見られました。学校の廃棄される机やいすを黄色く塗ってインスタレーションした「**黄泉がえり**」、教室に置かれた赤い立体にあけられた穴から中を覗くと男子生徒が一生懸命にシグナルを送っている「**のぞきあな**」、かつての２００７年の「ヲタクの部屋」に憧れた選択美術女子3名による、教室の床や壁一面に9時間かけてマンガのページを貼りめぐらせた「**まんがの城**」（カラー7頁）などです。なお、「ヲタクの部屋」はその後も継続実施され、生徒たちのとがびイメージに大きな影響を与えました。生徒の目線では賛否両論もあったようです。

来場者からは、「8年間の蓄積があるね」「見る人を意識した作品が多いですね」といった言葉が多く聞かれ、とがびが確実に地域に拓かれた中学校文化として定着したことがうかがえます。とがびがおわった瞬間に、次年度のとがびのことを考え始める生徒も少なくなかったようです。また、第1回とがびでキッズ学芸員として活躍して専門学校生となった卒業生が、「**8年前のとがびは、私たちのリアルな表現でしたが、２０１１年のとがびは、今の中学生のリアルなんでしょうね**」ととがびの表現の蓄積と変化について語っています

卒業生の呼びかけによる「ヲタ・サミット２０１２」

「旅するムサビプロジェクト」による空飛ぶ巨大くじら

(2011.10.10ブログ)。

●第9回　メガとがびアートプロジェクト２０１２　２０１２年10月7日

この年、美術部員から「**アーティストは必要ない**」という発言が聞かれ、**脱アーティスト化**がさらに進行していきました。中学生の表現の自立化が進み、その結果参加アーティストは継続の山本耕一郎、住中浩史の2名のみとなり、7年間継続した美術館からの作品借用・展示も行いませんでした。新学習指導要領完全実施のため選択美術が廃止されたことで、授業作品の展示も行われていません。運営側として参加した生徒は17名の新入部員を迎えた美術部、科学研究部です。入場者数は８４３名でした。

また、「**ヤングとがびU―25**」と題して、中学生・高校生・専門学校生・大学生らが入り混じって表現を行いました。自然に集まった卒業生9名が参加し、紀子が校務で多忙な時には、生徒たちの面倒を卒業生が見て、さらに広報などのとがびの様々な準備作業を進めるという体制が自然にできていました。卒業生が廊下アートセンターの「マスター」となって4月にオープンさせ、中学生たちとのかかわりを深めていました。

事前準備期間に生徒たちはイベント「千曲市ふれあい広場」にブースを出してとがびを宣伝し、当日は、昨年度からパワーアップしたFMラジオ局「壊れかけのRadio」や、「桃蓮華鏡×憂月コンサート」、さらにかつて「ヲタクの部屋」を実施して、すでに成人した卒業生の呼びかけで「**ヲタ・サミット２０１２**」(カラー8頁)が実施され、２００４年から継続する「カメラ星人」は科学研究部が完全独自で企画運営しました。美術部生徒の希望によって、武蔵野美術大学「旅するムサビプロジェクト」制作の巨大クジラも会場を飛びました。

美術部3年生生徒作品「ドッキリ大作戦」
先生や友人を次から次へと罠にかけ、どっきりした瞬間を撮影し、ユニークな映像として上映しています。

最後のとがびのポスターが貼られた正面玄関

その後のとがびへ

２００７年12月、千尋は作品返却のために東御市梅野記念絵画館を訪問し、開催されていた「私達の山本鼎展」を見て強い感銘を受けています。

「山本鼎は、学校美術教育のパイオニアというだけでなく、一般の農民に対して農民美術運動のパイオニアでもある。別の言い方をすると、生活に根ざした生涯学習の充実を目指していた人物とも言えるし、日本初の「アートプロジェクト・プロデューサー」だったと思う。誰もアートプロジェクトなど考えもしなかった時代に、美術で社会に影響とインパクトを与えた功績は素晴らしいと思うし、これからも輝きを失うことはないだろう。実は、私がとがびアートプロジェクトを実践しようと思った理由の一つは、山本鼎の「自由画展」の存在が大きい。以前、この自由画展に関する大正時代の新聞記事を読んだことがある。そこには、「ある新聞記者が上田のあぜ道を歩いていると、地元のお年寄りと小学生などが、ぞろぞろと列を成して一方向へ歩いていくのを見た。お祭りでもあるのかと、尋ねてみると、みんな子どもの絵を見に行くと言っている。その行き先が自由画展であった。」」(2007.12.7ブログ)

中平は、自由画教育運動によって、長野県から全国に美術教育を発信した山本鼎（1882～1946）の考え方に賛否を持ちながらも、とがびやNスパイラルを含めて、現代の美術教育に通じる存在意義を見出していました。自由画教育ととがびが長野の「運動体」として共通項を持つのも偶然ではないと感じざるを得ません。

●第10回　とがびアート・プロジェクト　２０１３年10月13日

10回目のこの年、名称が「とがび」に戻され、とがびがその原点で目指したものが見直されました。入場者は約１０００人でした。美術部も科学研究部も完全に自主的な参加で、この

中学生による表現**「マンガ系女子」**

「廊下小劇場」での高校生ライブを観る中学生たち

年の美術部員は64名で、18の部活のうちバトミントン部の69人に次ぐ2番目の大所帯でした。

とがび卒業生たちは「GENTEN」展（OBOG展）を企画して、呼びかけに応えて多数の作品が出品され、千尋も第1回の「のれん」を出品しています。とがび卒業の高校生と地元の高校生に加え、櫻ヶ岡中学の保護者によるバンドなど大人たちも真剣に関わり、その姿に中学生たちが真剣に向き合い、言葉にはならない多くのものが交換されました。

もはや「美術」や「アート」という言葉で規定される枠は解体されており、自然にこの場に集ったみんなで作り上げる、「与えられるものではなく、表現したい人が自分たちで作り出すというメッセージを発する作品」で埋め尽くされました。また、アーティストとしては、住中浩史がとがびの準備より前に、生徒たちと陶芸・園芸小屋を改装して「中庭21世紀美術館」を作り上げ、生徒や卒業生たちの表現をサポートしました。

終了後、千尋は10年目の感慨を次のように書いています。

「今まで10年間とがびを続けてきましたが、このように大人になった中学生が自主的にそして自然発生的に自己企画で集ってくれるなんて夢のようです。最高の気分でした。彼ら彼女らに「中学生時代はどうだった?」と尋ねたら、「やばかったたっすね…。」と一言。」(2013.10.16ブログ)

とがびの10年を駆け足で見てきましたが、これだけの仕事を普通の中学校美術教師である中平千尋がひとりでやり遂げてきたことにあらためて驚嘆します。もちろん、紀子という絶対的な伴侶かつ、同士との二人三脚での歩みだということもありますが、その知見（発想、アートに対する深い理解）、生徒に対する教育愛と行動力、そして何よりもこれが美術教育の出

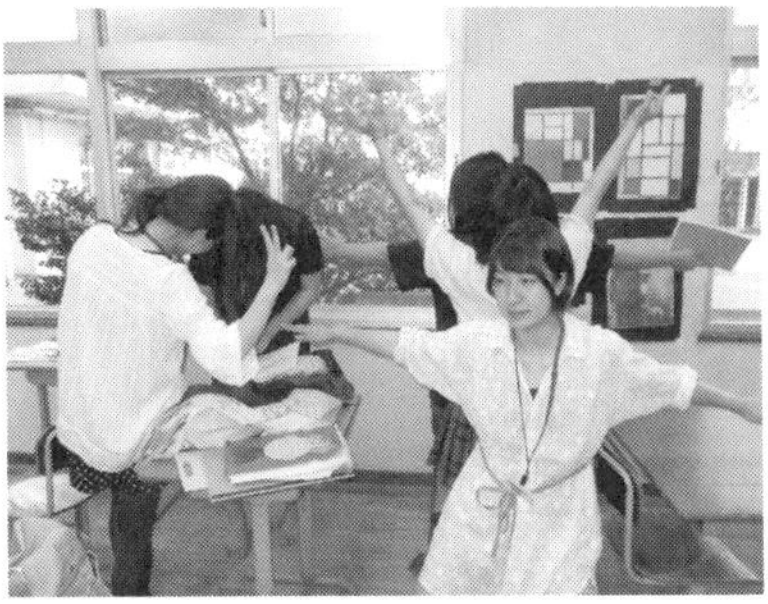
戸倉上山田中学校に集まってくる卒業生たち

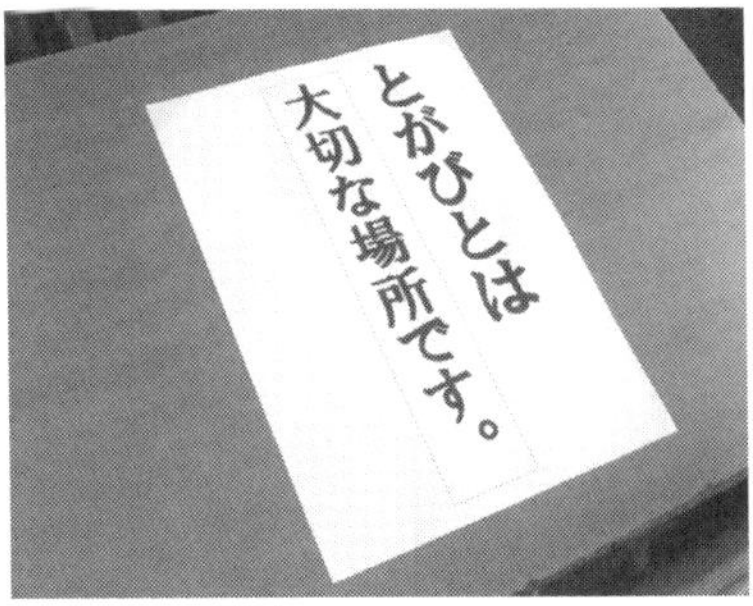

卒業生の呼びかけによる「GENTEN」展

来事であったことに思いを致すばかりです。２００６年（第3回とがびを終えた時点）に中平は、「自分自身、とがびを始めておきて、恥ずかしいですが、とがびでいったい何が起きたのかまだはっきりつかみきれていません」（2006.11.25ブログ）と述べていますが、生徒はもちろん、中平自身がゆっくりと成果や意義をふりかえる時間もなく、走り続けていた状況がうかがえます。とがびアート・プロジェクトの準備のために、中平はあらゆる問題に本当に細やかに丁寧に対応していました。たとえば学校／教職員では、職員会議での説明資料作成や空き教室の使用許可申請、生徒の校外での活動のための保護者向け説明書類作成など、参加してもらうアーティスト対応では事務連絡・協議・打合せ、そのほかに市施設からの物品運搬用の車やプロジェクター・展示パネルの借用、美術館見学・作家連携や報道機関への取材依頼など、表には見えない無数の作業をほとんど1人でこなしています。さらに学校にはないスポットライトの購入、イベント保険加入、アーティスト滞在費に私費を投じ、自宅や親族宅をアーティストの宿泊に提供したり。このような作業を毎年10年間続け、それが彼の心身を痛めつけていたことを思うとき、胸に熱いものが込み上げてくるのはわたしだけでないでしょう。

　いったい、そこまでして中平千尋は何がしたかったのか?その答えは、10回目にはアーティストがいらなくなって、中学生たちが自分たちのアートを生みだし、自分たちだけでアート・プロジェクトが回せるようになっていたことにあると思います。千尋は、２０１４年に群馬大学教育学研究科に「とがびアート・プロジェクトとは何か」を理論付けるために入学し、光のように走り去ってしまいました。しかし、序論で茂木一司（群馬大学教授）が宣言しているように、「中平千尋は死んでいません。（その理念は）当然生き続け、わたしたちは引き継ぐ責務を負っています」。そのことを共通認識として、本節を終わりたいと思います。

わたしとせんせいととがび　てらしまみさき　第一話

第2章

「とがび」の美術教育

――アートのおもしろさを伝える題材とカリキュラム

座談会①

「とがび」とはどんな美術教育だったのか？

芹沢高志×三澤一実×茂木一司

●**芹沢高志（せりざわたかし）**
P3 art and environment 代表・AAF 事務局長（2003-2016）・混浴温泉世界総合ディレクター・さいたまトリエンナーレ 2016 のディレクター等。
●**三澤一実（みさわかずみ）**
武蔵野美術大学教授・学生が全国各地の小中学校を訪れ授業を実施する旅するムサビプロジェクトを主催。
●**茂木一司（もぎかずじ）**
跡見学園女子大学教授

「とがび」の展開を支えた「アサヒ・アート・フェスティバル（AAF）」の事務局長を務め、長年「とがび」を支え見つめ続けた芹沢と千尋の母校の武蔵美で教職課程を教えながら、やはり「とがび」に通い、直接支えた三澤が長野の一中学校で起きた出来事の意味、つまり「とがびの美術教育」について語りあった。中学校や中学生を「社会はほったらかしている」（芹沢）「一気に社会や集団を意識させられて変わって社会化・去勢される」（三澤）。中平千尋は、大人と子ども…創造と破壊…中学という時代のおもしろさや不思議さを「とがびの美術教育」を通して教えてくれた。

茂木 中学校の美術教育が危機的な状況にあります。そのなかで「とがび」があれだけのことができたのはすごいと思います。中平さんのようにあれだけ中学生が好きな人はなかなかいないし、文章などから感じられる熱い情熱のエネルギーは本当に稀有で、もったいなかったとつくづく思います。まずは、みなさんの自己紹介と「とがび」との関わりについてお話しいただけますか。

芹沢 僕はいまはアート関係の仕事をしていますが、もともとは違う畑にいました。日本に環境アセスメントを導入しようとする時期に、土地利用計画に経済だけではなく地勢や地形など自然のプロセスも考慮しようとする地域計画のオフィスにいました。フリーになったあと、新宿の東長寺という禅寺が400年経つので伽藍を新しくしたいという話が出て、プロジェクトチームに加わったのがアートとの関わりのきっかけです。住職には、寺院は亡くなった人の方を見てただお葬式を待っているのではなく、せっかく都心にあるのだから、もっと寺を一般に解放したいという考えがありました。そこでアンダーグラウンドの境内を作り、寺が使っていない時には現代の文化に開いたらよいと提案しました。僕自身はアート教育を受けていませんが、10代が1960年代に重なっていてニューヨークのアートシーンにも刺激を受けたし、ジャドソン・メモリアル・チャーチが地下倉庫を解放して、そこからポスト・モダン・ダンスが生まれたことも知っていました。

バブル期の終わりころで作ることは出来たけど、建築というのはハードウェアを作ってクライアントに渡したら次のプロジェクトに移るのが普通です。運営に携わることはほとんどない。しかし会議でお前が言い出しっぺだろという話になって、あのような半公共のものの設計に関与して、その後そこを使っていく経験はなかなかできないので引き受けて、P3というチームを作った。そこで初めてアーティストという人たちと出会うのです。

プロジェクトではお金を出すクライアントに問題解決の要望があって、計画者はどのように解決すればよいかを考えて、ある点に収束させていくわけです。でも**アーティストは頼まれていなくてもやってしまう**。自分自身がクライアントであると言ってもいいし、むしろ問題を発見していく方です。解決ではない。私が受けた数学教育では問題解決型と問題発見型があって、問題発見をするのは少数の恵まれた資質のある人だけど、自分で解くことはできない問題を見つけてしまい、その後百年くらいはそれをみんなが解こうとして数学を発展させていく。そういうモデルを知っているので、問題解決をしないアーティストという人たちにも驚きませんでした。いや、問題発見はほめすぎなので、いまは問題を起こすと言いますけどね（笑）。日常を忙しく過ごしていると本当にすごいものを見てもそうは見えなかったり、本当にやばい問題があっても見て見ぬふりをしたりする。**アーティストはそれが問題だと騒ぎ始めるから、問題が見えない時代にはすごく重要なのです。**

近年は美術館外での芸術祭のディレクター、キュレーターを頼まれることが多くなり、直近ではさいたまトリエンナーレのディレクターをやっています。芸術祭にはいろいろな問題が言われるようになっていますが、例えば支えてくれる一般市民サポーターとの付き合いにも矛盾があります。特に自治体主導の場合に、個人のやりたいという動機なのだからなぜ公金を支払うのかという一般論がある。でもサポーターの人たちが動かないと成立しない。会議時のお茶やお菓子には税金を使うことができないというがんじがらめの状況もあります。

ところで中平さんが「とがび」を便宜上4期に分けているのは面白いと思います。最初に「借り物期」があって、次にキッズ学芸員に重点を置いた期間があって。僕が初めて行ったのは三澤さんと同じ２００６年の第3回の「とがび」で、子どもたちも学芸員として少し喋れるようになっていた。子どもたちがやらされるのではなく自発的にやるようになると、だんだんと自分たちで表現するようになる。そして中平さんの分類では「解体期」があった。中平さんが亡くなる五ヶ月くらい前のＡＡＦには僕も同席していましたが、かなり挑発的でした。

茂木　中平さんの分類は「借り物期」「覚醒期」「解体期」「脱アーティスト期」ですね。大学院で僕の研究室に入って修士論文を2年でまとめるという気合の入った時期でした。修士1年生で結構取らなければいけない授業も多く、寝ないで勉強して、食事をしないでダイエットの水泳もしてという生活をしていたようです。「無理はしないでね」とは言えるけれど、大人なのでやめろとは言えなかった。ハイにもなっていてそのような本心も口に出たのかと思います。

芹沢　芸術祭ではアーティストの名前は出ますけど、ひとりではできない**プロジェクト型やリサーチ型のアート**も増えて、サポーターが制作支援することも多くなって来た。アーティストはいらないという中平さんのような主張は、芸術祭周りでも現れ始めていますね。アーティストとアーティストじゃない個人の創意工夫と、どっちが偉いということはない。大多数はアーティストを手伝うことを楽しんでいるのだけれど、中には自分たちで発表したいとプロジェクトを立ち上げる人たちも出てきている。市民のプロジェクトが新潟の芸術祭などではきちん

と位置付けられている。中平さんは現場も見ないで偉そうにしているアーティストには怒っていたところはあるのかもしれない。自分の現場の足元でも「とがび」と同じようなことが起こっているのは感慨深いですね。

三澤　中平さんはムサビの視覚伝達デザインを出て、デザイン会社に勤めたんですよね。そこで自分のデザインが消費されていくのに疑問を持って教員免許を取り直し、最初に勤務したのが養護学校だった。彼が子どもたちとの実践を撮影した映像は授業でも使ったりしています。「とがび」の原点はそこにあって、言葉や中学生独特の身体を切り離した実践ではなく、生で関わる場です。

　私はもともと芸大の彫刻を出てアーティストになろうと思っていました。学部から大学院にかけての頃は脱美術館の動きがあって、長野県上田市の空き店舗を借りて仲間と「アートコンタクト」を組織して1ヶ月展覧会をやったりしていたんです。駅のホームに作品をぶら下げたり、市庁舎に作品を掛けたりと。美術館という権威ではなくて、自分たちのものとしてアートを捉えていくことに興味があった。でも大学院を出てから食べていけないから教員をやろうと、中学校の教員を12年とちょっとやりました。その時に一番感じたのは、**現代美術と一番かけ離れた世界が教育にあって、本来なら表現したい気持ちは誰にでもあるのに、学校教育では許されないこと。**中平さんも言っていましたが、**中学生は人間が社会化されていく期間**で、しちゃいけないこと、すべきことを教えていく。そこでは**アートの反社会性は排除されて、単に美しいもの、いいものだけが与えられる。**

茂木　それは「**教育美術**」ですね。外国語にも同じ言葉があるようですね。

三澤　教育の世界に入ってしまうとそうせざるを得ないので、彼がそれを打ち壊

したことは非常に尊敬しています。自己主張したい子どもたちはたくさんいたのに、学校では集団行動しなければいけないと社会の規範意識で教員が抑え込んでいる。

芸大を出て中学校教員になる人は少ないので、私も自分が美術の専門大学を出たことは伏せて美術の世界から逃げていて、**自分の中で教育と美術の関係がぎくしゃくしていた**。教員の後に埼玉県立近代美術館に1年間勤めるのですが、そこで火が着いたんです。毒を入れるようなことをしていかないと学校教育は良くならないなと思った。その後に文教大学に行って、大学教員になって爆発し、自分でプロジェクトを始めました。その時に「面白いことをやっている先生がいないか」と聞いたら、「長野に中平先生がいるよ」と。誰かに紹介されて「とがび」が始まる前に会って意気投合してしまって。

私も出身なので分かりますが**長野県の教育は非常に保守的**なんです。中学校の頃は教員になりたいと思っていたけど高校の教員との出会いが良くなくて、美術教育を変えてやろうと思った。単純だから美術で一番いいところは芸大だと入って美術にのめりこんでいく。でも教員になったら暗黒時代があって、美術館・大学でもう一度教育を捉えなおした。教員時代に教育が疲弊していく中で美術ができることは一体何だろうと考えていました。創造性とか感性とかきれいな言葉で言えるものではなくて、**個として生きることを保証できる教科**でありたいと思ったんです。**学校を支える教科**としても必要だし、**社会のシステムとして美術がないと多様性や柔軟性が失われていく**。そういう中で、「とがび」に来てくれないかと生徒が鉛筆で書いた招待状が来て、教育を再生できるプロジェクトになり得ると思ったんです。

小学校や高校とは違って、中学校は義務教育の最終段階で子どもたちは一気に社会や集団を意識させられて社会化・去勢され、本来の姿を押し隠して生き方が型にはめられていく。**美術はそれを壊していく重要なきっかけ**になる。彼も同じようなことを言っていたんですが、ある生徒が「先生、トイレに入ると巨大な男根が立っているようなものを作りたいんです」と言って、「いいよ」と答えたら一生懸命作り始めた。見に行って「もっとリアルに作らなくちゃダメなんじゃない？」と言ったら、子どもたちが「先生そんなことしていいんですか」と言うので、「だって君たちがやろうとしたんでしょ」と。こういう行為を通して子どもたち自身がまずいと気付いて最終的には天井から吊ってそれらしく見えないようにした。彼は、**ブレーキは自分で自覚していくもの**なのに、教育では自分で自由に運転しなさいと言いながら**教師がブレーキを踏んでいる**と言っていました。学校はいつも自由だと良くないですが、一定期間は自分がどう生きるのかを考える時間を保証することは重要です。「とがび」では一見くだらないことでも本当にやりやいことをやっていて、徹底的やることによってそのくだらなさが理解できていく。それを乗り越えて自分の生き方や考え方を獲得して**大人になっていくための儀式が「とがび」**だったのではないかと思います。

茂木　美術に関係していない運動部の子どもたちが、興味があるわけじゃないけど自分の殻を破るためにやることで、こんなこともできるんだと自分を発見し、こんなことをしてもいいんだと自覚することはたくさんあったのだと思います。

三澤　個としての自立ですよね。学校教育は理想や望ましい姿があってそれに向かうけど、美術は個人の中で価値を創り出していく唯一の教科なんです。「とがび」での子どもたちの姿を見ていると、自分の得意なこと苦手なこと、何をしていきたいのか、美術を通しての自己の相対化が感じられました。ある子どもに美術に進むのかと聞くと、「すごく面白くて興味はあるけど、僕は進みません」と、取り組みが生き方を決定していく。中学2年生は高校の受験を前に自分がどう生きるかを考えなきゃいけない時で、そこで中平さんは芸術やアートという世界に対して目が開かれていくことをうまく使って、彼らを大人にしたという感じがします。キッズ学芸員の女の子に意地悪で「なんでこんなことやっているの、君たちはこれで何を勉強したの」と聞いたんです。そうしたら「地域のおばあちゃんたちに見てもらって喜んでもらいたいんです」と、身振り手振りで大人に対し

●とがびをガイドするキッズ学芸員

て必死に答えるんです。あの言葉の絞り出し方は、本当に考えているのだなと思いました。これはすごいことで、先生に指示されたことではなくて、自分で美術やその行為を通して本当に実感していてダイレクトにこちらに考えを突き刺してくる。教育の手段としての美術は中学校で大変有効だと実感しています。

芹沢　同じ2006年にとにかく行かなきゃと思って行ったんです。僕には男の子と女の子が説明に付いてくれて、2人で一生懸命、本当に言葉を自分で紡ぎだして、友達が作ったものをこういう理由で作ったと説明してくれて。僕が意地悪に「この作品いいと思う?」と聞いたら、男の子の方は「まあいいと思うんですけど」と言ったのに、女の子の方は「私は嫌いです」とぴしっと言ったり。あんなことが実現するのは学校では難しいと思っていましたが、中平さんとしてはAAFに選ばれたことも利用して校長にアピールしたいと言っていました。

　今でも思い出すんですが、帰りに1人で戸倉上山田の駅で、10月のはじめくらいの季節で夕方少し肌寒い感じで、ホームでぼーっとしていたら、あの子たちの一生懸命しゃべっている顔が自然に目に浮かんできた。13、14歳頃って心が揺れ動いてどっちにも行けて不安もあるしよく分からない。大人でも子どもでもない。**一番大事な時期なのに中学生を社会はほったらかしている。**あの子たちが役割を演じているという状況であっても、意味を自分のものとして必死に見つけようとしている姿に心が強く動かされて、中平さんはもの凄いことをやっているんじゃないかと思ったんです。

　子どもたちの味方だったんだろうな。お葬式の時に若い子たちがいっぱいいらして、不謹慎な言い方だけどお葬式のように思えなかった。中平さんをみんなが本当に慕っていて、それが中平さんのやったことの凄さだろうと思いました。

茂木　そうですね。中学校も変わってきているのでしょうが、私の頃は中学校は花の応援団といって、龍の刺繍が入った長ランを着ていた時代でしたが、勝手なことをやって警察沙汰になったりして暴れていただけ表現はしていた。それがもっと厳しく強権的になって、どうにもならなくなってきてしまった。管理システムがかっちりしていて、中学生もメリットがないから暴れない。三澤さんが教員時代に何もできなかったという話は衝撃的ですね。三澤さんですらできないならば誰ができるのだと。

三澤 変わったことをしようとすると「先生、そんなことしてもいいんですか?」と逆に聞かれます。大学にもそういう中で育った子どもたちが来ています。枠というか大きなものを超えていけない、壊していけないんですよね。自分が教員になって1年目か2年目に、何かをやりたくてうずうずしてしまって、夏休みを使って教室の床をすべて鉋掛けしてしまったんです。始めてから後には戻れないことに気づいて馬鹿だよなあと(笑)。何かやりたいんだけどやれることを封印していって普通の生活になっていく。大学に職が変わり、美術としてやれることが一気に花開いて、「写真プロジェクト」という北御牧村5700人の人たち全員にフィルムを配って、全員で写真を撮りましょうというプロジェクトを1年かけてやったことがあるんです。抑えられていたものが爆発しました。自分は何なのかとか、自分を表現したいとか、僕は君じゃなくて僕は僕なんだとか、自分を表現する場が特に日本は少なすぎます。欧米では個人が自立していますから自己主張も抵抗がない。でも同じ人間なのに日本では、「みんなと同じにしなさい」というのが教育で、そういう現場で美術に取り組ませる。子どもたちに自分で発言させる取り組みの意味は大きいですね。

茂木 美術教育をやっていると悔しい思いをみんながしていると思うんだけど、自分たちの思いが全く理解されない。自

分や社会、これからの世界にとって僕らは本気で必要だと思っているけれど、なかなかそこまで付き合ってあげられる時間もないし難しいです。多分後になって気づくのかもしれません。例えばアート・プロジェクトのサポーターたちは、心の中に何かを持っていて、自分が自由になれるチャンスを求めて関わってくるんでしょうし、そこで何かしらは発見しても、それが何かもう少し意味づけしたり、もっと早くチャンスに巡り合っていれば、もっと色々なことができるんじゃないか。中平さんがやったことはそういうものの1つです。

三澤　早くというのはとても重要ですよね。大人になってから美術に関わる人はほんの数%もいない。埼玉県民でも埼玉近美に来る人は1%もいない。たった数%の人しか美術を支えていない。でも、中学校は芸術に対する理解が始まる時期で、国民全員が受ける義務教育においてその目覚めが保証出来たら、日本は変わってきますよね。彼はそういうチャレンジし始めたんじゃないかな。彼がよく言ってたのは「美術ファンを増やしたい」ということでした。それはひとりの教員にできますかと聞いたら、「僕はできません、だから「とがび」をやるんです」と言ってアーティストやいろいろな人を巻き込んだ美術教育でした。

茂木　**アートの楽しさを伝える**ということですね。

芹沢　中学の頃の年齢だと柔軟だから、すごく面白かったからといって自分の人生をそこに投機するわけじゃなくて、あっちもこっちも面白がれて、やめようと思えばやめられるし突き進むこともできる。でも大人になっちゃうと、その感覚を忘れてしまう。サポーターを見ていると本当に面白いです。アーティストの手伝いをしたり、みんなで集まってワークショップをしたりしていると、急にあの頃のみずみずしい感覚を思い出す人もいる。まだまだ日本全体で考えたらものすごく特殊な少数だけど、そういう機会が生まれてきたことはいいことだと思います。とは言っても、思い出すその経験を中学の頃にしていなければ、思い出すこともできない。だからあの年齢は本当に重要なんだと思う。

今や市民のサポーターとどういう関係を築くのかということは、芸術祭を成立させるために、はっきり言えば死活問題です。2005年の横浜トリエンナーレの時に、川俣正さんに「サポーターの面倒も見てほしい」と言われてやったのですが、そのとき思ったのは、サポーターとの付き合いはひとつのアート・プロジェクトであり、専任のディレクターがいるべきなのだということ。あの頃はまだ、ただで働いてくれる人という意識が残っていて、混乱がありましたね。サポーターが足りなくなってきて学生バイトを雇ったことがあった。バイトとボランティアが一緒になって、いい気はしないわけですよ。同じことやってるのに、えっ、お前カネもらってるの?と。そこいらはずいぶん洗練してきたけど、サポーターの現場を見ていると、現代社会のあり方について考えるところが多々あります。例えば青臭い言い方ですが、**何かを作り出す歓びとか、生きる歓びとか、それはカネに換算できるのか、**とかね。

茂木　アート・プロジェクトの目的は市民の自己啓発にもありますし、かといって何かを成していくかというとそこまでは至っていないです。アートが素人の時代になって来て、美術教育では結局アートとは何かという問題をずっと考え続けて行くことになる。境目があいまいになってきて余計難しくなっている。そもそも人とは何かという問題になってきて難しい。だから考えずにできるのは、教科書に載っている既成の決まり切ったことをやることになり、新しいことはなかなか入りにくい。中平さんは「Nスパイラル」でひとつの授業で美術の理解・鑑賞や美術史のルールを勉強させて制作に活かしていくことをうまくやっていましたが、そういうことが足らないという気がします。アート・プロジェクトでも、ディレクターやコーディネーターがどういう美術なのかをもう少し整理して、美術史のなかでの位置づけやアートのタイプが暗黙知のうちに伝わると市民に届きやすくなると思います。

三澤　美術の授業はしっかりやって、「とがび」はやりたい子を中心に展開していた。教員は彼ひとりで、学校には協力してもらえないというか、協力を得るのが面倒くさいから自分だけでやる。強烈な味でやりたいというのがあって、彼自身がアーティストですよね。

茂木　でもデザインをやっていたから、マネージメントができた気もします。

三澤　「とがび」は選択授業を中心にやっていたんですが、それが総合的な学習になった時に、やる気がない子も入ってくるようになって十分なことができないジレンマがあったんじゃないかと。最後には総合的な学習でもうまくいかなくなって、「カオスギャラリー」という小さな自己表現の場を教室の脇で実現するようなものになって、あれはすごく面白

● 廊下に設置したカオスギャラリー　詳細については P.206 へ

い試みでしたね。

茂木　アーティストの住中さんと一緒に考えていたものですね。制度のなかに異空間を作るような、自己主張はあまりしなくて、危険なんだけど危険には見えないような。

三澤　最後の方では子どもたちのノリが悪いということも少し聞きました。そういう葛藤がかなりあったんじゃないかな。アートファンを広げたいけど、中平さんがエンジンになって子どもたちをぐっと引っ張って子どもたちはその後をついていく。でも気が付いたら自分ひとりが突っ走っていて、後ろを見たらだれもいない。だから「とがび」自体が変質していかなければならなかった。

茂木　仕組みを作ったので、**仕組みが古くなってくるともう一回解体しなくてはいけない**。いろいろ試していましたがそこがなかなかうまくいかない。大学院に来た時には「10年経って疲れた」とも言っていました。

三澤　かなり無理をしてもしなきゃならなかった。経済的にも自分のお金を持ち出してアーティストを滞在させたり。

茂木　だから最後はアーティストはいらないというところまで行ったんでしょうね。既成・既存のものに対するアンチテーゼは強く打ち出していますよね。

三澤　アーティストは引っ張ってくれるもので、生徒自身が自立したらアーティストはいらなくなったんですよ。人々が自分の感性・感覚を持って、自分も表現者だと自覚すれば、いま求められているアーティストは社会の中に埋没していくはず。そういう社会じゃないからアーティストが必要とされている。**「とがび」では誰もがアーティストになれるというアートを続けて行く意味の自分の解釈なんですね。**

茂木　美術はビジュアル・アートではなくて、**ある種の生き方であったり身体性であったり**という解釈だったのでしょうね。でも他の教科が駄目なので美術でしかできないという気持ちもよく分かります。どこまでやってもつかみどころや正解がないので良さもあるが難しい。他の人に伝わりにくいその部分を許容するのはすごく大切。

三澤　中平さん自身が子どもと一緒に取り組みながら、教育現場で自分がやってきた美術とは、アートとは何かを考え続けていたんだと思います。最終的に彼が疲れたというのは、何となく見えて来て整理・言語化してみようと大学院に行ったんじゃないか。群馬大学に行く2年位前に私も「大学に行ってまとめたら」と言ったんです。その時は「現場にいたいんだ」と言っていたので、まだ現場で答えが見つかると思っていたんじゃないかな。でも美術の意味が分かってきた時に子どもたちを引っ張っていく強さもだんだん薄れていった。「分かんないからみんなやろうぜ」ではなく分かってくると伝えきれない。答えが見えてきた瞬間に子どもたちが少し離れ始めたのかな。

茂木　彼が、本を出すために時系列で流れをまとめてもいまひとつ乗れない自分がいる、中学生の表現をみんなに伝えたいということは変わらないが、どうすればいいのかわからないと悶々と書いています。理屈にするのは結構難しいので感想文にならないようにとはよく言ったのですが。

芹沢　以前からAAFで「とがび」は注目されていて、2006年に「とがび」が参加してくれると、**あんなすごいことをやってきたところが入ってくれるんだと歓迎していました。**東京で全国から参加プロジェクトが集まる機会に、中平さんは生徒さん連れて参加していました。途中からは紀子さんもいらっしゃるようになって、みんなと交流していた姿は印象深いです。AAFでも同じようなところはあまりなくて頼りにされる。みんなそれぞれの動きの中でなんらかの問題を抱えているので、彼の意見を聞きたがって、**いつも誰かに囲まれていましたね。**

　先ほどの三澤さんの分析は腑に落ちていて、2012年頃までご一緒して、特に密接に話し込んだというわけではないのですが、毎年参加してくれて、葛藤もあるのか、とんがった意見を言っていくことが後半は多くなっていた。後ろを振り向いたら子どもがついてこなくなったというのは彼にとっては痛い話でも、自分のなかでのアートに対する答えが固まってきたこととの裏腹なのは納得できる。

　それからAAF学校に入ってくれたことも印象に残ります。歴史の浅いアート・プロジェクトをどうテキスト化して

伝えていくのか、そのための実践的な学校を企画した。そこに中平さんが生徒として入ってくれたのです。でも、彼のレポートが論文や宣言文みたいで、みんなに伝えていくには硬すぎないかと心配になった。現状のアートに対する手厳しい考えは尊重するけど、他のプロジェクトを記述する時には、**自分の考えがありすぎるのも、なさすぎるのと同様に問題**で、バランスをどうすればいいのかという話をした覚えがあります。途中で体調を崩されて、報告書をまとめたのを見てもらえずじまいでした。

三澤　戸倉上山田中の「とがび」から進学校の櫻ヶ岡中の「さくらび」に移った時にワークショップをして欲しいという依頼を受けてた時に3年生がガムテープを千切れなかった。でも中平さんは「この現実を1年かけて変えていきますから」と言っていて本当に変わっていった。あの頃はまだ自分で変えていこうとしていた頃で、カオスギャラリーの横で「水バー」をやって、「お客さん、いまいい水入っていますよ」「じゃあ○○の水ちょうだい」「わかりました」と水道で汲んでくるとか。そういう生徒とのくだらないことがすごく楽しいと言っていました。アートはそういう社会の役に立たないくだらないものだけど役に立っていることを、体験を通して実感させていました。表現は何を伝えてもいいんだという自由の保障を「とがび」を通してやっていたんでしょうね。

　カオスギャラリーでは「先生これカオスっぽいでしょう」と子どもたちは言えど教員は意味がわからない。でも「カオスギャラリー」があるから「カオス」という言葉が出てくる。「言葉ができるとそこに文化がある」と言っていました。生徒の社会の中にアートを入れていく試みでしたね。

茂木　リアルなアートと教育現場の「教育美術」がかけ離れすぎていて、中学生がリアリティーを持てないので、モチベーションにならない。自分がやりたいという気持ちにならないと思うんですね。食いたいものがないから食わないだけ。食わせられても嫌だと思うのに、しょうがないから食べている状況。それは悲しい事実ですよね。現実のくだらなさがそのまま教科書に載るとは言いませんが、くだらなさを分かった上で判断するのが

● カオスギャラリーの「カオス 水バー」

アートで、それを伝えないと授業にならない。一方で教員がどこまで学生を守れるのかというのは難しい。中平さんは職を賭けて「**俺が責任を持つから好きなことをやれ**」と言ったと思うんです。それができるかできないかでスタイルが全然変わってしまう。モチベーションがないとやらないから僕らもやっていいよと言うけど、ここまでしかやって欲しくないというのがある。教育学部の学生は良い子ばかりでルールは守るし。

三澤　今は美大ですら学生が自由に表現する力が弱くなっていて「こんなものでいいのか」「もっとやれよ」とけしかける。実際ルールを守らないとこれからの時代は生きていけないのは確かで、やらなければいけないこととアートをどう切り替えていくか、表現の部分では自分の殻を壊して学校の日常を壊す活動をしていかなければいけないけれど、人としてはきちっと生きていかなければならない。これは昔と違うところですよね。

茂木　情報がオープンになっており、メディア社会の特質を踏まえていかないと、隠して何かできる状況ではなく、すべてオープンにしてみんなに判断をしてもらった上で何をしていくかということですね。

三澤　美術の考え方が変わっていくということを、中平さんは「とがび」で発信してくれた。**作品を作るのではなくて、活動への取り組みを通して成長できる、1人の人間として生きていくことができる、そういうことが中学校でもできるということを示した。**だから最後はアーティストはいらないということになった。アーティスト自身は自立した存在で、それに触れることで子どもたちに自信を持たせたかったけれど、それは子どもの中に本来あるものだったというところまで行ったんじゃないか。我々はそんな中平さんに影響されています。

茂木　結論はそうだと思います。本日は、ありがとうございました。

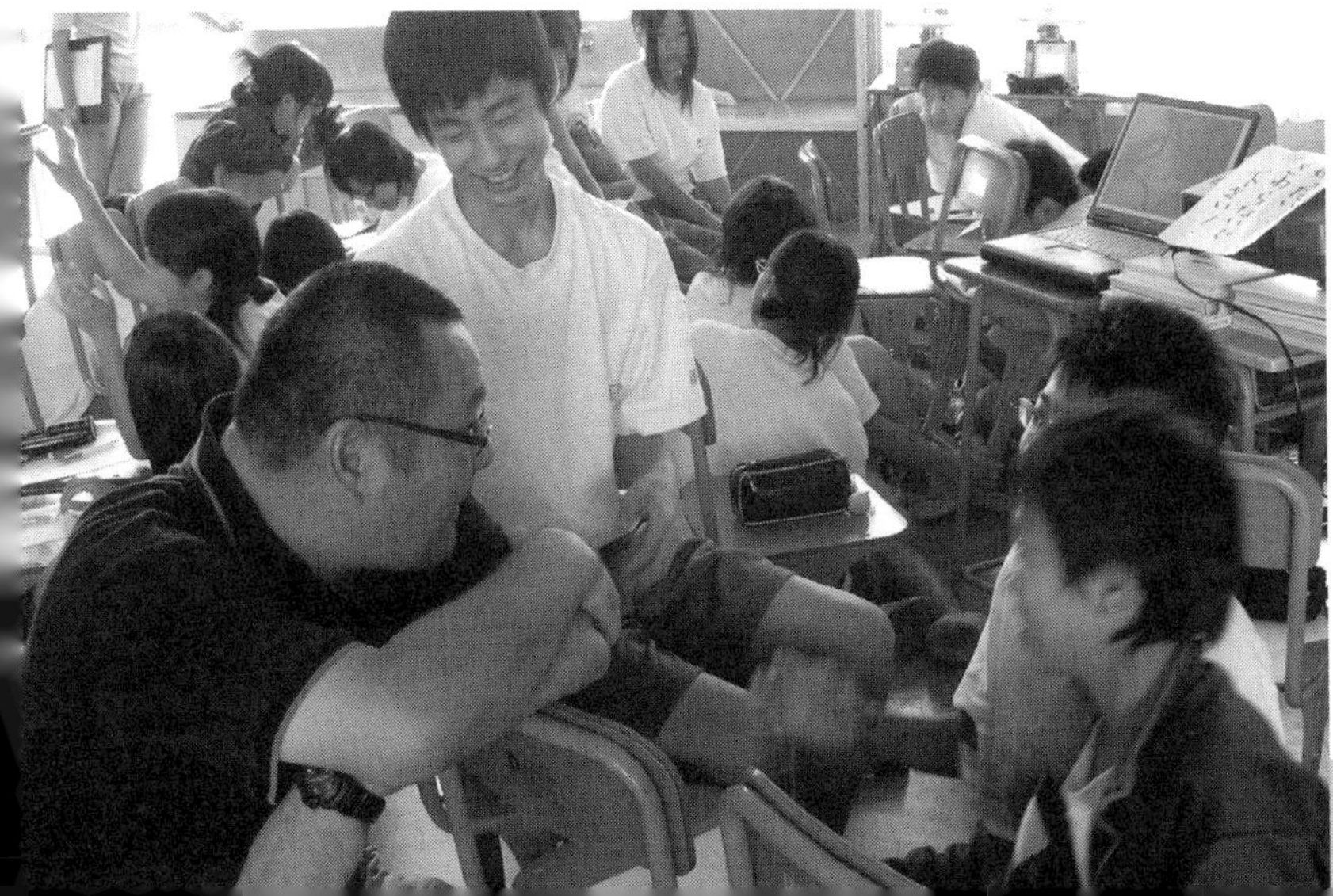

◎対談を終えて

茂木一司

中平の美術教育は、(専門家ではない) 中学生を含めた一般の人たちに「美術」の面白さや意味を実感をもって伝えたかったのだと思います。短文では示せませんが、現代の美術が作家の才能による個人的な作品ではなく、プロジェクト型の「共創的芸術活動」*であり、彼自身そのことに最初は気づいていなかったが、10年の経験が普通の中学生をアーティストにしてしまったことに後から気がつき、アートが拓く人間の創造力の価値を教育という営みの中で実践的に模索し続けてきたのだと思います。その想いは美術／教育の実践者／研究者ばかりでなく、誰でも共有できるものです。

「とがび」はアートプロジェクトと名乗っていましたが、彼自身はその言葉を使いたくないとも言っていました。それは、制作だけでなく、関わる人たちの関係性の構築や変化のプロセス自体を意味あるものと捉えるプロジェクト型アートの性質を考えるとよく理解できます。中学生と作家、そして地域住民等が自然にフラットな関係性をつくっていってしまう「とがび」の終わりのないプロセスを受容することは、とても教育的だからです。新学習指導要領が告示され、アクティブラーニングが全面に出されて、新しい教育がスタートを切ろうとしています。身内にも「元々美術教育はアクティブだったんだ」と強弁する人もいますが、中平が中学生と本当に真剣に向き合い、彼らの言葉を受けとめながら、10年かけてやっと到達したことを(教えることしかやってこなかった今の日本の) 教師は本当にできるのか?多様な個をありのままに受けとめ、生きにくさを抱えているその子たちの闇にもつきあい、いっしょに喜びに変えていくアートの力は挑戦という言葉にしか適応しないはずです。でも、教育者に限らず、わたしたちの誰にも席は空けてあるのです。何かをチャンスとするか余計な仕事とするか……わたしたちの内面の差が外界 (世界・社会) を大きく変えることにもっと意識的になるべきです。

＊熊倉純子他編『日本型アートプロジェクトの 歴史と現在 1990 年→2012 年補遺』公益財団法人東京都歴史文化財団、2013 より

「とがび」とは『とがび』だ。

中平紀子

Nスパイラル――現代アートの理解を基礎にした115時間

1題材3年間一環美術教育カリキュラム

中平紀子

「Nスパイラル」とは、中平千尋が考案し、私と2人で発展させた美術科授業カリキュラムの名称です。千尋は以下のように定義しています。

「Nスパイラルとは、3年間の授業カリキュラムの名称で、大題材を3つの小題材で構成し、題材のはじめと終わりに鑑賞（名作鑑賞と生徒作品の相互鑑賞）を取り入れ、小題材は「遊び的導入題材」「技能的題材」「テーマから自由に発想するまとめ題材」という特徴を持っています。」（『シンポジウム「美術の先生は何を考えているのか」報告集』、19頁）

わたしたちは、「とがび」実施以前より「**中学生が美術を楽しく学び、理解する**」ための**必修授業での工夫されたカリキュラムづくりの必要性**を感じていました。それは、義務教育最後のフォーマルな美術教育であることや生涯美術を好きでいてほしいという強い希望があったからです。つまり、「とがび」のような総合的な時間や選択美術を活用するプログラムはあくまで必修の美術を補完するものと考えていたからです。

必修の充実といいながら、実際の中学校美術科は1学年45時間、2・3学年35時間の合計115時間しか授業はありません。学習指導要領では、中学校美術科の目標を「表現及び鑑賞の幅広い活動を通して」達成することが義務づけれています。しかし、ほぼ週1時間（50

中平千尋の授業風景

「**ユダは誰？**」生徒たちで最後の晩餐のポーズ。ただ観るより深い鑑賞となる。

「**ココロ14歳**」自らの成長の過程をなぞりながら造形する課題

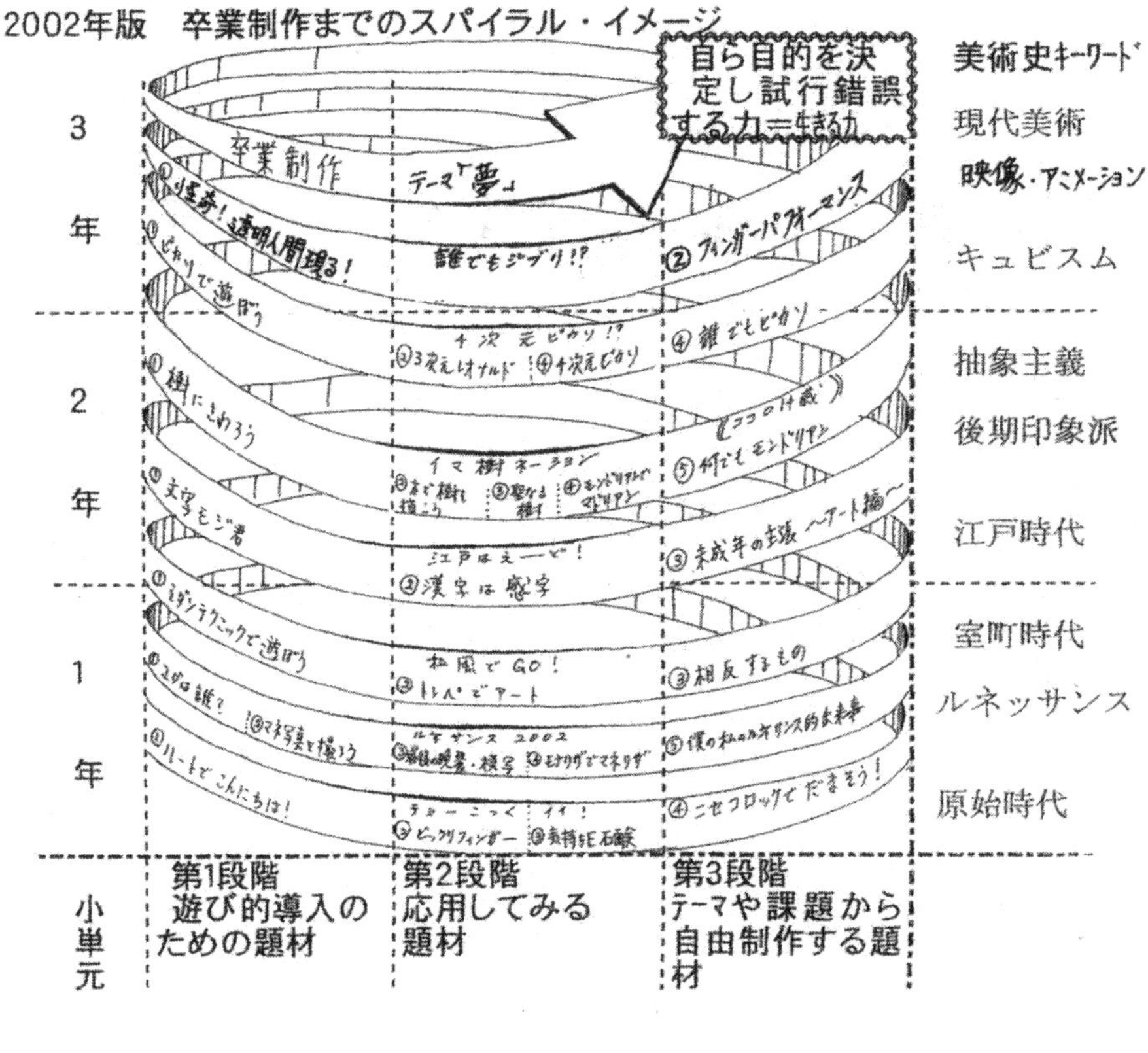

図　Nスパイラルの大題材構成図

生徒が校内で撮影してきた写真をみんなで鑑賞

Nスパイラルという題材計画を始めた時は、とにかく「自分の授業の構造を作りたい」という気持ちだった。

分）という時間の中ででは、どんなに美術教師が工夫しても十分な学習の達成が望めないのが現状ではないでしょうか。しかし、千尋は「1題材が115時間もあるのか」と発想を転換し、いろいろな題材はあくまで導入であって、115時間で1つのことを学ぶ3年間一環カリキュラムをつくりました。美術科は周知のように、単元ではなく題材という単位で学習しますが、小間切れの単体題材の工夫だけでは基礎的・基本的な力だけではなく、最も大事な美術を愛好する心情が育たないと考えたのです。Nスパイラルは、3年間で繰り返し鑑賞や制作を交互に続けながら、**短時間題材（遊び的導入題材→技能習得題材→テーマから自由に発想するまとめ的題材）**をスパイラル状に連結し、卒業次に卒業制作を行う、3年間カリキュラムを独自に考案し、実践することにしました。ちなみに、Nは中平のNとかけています。

●遊び的導入題材：美術そのものや、表現することについて身近に感じるきっかけや視点を見つける。

↓

●技能習得題材：その作品を題材にしながら、表現をするための方法・手段を学ぶ。

↓

●テーマから自由に発想するまとめ題材：手に入れた視点・方法を使いながら自分の表現をする。

「3年間を見越したカリキュラムが大事になってくるわけです。（図は）スパイラルという螺旋状になってるんですけど、ひとつの題材が今までは彫刻やりました、デザインやりました、絵画やります、木彫ですというふうに直線上に題材が存在しており、1回やったものはもうでてこないんですけれども、そうではなくて題材は変わりますが、やる中身と言うかテーマは変わらないというものです。ひとつは最初は遊び的に入って、次にスキルというか最低限知っておいて欲しいこと、技能ですね。で、最後にテーマから自由に発想するという3段階でぐるぐる3年間回ります。そのような流れでいくので、3年 間経ったときには最終的に卒業制作でこういうことやりたいなと、子どもたちが理解できていると思います。そういうかたちにしたいと考えています。」（同シンポジウム、17頁）

「**和風でGO!**」長野県信濃美術館の写真パネルをお借りして授業で鑑賞

鑑賞をふまえた遊び的導入題材と応用題材の後に自由制作を開始

後で詳述しますが、**Nスパイラルは苦手な生徒に対する美術教育**です。遊びとして導入し、それを美術の文法（知識・技能など）で基礎固めをし、同時に型にはまらないように「発想・構想」の大切さを最後に持ってくるように工夫しています。つまり、**美術教育は技能ではなく、「自由な発想」にこそ価値がある**ことです。

「この例は1年生なんですけど、遊び的題材で「最後の晩餐になりきり写真」というものをやりました。その後に、「最後の晩餐」の一つ一つのパーツをくじ引きで引いて、ほんとに小さいんですけどアクリル絵の具で描いていきます。最終的には自分の今までの人生を振り返って、ルネサンス的な出会いや出来事を絵にしましょう!ということになるんですけど、そこにいくまでに「モナリザでマネリザ」っていう透明の下敷きを使って片目を閉じて模写するという、表現の上ではタブーとされているようなトレースというか、そのまま写しちゃうということもやっています。これをやることで人の形を描くということや、奥行き感みたいなことを簡単に理解することができます。こういうことを積み重ねていって、最後に自分にとって大事な瞬間を作品にするというのが「ルネッサンス2009」という授業です。」（同シンポジウム、17頁）

また、Nスパイラルは「**鑑賞**」、つまり**現代美術のルールの理解**を基盤にしている点に特徴があります。前章で伊藤羊子氏が、「アートの楽しさを伝えること、それは『楽しみながら鑑賞し、それを応用して自由に発想し、自由に制作する』ことというのが、彼の美術教育」で、「**美術史の本質をついた授業構成**」だと指摘しているように、千尋は、「戸倉上山田中に赴任して、「鑑賞学習から始まり、3段階に教材を構成する3年間のカリキュラム」を考案し、今も実践している」と述べています。伊藤氏は、当時の美術教育が制作一辺倒から鑑賞重視になったことも追い風になったことも要因にあげています。

戸上中卒業制作「美術っていいね」

戸倉上山田中学校の卒業制作も進んでいます。「夢」というテーマで制作していますが、中学生らしさが伝わる作品が生まれています。週に1時間しかない美術の時間。

この1時間が貴重であること、楽しみだと思える生徒がいる戸上中です。

授業終わった時、「今まで美術の時間がそんなに楽しみではなかった。でも。今は、すごく美術の時間がすごく楽しみになった～。受験勉強とかで、つまらなくて……、美術の時間だけは、自分を出せるって、今になって思った。美術っていいね。」と言った生徒がいました。

「そうでしょ。美術っていいでしょ。」と言いました。

(2011.1.23ブログ)

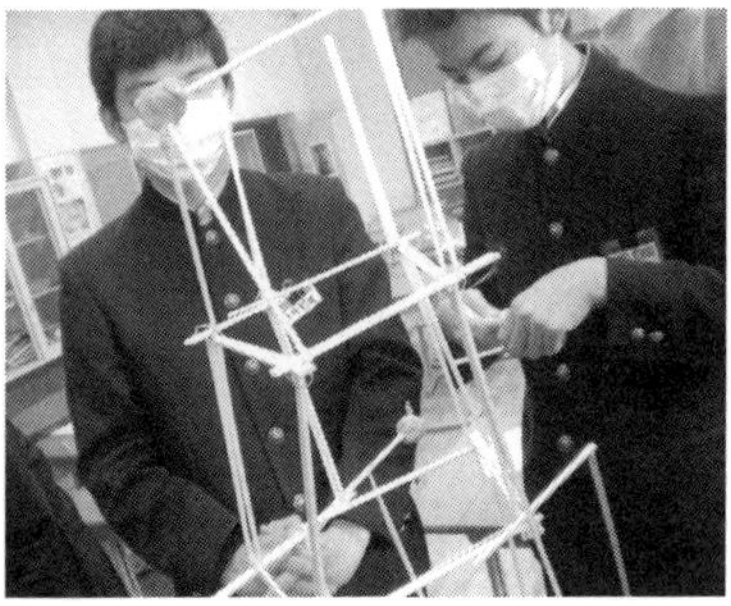

当時生徒だった小林稜治は、このカリキュラムについて、次のように回想しています。

> 「必修授業ということは、当然のことながら「美術が好き」という生徒だけが受けるものではありません。（当初はぼくもその一人でしたが……！）割合で言えば、美術について「ふつう～苦手」と感じている生徒の方が多くなってくるでしょう。「したいことがあるけれど、どう形にしていいかわからない」「ある程度の形にはできる技術はあるけど、自分がなにを表現したいかわからない」「したいこともないし、どう形にしていいかもわからない」。必ずしも美術を好きではない生徒にいかに美術を身近に感じてもらうか。「Nスパイラル」には、中平先生の美術教育についての意識が垣間見えます。」（Nプロジェクトブログ、2015）

Nスパイラルを、２００１年から13年間実践した結果、授業評価アンケートを見ると、授業の生徒の反応はおおむね良好でした。生徒があげる理由には、「遊び的題材などを組み込み、美術が苦手な生徒も興味をもって取り組むことができる」、「テーマから自由に発想することができる」、「技能に偏らずうまい下手が表面に現れにくい」、などがあります。

Nスパイラルのよさとは何かについて、千尋は以下の5つのポイントをあげています。

① 美術が苦手な生徒にも無理なく美術と関わることが可能になる。
② パターンの繰り返しにより、テーマから自由に発想し表現する習慣が身につく。
③ 鑑賞題材はルネサンスから現代美術まで扱うため、美術史を表現する習慣が身につく。
④ 生徒同士の作品相互鑑賞を必ずとりいれることにより、見られる作品作りや、見せるための作品作りという意識が育つ。
⑤ 短時間題材が多いので制作の見通しを持ちやすい。

生徒が制作した「夢」を持つ中平千尋

この「Nスパイラル」により、苦手意識をもたずに美術のスキルを学び、最後は必ず「**自分でテーマを考える**」というのがゴールにあることを生徒たちは意識しながら、３年間美術教育を学ぶことになるのです。

Nスパイラルの最後の題材は「夢」というテーマの卒業制作です。

「夢というテーマが決まっていて後は自由です。全部自由に、自分で方向性も決めて完成させます。これにたどりつく為の115時間1題材という考え方なんですけど。生徒は，夢っていうテーマを聞いて4時間目の段階でもう作り始めています。これってどうでしょうか？かなり早いペースというか、構想とか今までの授業の積み重ねがないとできないでしょうし、自分が何をやりたいのか、それに一番適した材料は何なのかとかっていうのが分からないとできないんじゃないかっていうふうに思います。115時間1題材の最後には自由にやってみようよという話をします。それはなぜかというと、自由って一番苦しくて、子供たちはできれば逃げたいとこなんですよね。先生に何をやれって言われた方が楽です。ですけど、美術なんだし義務教育の最後のときにやはり自由ってものの楽しさと苦しさを感じてもらいたいし、もしかすると一生の中でこんな時間は無いかもしれませんし、最後にこの題材をもってきてます。」（同シンポジウム、17頁）

「夢」は「今まで3年間かけて習得した技能」を生かして「自由に発想する題材」です。義務教育最後の美術で、中学校だけでなく幼少時や小学校で学んだことや他教科で学んだことや生活の中で学んだこともすべて生かしながら、生徒ひとり1人が表現主題を決定し、制作活動を行っていきます。卒業生各題材の目的は、自分でテーマを決定することです。それは、自分の価値や考えに責任をもつこと。表現主題にせまることで作品制作だけに止まらず、これから生きていく中で自己決定していく力がつくことを期待しています。

N スパイラル題材①

触ると気持ちいい石鹸（1学年）

触ると気持ちのいい石鹸を彫って作ってみよう

石鹸を削っていく感触はとても気持ちよく、力を入れなくとも思う通りに形成できます。また、身近な素材を材料として使うことは新しい素材を使うよりも作りやすいと考えます。感触をテーマにすることにより、写実的表現を避けながら、彫ったり削ったりという様々な石鹸との関わりが期待できます。

遊び的導入題材＋技能習得題材

小題材名：カンショク・ショック
表現領域：彫刻
制限時間：１時間
鑑賞教材：色々な感触のする物

課題：ブラックボックスに手を入れ、触った感触を紙粘土で表現しよう。

まず、映画「ハムナプトラ」の一場面（壁に手を入れるシーン）を観る。そして、ブラックボックス（中身は春雨など触感が楽しい物）に手を入れ、感触を楽しむ。

ブラックボックスの中身を見ないで感触のイメージをスケッチする。そして、感触を紙粘土で表現する。**触ると気持ちいいのは何かも考えさせる。**

テーマから自由に表現するまとめ教材

小題材名：触ると気持ちのいい石鹸
表現領域：彫刻
制限時間：４時間

課題：「触ると気持ちのいい形」をイメージし石鹸を彫ったり磨いたりして表現しよう。

制作を始める前に、触ると気持ちのいい形どんな形かを考えてもらう。

石鹸を配布し、作りたい感触をもとにして、題名をつける。

作品のスケッチとして、三面見取り図を描く。

石鹸を彫刻刀やカッター、割り箸やフォークなど様々な道具で彫ったり削っていく。

布を利用して徹底的に磨き上げて作品を仕上げる。

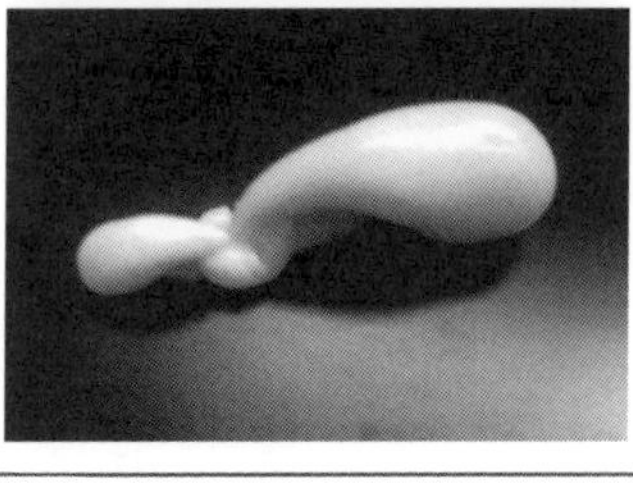

中平千尋の授業ブログより

「触ると気持ちいい石鹸」

2010/12/15 + 2011/12/05 の Blog

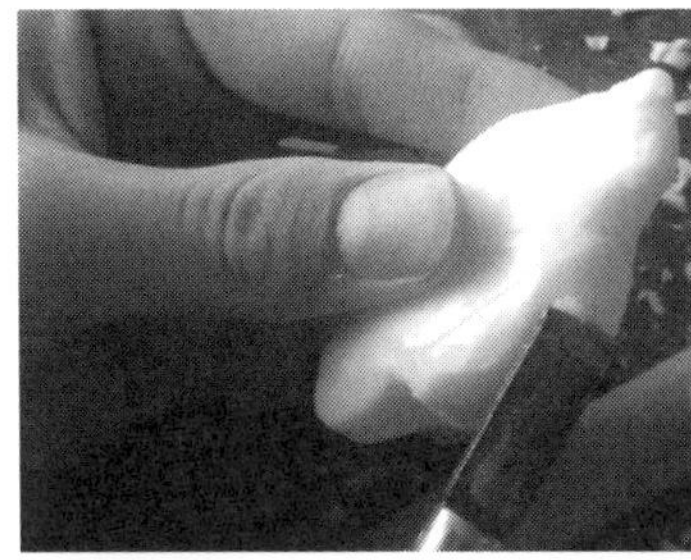

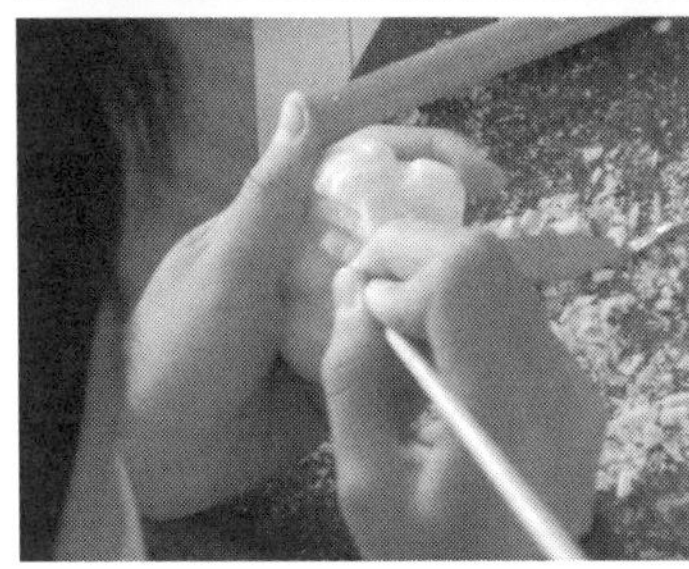

つるつるや、でこぼこ、ざらざらや、ちくちくといった様々な感触を作ろうと生徒たちはイメージし、それに向かって一生懸命彫っていきます。
石鹸を使っていますが、発想法や、材料へのじかに書く下書き、おおまかにザクザク彫っていく、など制作方法は大理石や木材での彫刻と同じです。

彫る道具も**彫刻刀**や**串**などいろいろなものを工夫して使っています。**フォーク**や**ドライバー**を使っている生徒もいました。自分の作りたいものをイメージすると、自然にそれを実現するため、道具や作り方を工夫します。それが「創造的な技能」なのではないでしょうか。単に彫刻刀の使い方を知っているのであれは、それは単なる「技能」だと思います。どういうときに、適した使い方で主体的に工夫して使う、それが創造的な技能なんだと思います。

シャツのハギレで磨いています。10分磨くだけでもかなり光ってきます。光ってくると、石鹸が石鹸に見えず、別の物質に見えてくるから不思議です。その別の物質への変身の瞬間を、多くの生徒に味わって欲しいのです。ここまで達しないと彫刻のおもしろさは味わえないのではないでしょうか。単に立体的とか動きを表現している、というだけでは、別の材料を使った場合に応用がきかないと思います。粘土、木材、金属、廃材・・・何を材料とした場合も、同じです。材料が表現したいテーマより主張してはいけないのではないでしょうか。逆に素材感を生かす方法もあるとは思いますが、そこが「基礎基本」と呼ばれる内容なのではないかとも思います。

創造的な技能も、発想構想の能力も、結局は、自分が「やってみたい」と思うような意欲やモチベーションが裏づけになっていなければ、力は発揮されない。それが重要なことです。

「触ると気持ちいい石鹸」：最後の一時間徹底的に磨く

2011/12/12 の Blog

最後の1時間は、徹底的に布で磨く一時間です。目標磨き回数10000回。実は他の授業中にも磨いていた！と言う男子生徒。おいおい、授業中はやめてくれよ…と思って作品を見て見ると、ぴっかぴかです。

「もっと磨いていいですか？石鹸のかけらをください」と言って、いらなくなった石鹸のかけらを持ってきて磨き続ける生徒の手元には、複数の作品がごろごろしていました。こんなにも、物を光らせるという行為は人を魅了するものなのか、としみじみ感じておりました。

N スパイラル題材②

和風でGO!(1学年)

ミニ金屏風の上に風神雷神図か燕子花図の構図で好きな絵柄を描こう

大題材の最終目的は「日本絵画に対する興味を持ち、日本的構図を用いて絵画作品を構成する力をつける」ということです。遊び的導入題材「**和風調査団でGO!**」では、2種類の構図を確認し意識することができ、「**モダンテクニックでGO!**」はくじ引きで引いた言葉を様々な技法で「テーマ」を意識することができます。最後の「**ミニ金屏風でGO!**」では絵画と工芸の両方を意識しながら、作品における構成力を身につけます。

1．鑑賞＋遊び的導入題材

小題材名：**見つけよう和風の特徴**
表現領域：**絵画**
制限時間：**1時間**
鑑賞教材：**風神雷神図屏風**
燕子花図屏風

風神雷神図屏風と燕子花図屏風を鑑賞し、和風的特徴を考え発表する。

校内を巡り歩いて、身近な「風神雷神」と「燕子花」を探し、見つけたらカメラで撮影する。最後に全員でふりかえり構図を意識させる。

2．技能習得題材

小題材名：**モダンテクニックでGO!**
表現領域：**絵画**
制限時間：**1時間**
課題：**与えられたテーマをモダンテクニックを体験しながら表現してみよう。**

「自分でテーマを決める」ために「テーマ」とはということを学ぶ。くじ引きで引いた言葉をデカルコマニー、スパッタリング、ドリッピングで表現する。課題となる言葉は、ドキドキ、恐怖、善と悪など。

3．テーマから自由に発想するまとめ題材

小題材名：**和風でGO!**
表現領域：**絵画**
制限時間：**8時間**
課題：**ミニ金屏風を作り、風神雷神構図、燕子花構図で好きな物を描こう。**

金屏風は、スチレンボードにアクリルゴールドを平塗りし、2つ折りにして制作する。その上にアクリル絵の具で屏風絵を描く。完成したら製本テープを四隅に貼り仕上げる。この題材では絵画表現と金屏風作りという工芸的面の両面あります。

自らのテーマを表現するために「相対するもの(風神雷神図)」「同じ物の繰り返し(燕子花図)」のどちらかの構図を選択し制作。この題材ではテーマと構成を強く意識した絵画制作を行うことができる。

中平千尋の授業ブログより

１学年必修授業「和風でゴー」トレースも良

2008/02/18 の Blog

１学年必修授業「和風でゴー」。風神雷神構図かかきつばた構図のどちらかを選んで、好きなものを金屏風に描画します。描画に抵抗がある生徒は、雑誌や印刷物のイメージをトレースしても良いということにしています。ただし、それを画面に構成するのは個人の意図や発想に左右されます。ここが授業の大事なところ。意図をもって構成させることが肝心です。イメージの組み合わせ方、大小、強弱のつけ方を学んで思い思いに構成するのです。

「和風でゴー」　もうすぐ完成します！

2008/03/01 の Blog

今日は、あえて同じようなかきつばた構図で描いている生徒を紹介します。

写真の生徒は、チューリップをかきつばた構図で、並べて描いています。金地の美しさが、葉っぱのグリーンを薄塗りしているため、微妙に輝いて見えます。色と色の隙間が美しく見える、それが金をバックにしている良さです。

写真の男子生徒は、サッカー・ブラジル代表をかきつばた構図で描いています。先ほどの女子生徒の構図とほぼ同じ形になっていますが、ここがこの題材の良いところです。この男子生徒は、あまり表現に自信を持っていないのですが、この題材では、金を塗り、スプレーで少しバック着色することにより、思ったより出来栄えが良く感じます。そのあたりがこの生徒の意欲を支え、やる気にしているのではないでしょうか。同じような形や構図になってしまっても、本人が描く物を選び、色を決めているので、全く同じ物は出来ないのです。多分、この男子生徒は、他の生徒のまねをして色や構図を決めているのかもしれませんが、最後の相互鑑賞会では、自分の作品の独創的な部分に、初めて気づくのではないでしょうか。

N スパイラル題材③

ルネサンス2000（1学年）

あなたの人生の中のルネサンス的出来事は何ですか？

大題材の最終目的は**「生活の中で感じたことや記憶に残ったことを絵画表現させたい」**いきなり絵画表現に入ってしまうと絵を描き慣れていない生徒は抵抗がありますので、このような遊び的導入題材を楽しく行い、美術に対する興味を持たせます。**作品の登場人物になりきってみる**と、鑑賞学習へも効果が期待できます。

1．鑑賞＋遊び的導入題材

小題材名：**最後の晩餐なりきり写真**
表現領域：**絵画**
制限時間：**1時間**

鑑賞教材：
最後の晩餐
（レオナルド・ダ・ヴィンチ）

レオナルド・ダ・ヴィンチ「最後の晩餐」を鑑賞後、登場人物の思いを理解するめために動きで表現する。そして、体の動きや画面の配置からユダを探してみる。

2．技能習得題材

小題材名：**最後の晩餐・模写**
表現領域：**絵画**
制限時間：**4時間**

課題：**最後の晩餐のパーツをアクリル絵の具で模写しよう。**

最後の晩餐へ親しみを持った生徒が、次は5センチ四方のパーツを模写。トレーシングペーパーでの転写技法を学びながら、細筆で丁寧に描き込む。クラス毎パーツが組み合わされると、上手い下手のという基準を越えた鑑賞が可能に なります。

3．技能習得題材

小題材名：**モナ・リザでマネ・リザ**
表現領域：**絵画**
制限時間：**5時間**

鑑賞教材：
モナ・リザ
（レオナルド・ダ・ヴィンチ）

モナ•リザを使い、最終題材で必要になる人物表現の技法を学びます。

透明下敷きを使い、モナ・リザのポーズを取って いる友達を片眼で見ながら描写します。下敷きの画像はコピーを取ります。

この学習により、「見たままに描く」という行為はどういうことなのか学びます。また、この技法はルネサンス期実際に画家達が行っていた**カメラオブスキュラ技法**であり、体験する意味もあります。

4．テーマから自由に発想するまとめ題材

小題材名：**僕の私のルネサンス的出来事**　　鑑賞教材：**ルネサンス期の絵画８点**
表現領域：**絵画**
制限時間：**８時間**

最終課題は、「13 年間の人生を振り返り、自分にとって衝撃を与えたり、自分を変えた出来事、つまり「自分にとってのルネサンス的出来事を絵に描きなさい。」というもの。アイデアスケッチ段階では、写真やトレーシングペーパー、など既習材料を使うことが奨励されます。生徒は、「部活どの出会い」「九死に一生を得た瞬間」など思い思いの場面を描くことが出来ます。完成後は、クラス全員で作品の相互鑑賞を行い、全員に感想を書いていきます。 この一連の大きな流れのパターンが、３年間繰り返され、生徒はテーマ、表現方法などを選ぶ力を付けるのです。

中平千尋の授業ブログより

完成日！でも完成させない！？

2013/11/25 の Blog

完成させろ。でも、完成させるな。

こういう矛盾したことをつい口走てしまいます。私のいけないところです。

でも、簡単に完成だ！シュウリョウダと思うのではなく、「待てよ、もっと面白くできないかな」とか「お、いいこと思いついた」「何かまだ物足りないな」と最後の最後まで粘って欲しいと思います。なぜならば、最終の５分で、アイデアの天使がアイデアを降り注いでくれるかも？？しれないからです。上空から天使は一番粘り強い人を狙っているのです……。

一枚作品を完成させたあと、台紙の裏にいきなりオリジナルの絵を書き始めました。もう中平びじゅつ中学校卒業ですね。素晴らしい意欲です。感動しました。何重にもアクリル絵の具が重なっているのは、色に「ああしよう、こうしよう、何か違うな、こうしたらどうかな」という試行錯誤の証拠が残っています。こうすることにより、作者は次に絵を書くときには、さらに色を試したり、構成してみたり、何十段も進歩することでしょう。こういったこだわりが良いですね。

ものすごく集中しています。息しているのかしていないのか……そのくらいの心配をしてしまうくらい集中しています……。

野球とサッカー両方「好きだ！！」という気持ちを、色と形で表現しました。

んんーーーー！！！！すんばらしい！！

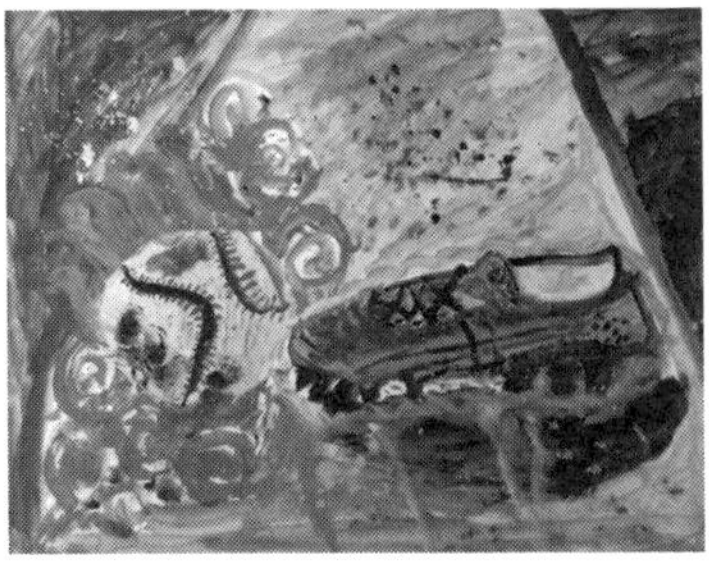

N スパイラル題材④

モンドリアンでマドリアン（2学年）

自分の家の間取りをモンドリアン風に平面と溝引きで描いてみよう

モンドリアンの作品を3つ鑑賞します。「この作品の中に本物が1つだけ存在します。どれでしょう。」生徒は真剣に鑑賞し、根拠を発表します。しかし、全て偽物。しかも中平の家の間取りです。生徒は、この導入をきっかけに自分の間取りをもとにモンドリアン的絵画作品「マドリアン」を制作します。

1．鑑賞

小題材名：本物のモンドリアン作品は？
表現領域：デザイン
制限時間：1時間
鑑賞教材：「樹」「赤と青と黄のコンポジション」（ピエト・モンドリアン）など

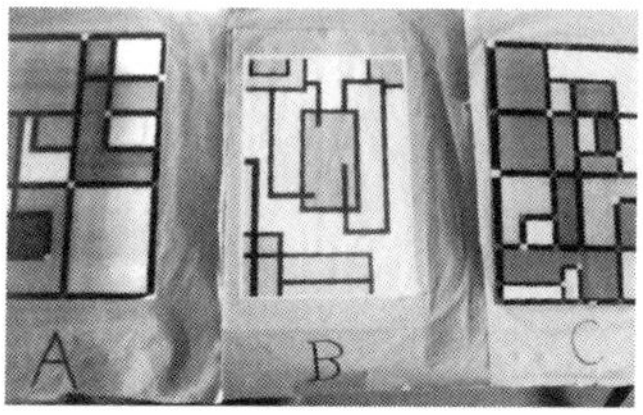

ピエト・モンドリアンと作品について、「リンゴの樹」から「コンポジション」までの変遷などを知った後、感想を記入し発表する。

3枚のモンドリアン作品を見せ、本物を考えてもらい生徒から意見を聞く。

最後に全て偽物であり、間取りを描いたオリジナルであることを告げ、今回の題材「モンドリアンでマドリアン」を伝える。

2．技能習得題材

小題材名：溝引きと平塗りの練習をしよう
表現領域：デザイン
制限時間：2時間
課題：トレーニングシートを使って溝引きと平塗りを覚えよう。

溝引き＋平塗りトレーニングシートを配る。

溝引きと平塗りのやり方を教師が示し、ポイントをトレーニングシートに記入後、実際に描いてみる。

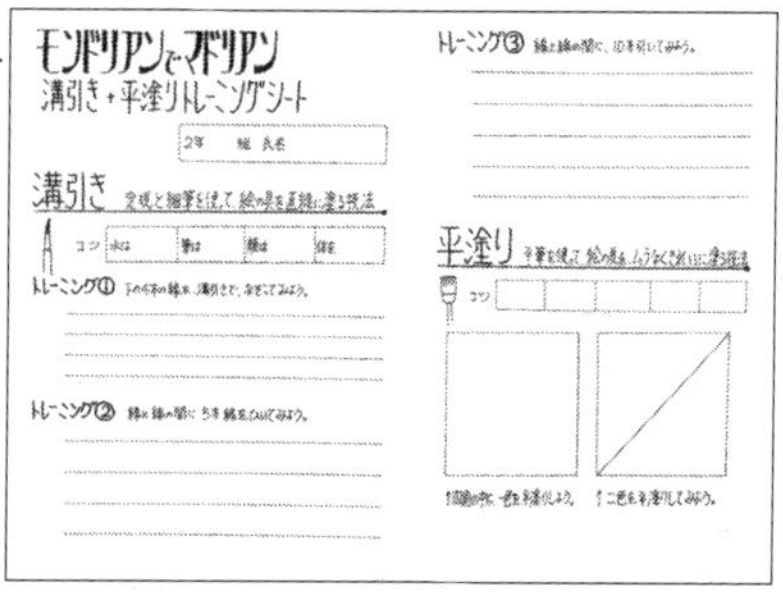

3．テーマから自由に発想するまとめ題材

小題材名：モンドリアンでマドリアン
表現領域：デザイン
制限時間：7時間
課題：自分の家の間取りを溝引きと平塗りで描いてみよう

自分の家の間取りを元にしてマドリアンを考えます。モンドリアンの作品を鑑賞しながらアイデアスケッチを行う。

アイデアスケッチが終わるとイラストボードに下書き、平塗り、溝引きで制作。

制作後、シュルレアリズム絵画を鑑賞し、工夫した題名をつける。

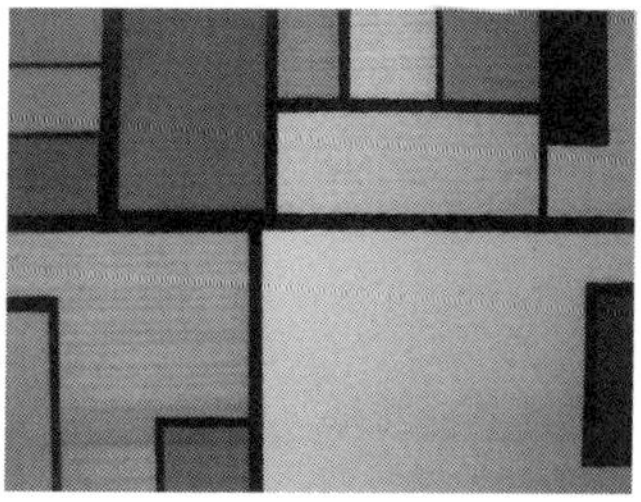

中平千尋の授業ブログより

作品に題名をつけることは鑑賞すること

2007/07/20 の Blog

作品が本当の意味で社会的自立をし、存在を認められることになると思います。生徒には、題名をつける意味と面白さを感じ取ってほしいと思います。

　２学年の「モンドリアンでマドリアン」では、題名をつける学習をします。学習をしないと、どの作品も「僕の部屋」「マドリアン」といった画一的な題名になってしまうからです。


シュルレアリスム時代のヨーロッパ絵画は、題名を考える教材としては最適です。マグリットの作品は、特に作品と題名の関係がユニークで、「題名は必ずしも作品を説明するものではない」ということを教えてくれます。絵画作品を見て、本当の題名を探すため、絵の前にほとんどの生徒が集まり、食い入るように作品を観察しています。小さな部分にも謎を解く鍵を生徒は一生懸命探しています。まさに鑑賞学習をしていると思います。

　正解が教えられると、生徒は「なぜこの題名なんだろう？」と思考して自分なりの理由を見つけようとします。その思考が、自分の作品への題名付けにつながっていくのです。

終了前 10 分がゴールデンタイム！そこで自己主張せよ！

2013/07/12 の Blog

　美術や表現の世界は、はじめはマニュアルや形から入るかもしれませんが、最終的にはどんどん形から離れて自分の世界を自由に走り回ることが目的だと思います。

　モンドリアンでマドリアンという２年生の必修授業。単に区画を平塗りや溝引きで塗りおえたから完成！ということでは、小学生と変わりません。中学２年生は、そこからが本番。一番、人生と関わっている学びはここから「自分の気になる部分を修正したり、こんなことやってみたいなあ」という物足りなさをスルーせずに、「やってみること」。やってみたことは失敗ではなく、全て正しい。

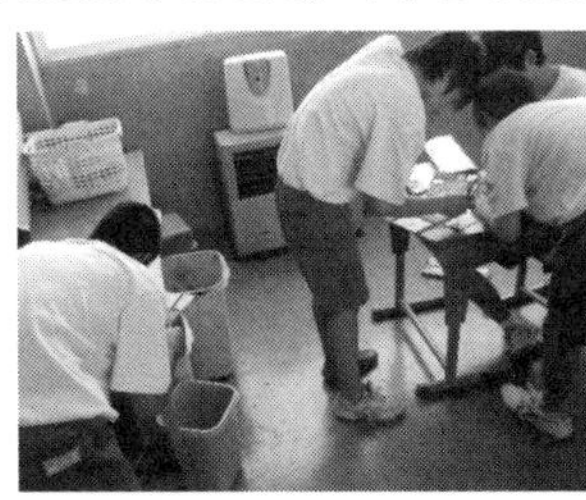

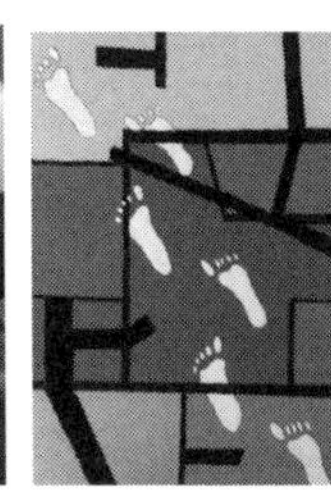

面白い！ということを選択する。

そういう提案を生徒にすると、どうでしょうか。写真のように、はまる人ははまります。

　残り５分ですごい集中力。

　どんどん残り 10 分から、このゴールデンタイムは伝染していきます。

　思いつきではなく、よくみると、ものすごく丁寧に描かれたムカデ。感動しました。やり終えた感で、すっきり笑顔。

N スパイラル題材⑤

ココロ十四歳（2学年）

14歳のココロはどんな形と色でしたか。現在のココロを作ってみよう。

14歳の今、どんなココロなの？色は？形は？紙粘土1個を使い、減らしたり増やしたりせず、0歳のころから思い出を振り返りながら、少しずつ形を変えていきます。とがったり、へこんだり、磨り減ったり、傷ついたり……。粘土のココロを媒介に14年間の自分を振り返ります。

1．遊び的導入題材＋テーマから自由に発想するまとめ題材

小題材名：**ココロ十四歳**
表現領域：**彫刻**
制限時間：**4時間**

課題：**14歳の今のココロを紙粘土と蛍光塗料で表現しよう。**

軽い紙粘土を配り、まずは0歳の、まん丸のココロをきれいに全員作ります。

その0歳がこの世に誕生し、14歳までに起きた出来事を思い出し、振り返りながら現在のココロを作ります。

作るとき、つんつんしたココロならば、つんつんに、ひりひりするココロなら、ひりひりに正直に作るよう伝えます。そうして、形ができたら、全員蛍光色で色を着け、墨で黒く塗りつぶした木を台にして接着します。

2．鑑賞

小題材名：**ココロ十四歳**
表現領域：**彫刻**
制限時間：**1時間**

課題：**みんなのココロ十四歳を鑑賞して、自分とそれぞれのココロを鑑賞しよう。**

暗室でブラックライトを点け、暗闇に浮かび上がる自分の心と友達の心を鑑賞します。

自然光の中では見えなかったものも、ブラックライトで光らせると、正直につくったその形は意外と美しく見えてきます。

鑑賞の後、生徒の感想には、「普段明るそうな友達の作品が、結構ひりひりしていて意外だった」「自分の心も輝かせたい」などと書かれています。

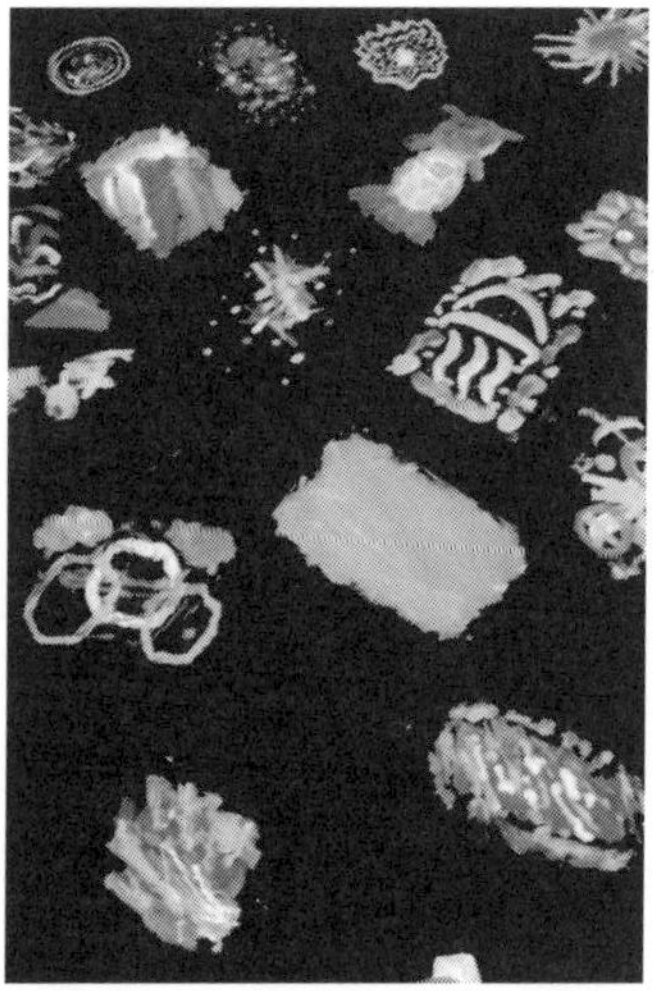

中平千尋の授業ブログより

ココロ十四歳〜十四歳の今・ココロの色と形

2008/02/26 の Blog

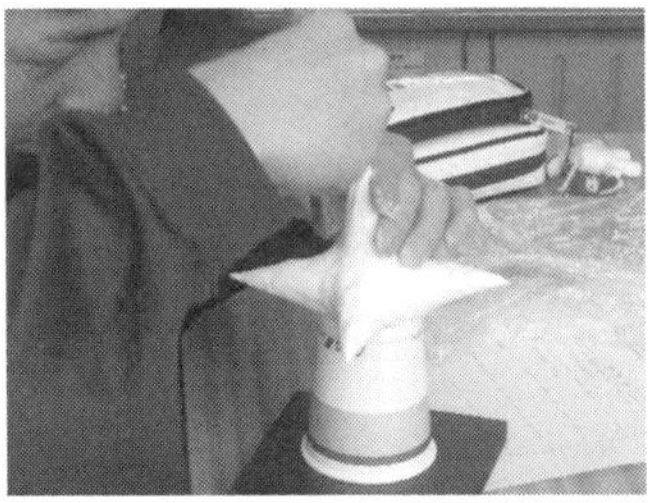

14歳である2年生が学年最後に行う授業、それが「ココロ14歳」です。14年間生きて生きた今のココロがどんな風に変化してきたのか考えながら作ります。主材料は紙粘土、色彩材料は蛍光塗料のみ。とにかく正直に今のココロを作ります。自分に対しマイナス名気持ちを持っている生徒が多いのですが、全てのココロが暗室でブラックライトにより美しく輝くというのが、この題材の良いところ。

紙粘土でココロなんていう抽象的なものを作るということに「難しいんじゃないの？」と思う人は多いはず。でも、実際はものすごく集中して試行錯誤しながら作っています。写真の男子をご覧ください。集中しているいい目をしていますね。

ココロ十四歳：その②

2010/03/10 の Blog

この題材の良いところは、**自分のいい部分だけでなく嫌な部分も表現できること**。つまり正直に自己表現（自己表出）できることではないでしょうか。しかも、最終的には、ブラックライトによりいいところも悪いところも美しく輝く！ということです。

写真の作品は、ぐにゃぐにゃと絡みついたココロが、同心円状の土台に乗っています。混沌とした自分が、どこかに救いを伸ばしているのでしょうか。それとも、可能性は360度に伸びているということでしょうか。

この作品のココロは、まるでミルフィーユのように層状になっています。自分のココロは、いろいろな部分が積み重なっている。その層の中には来るや汚れた色があり、きれいな部分もあるのです。

この作品は、真横から見ると面白いです。シンメトリーを少し崩したレイアウトがユニークです。横に飛び出ているところが味噌。

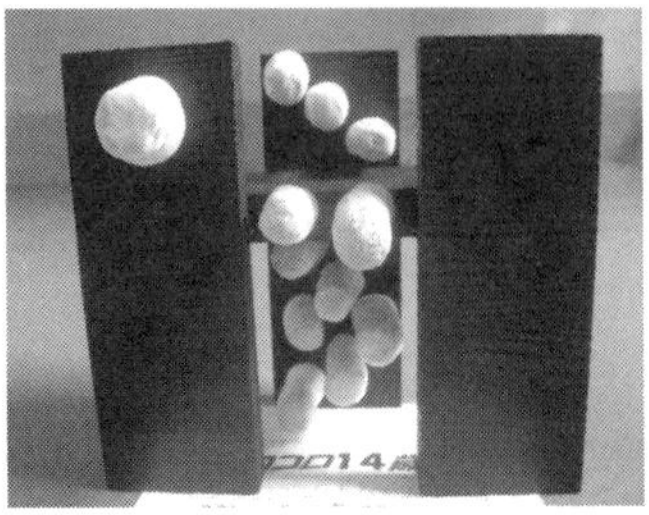

今年の作品は、特に「汚れ系」と「引きこもり系」が多いです。その両方の要素を持った作品。ココロはかなり汚れた色をしていますが、ブラックライトでは立派に輝きます。

この「ココロ14歳」という題材は非常に興味深いです。私自身が開発して10年以上行っていますが、同じような作品にはほとんど出会いません。それは、まさに中学生の思いを自由に表現できているのであり、作者も満足しているからなのでしょう。

N スパイラル題材⑥

ズバリ言うわよ！（2学年）

伝えたいことを伝えるために色や形を工夫して表現しよう。

自分でテーマを決め試行錯誤するためには、まずテーマから様々な表現方法や素材を決め出す工夫ができなくてはなりません。その導入として「テーマを身体で表現する」ことから始め、思いを人に伝える「文字」に形を工夫することでより豊かなコミュニケーションになることを体験し、最初的には文字と色彩と形も応用した表現活動へと向かいます。美術科の力を総動員して自分の思いをズバリ言いきりましょう。

1．遊び的導入題材

小題材名：ズバリ撮るわよ！　制限時間：４時間
表現領域：デザイン・写真　鑑賞教材：梅佳代写真集「うめめ」

写真家・梅佳代氏の写真を対話型鑑賞で自由に鑑賞し、作品に込められたテーマを考えます。

次は、グループになり、くじ引きで「仲良し」「恐怖」「わくわくどきどき」などテーマを決めます。カメラマンは教師が行い、最終的には全員で作品鑑賞会を行います。

2．技能習得題材

小題材名：漢字は感字　課題：色紙に墨を使い、漢字一文字で感字を表現しよう。
表現領域：デザイン
制限時間：５時間　鑑賞教材：武田双雲の書、広告

武田双雲の書を対話型鑑賞で何を伝えようとしているか考えます。

広告の書体を20種類以上トレペに書き写し、書体や文字の形の違いの理解させます。

半紙に墨で感字を練習し、最終的に色紙に制作する。題名をつけて相互鑑賞会を行います。

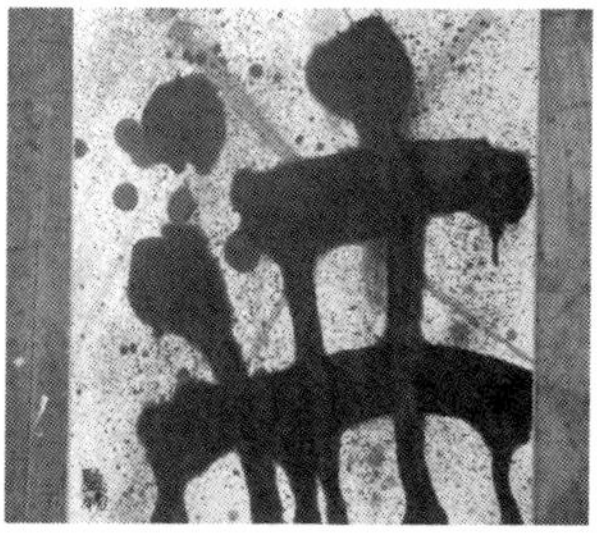

3．テーマから自由に発想するまとめ題材

小題材名：ズバリ言うわよ！　課題：ポスターカラーを使い、色と形と感字で、自分が言いたいことを表現しよう。
表現領域：デザイン
制限時間：７時間

これまでの課題でテーマを表現することと、文字の形を工夫することを理解した生徒は、次に色彩をも応用して個人の表現活動を行います。

言葉として伝えたいことを、文字の形と色を工夫すると、面白いコミュニケーションが可能になります。

中平千尋の授業ブログより

２学年必修授業「ズバリ撮るわよ！」：変身！！

2011/09/19 の Blog

櫻ケ岡中学校の中平です。２学年必修授業「ズバリ撮るわよ！」の作品。

見ての通り、フライドポテト！！！気合い入っています。
やりたいことがストレートに伝わりますね。

気持ちを色と形で表現しよう！@２学年「ズバリ言うわよ！」

2013/11/26 の Blog

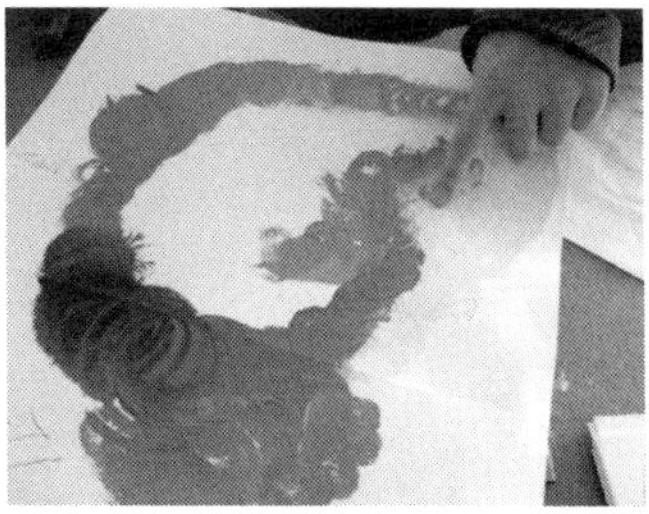

教師「あなたが表したい気持ちを一言で言うと？」
生徒「うーーん。あらわせない」
教師「おー、表せないっていいね。」
生徒「まじっすか？はははは」
教師「あらわせないっていう気持ちを色で表すと、どのへんの色？」
生徒「うーーん、このあたりかな・・・・。」
教師「形はどんな形しているの？」
生徒「んーーーーーーー」
教師（どんどん形を書きながら）「こんな感じはどう？考えちゃダメだよ。直感だよ」
生徒「あー。これっぽいかな」
教師「今、テンション上がったね。きっとこれなんだね」
教師「次は手触りを感じるよ。これから、あなたの心の中にあった「あらわせない！」という気持ちを魔法で取り出すよ。しっかり両手でキャッチしてね」
生徒「は、はい。」
教師「いくよ。それ！」
生徒「つかみました！！おーなんか先端が尖っています」
教師「動いている？感触は？軽い？」
生徒「動きません。じっとしています。とにかく先端がとがっています」
教師「重さは？」
生徒「結構重いです」
教師「この引き出しと比べてどっちが思い？持ってみて」
生徒「（実際に引き出しを持ち）んーー。こっちより心の方が重いです。ぜんぜん」
教師「ほーー。じゃあ、今自分で言った感情のとらえかたと、アイデアスケッチちょっと食い違うよね」
生徒「ホントだ」
教師「じゃあ、アイデアを、今はっきりしたことをミックスしてさらに高めてみようね」
生徒「はーーい！」

N スパイラル題材 ⑦

グラデーションマジック（3学年）

きれいなグラデーションをパステルで作り、好きな絵を描こう

「自由に好きな物を絵で描いてみたい」生徒の希望により、絵画の題材を設定しました。しかし、ある調査によると絵が苦手だと考えている生徒の多くが「**色を塗るのが苦手**」と考えていることを知り、絵の具ではなくパステルを使うことにしました。パステルは、混色も簡単で、指で塗っていくので描く楽しさを味わうことができます。

1．鑑賞・遊び的導入題材

小題材名：カメラグラデーション
表現領域：映像
制限時間：２時間
鑑賞教材：菱田春草「曙色」、ジョージア・オキーフ「アイリス」

檬朧体と言われるグラデーションを使った菱田春草と、クローズアップをしながらグラデーションを駆使したオキーフの作品を鑑賞した後、デジカメで身近な物をクローズアップでピンぼけ写真を撮ります。

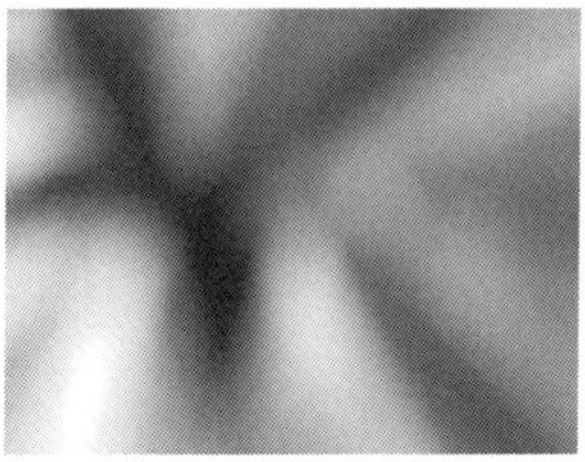

2．技能習得題材

小題材名：マスキングでグラデーション
表現領域：絵画
制限時間：４時間
課題：パステルとマスキングで美しいグラデーションを作ろう

黒画用紙に、パステルで自由にグラデーションを作って描画します。重要なのが「マスキングテープ」自分もきれいな色が塗れるという実感を持たせるには、色の形を出すことが必要です。形への意識が少ない生徒が多いので、テープを使うことにより、色を作り出すということに集中できます。

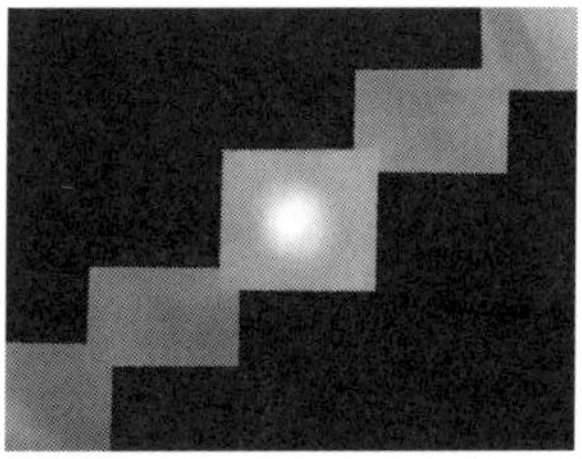

3．テーマから自由に発想するまとめ題材

小題材名：グラデーションマジック
表現領域：絵画
制限時間：８時間
課題：パステルとグラデーションで描きたい物を美しいグラデーションで描こう。

イラストボードにパステルで描画します。 自分で描く物を決めなければなりません。すんなり描く物が決まる生徒もいれば、なかなか決まらない生徒もいます。しかし、あくまで自分で描く物を決めます。全てを自分で決める卒業制作に向け、自分で考え決めることを体験していきます。

中平千尋の授業ブログより

完成させろ！でも、なかなか完成させてはいけない！＠３年美術

2013/05/30 の Blog

なぜマスキングなのか？マスキングというのは、「描かない部分を作る」っていうことですよね。つまり、描いていくというプラスの活動でありながら、描かないというマイナスの面も持っている。面白いことを思いついたり、思いがけない形になったりすることが、発想をひらめかせるきっかけになると思うのです。つまり、発想の入口というか、武器というか……。何か、発想のスイッチになってくれればいいなあと思います。

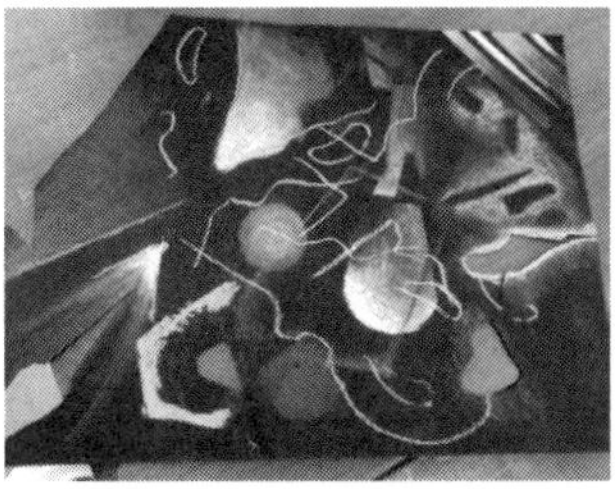

生徒たちには、２時間で「**完成させろ！でも、なかなか完成させるな。こだわれ**」と１年生の時から言い続けています。その結果、時間になってもやめない生徒が多く、写真のような作品が完成します。台紙を切ってしまうことも、オーケーです。本人がやってみたいことを実際にやってみることが、美術では大事ですから。

んーーーー、独創的。としか言い様がないですね。私の想定を外れている見事な作品だと思います。完成の赴くまま……。

中学生の可能性を、また今日も感じさせてもらった気分ですね。おもしろいです。

３学年必修授業「グラデーション・マジック」作品完成

2013/09/11 の Blog

個人個人、自分の思い出や、こだわりは、もしかすると、何か物を通して喚起されるのかもしれません。物からリアリティーを発見する生徒もいれば、記憶やイメージからどんどん絵として表現できる生徒もいるかもしれません。

８時間という時間をかけて、「全く自由に」パステルを使って絵画表現をしました。

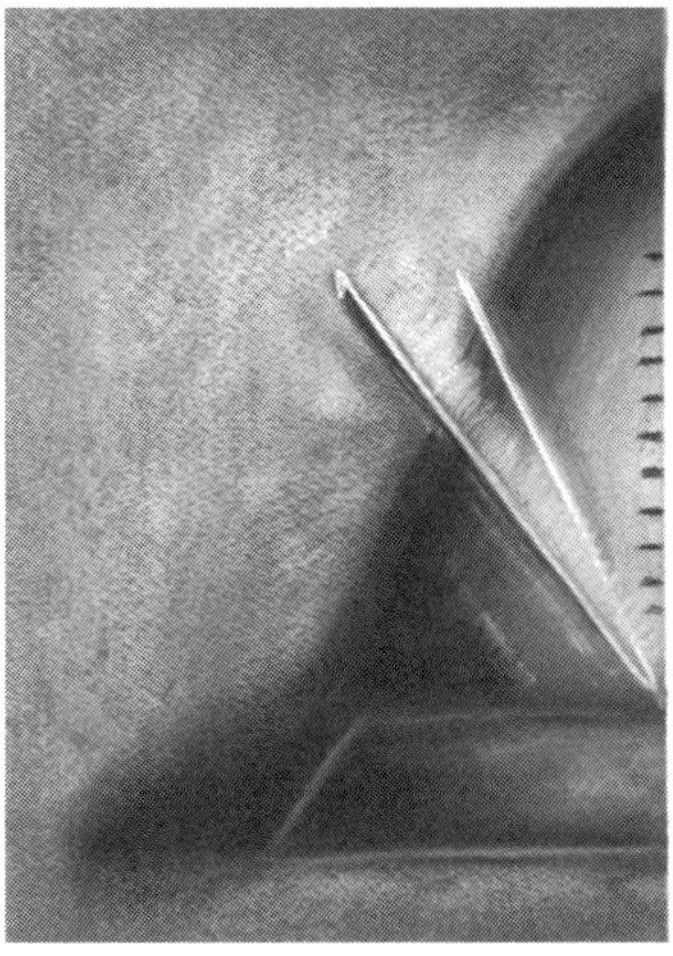

吹奏楽部の作者は、メトロノームを描きました。

音がしたり、楽器だったりする物をモチーフとして選ぶ生徒が多い中、メトロノームとは……！！！

よくぞ、こんなにおもしろく、そして表現が難しい物を選びましたね。なかなか一般的な物ではありませんし、音が小さい。そしてなにより、動いている針が細すぎて、どう表現したらいいのか、悩みますよね。

でも、見て下さい。針にもしっかりハイライトと影の表現がなされ、立体感が描き込まれています。

これも説得力。

中学生恐るべし……。

来週の相互鑑賞会が楽しみです。

N スパイラル題材⑧

誰でもピカソ（3学年）

ピカソは何故キュビズムを考案したのか、同じ方法で友達を描こう

ピカソの作品を年代順に並べるクイズから始め、ピカソとその表現であるキュビズムの発想に触れてもらい、一点透視描画法とキュビズム的描画法を比べることにより、構成して描くということを学んでもらいます。

1．鑑賞

小題材名：**ピカソ年代当て鑑賞会**
表現領域：**絵画**
制限時間：**1時間**
課題：**ピカソの絵画１２点を鑑賞し、年齢順に並べ替えよう**

ピカソは一番有名で、一番誤解されている作家ではないでしょうか。その12歳～98歳までの絵画作品を鑑賞し、各自で年代ごとに作品を並び替えます。

正解を知ると生徒は、驚くでしょう。この1時間で、ピカソが「単なるめちゃくちゃな絵を描いていたのではなさそうだ」「何か理由があるかもしれない」という考えにたどり着きます。

2．技能習得題材

小題材名：**誰でもピカソ**
表現領域：**絵画**
制限時間：**1時間**
課題：**透明下敷きを使い、レオナルド風とピカソ風それぞれの人物画を描いてみよう。**

透明下敷を使い、レオナルド風人物画（一点透視図法）で友達を描きます。プロジェクターで鑑賞をし、3次元の表現について説明。

次に、透明下敷きに今度はピカソ風人物画（一点透視図法＋動き）で友だとを描きます。プロジェクターで鑑賞し3次元にプラスした表現であることを伝える。

何故キュビズムを考案したのか考えと感想を記入し発表する。

3．鑑賞

小題材名：**キュビズムの狙いとは？**
表現領域：**絵画**
制限時間：**1時間**
課題：**前時を振り返りつつキュビズムについて考えてみよう。**

前時の振り返りから始め、キュビズムについて生徒それぞれの考えを聞き出します。

そして、ピカソの生涯のビデオを、何を考えていてかを想像しながら見てもらう。

ビデオ鑑賞後、再度キュビズムについての意見を聞きます。

中平千尋の授業ブログより

「誰でもピカソ！」第１時間目「ピカソ作品年代当てクイズ」

2010/09/28 の Blog

生徒に「画家っていうと、誰のこと思い出す？」と尋ねると、「ピカソ！」と答えます。名前はみんな知っていますが、「じゃあ、どんな絵を描いていた？」と尋ねると、よくわからないそうです。しかし、「顔の絵とかぐちゃぐちゃで、よくわからない下手な絵」と答えます。それが、平均的なピカソのイメージなのでしょう。

そのピカソについて、２時間の授業を行っています。鑑賞の授業と制作を２時間の中に盛り込み、ピカソがなぜ、キュビスムを生み出し、なぜ「天才」と言われているのかについて一人ひとりが考え、ピカソについてちょっとでも自分の考えをもってほしいと思います。

今日はその第１時間目。ピカソの１２歳から８８歳までの作品１３枚を並べ、年代順に並べるクイズを行いました。「こんなに一生の中で作風が変わるのはすごい」「小さい頃絵が上手だったのは驚いた」といった感想が述べられます。

３学年必修授業「誰でもピカソ！」

2008/10/02 の Blog

２時間目、**ピカソは４次元の絵を描いたんだよ！**「えー？」というところから始めます。４次元つまり平面の絵に「時間」の要素を入れたのが、いわゆるキュービズムの絵なのです。

実際に透明下敷きとホワイトボードペンで体験してみます。まずは３次元の世界である、「モナリザ」のような絵を友達とペアになって描いてみます。動きのない、写真の世界です。

写真のような作品ができます。

続いて、下敷きとペンを持ち、動きながら、移動しながら部分を描いていきます。書くまでの５分間のモデルの動きが表現されています。

キュビスム的絵画表現を行った後の、生徒の反応は様々です。「とても楽しかった。リラックスして描くことができた。」「こういう描き方をされてもモデルとしてはうれしくない」などです。

ピカソは、好きな女性をキュビスムで描きました。きっと動いている姿を書きたかったんじゃないかなあ、とまっている３次元の絵では足りなかったんじゃないかな、と私は自分の考えを話しました。「ああ、それは今のアニメーションや映像につながっている？」と気づく生徒もいました。すごい発見です。

ピカソの作品は好き嫌いがあります。それでいいのです。でも、少しピカソの表現に理由やきっかけがあったということは感じてもらえたかなあと思います。

N スパイラル題材⑨

卒業制作（3学年）

「夢」とは何ですか？　何をどう表現するか自由に決めて表現しよう

テーマが「夢」と決まっている以外、素材、表現方法全て自由です。「自由」の苦しさや楽しさを味わってほしい。そして自分で答えを考え、解決方法も自分で考えてほしい。それが、3年間行ってきた美術の授業の願いなのです。

1．テーマから自由に発想するまとめ題材

小題材名：卒業制作「夢」
表現領域：全領域
制限時間：15時間

課題：
「夢」を自由に表現しなさい。

まず、制作企画書を全員書きます。完成予想図だけでなく、文字や言葉などでもできるだけわかりやすく説明させます。

教師との面接相談も行い、できるだけ本人が言葉で作品を説明するようにしています。アイデアスケッチが完成すると個別プレゼンテーションも行います。

立体、絵画、映像など様々。夢というテーマのとらえ方も様々です。作品は、3週間ほど校内に展示します。

卒　業　制　作「夢」

3年　組　氏名

いよいよ卒業制作の時期になりました。良い思い出になる制作をしましょう。

1 制作テーマは「夢」
2 材料、表現方法（平面、立体、写真、デザインなど）は自由。自分の得意とする表現を選ぶこと。
3 材料は自由。学校ではイラストボード、紙粘土、針金、ボンドなどは準備するが、それ以外は自分で準備すること。それ以外は担当の先生と相談すること。
4 制作は一人で行うこと
5 著作権のため、ひとまねやアニメキャラクターなど既成のイメージを安易に使うことを禁止する。
6 特定の個人を傷つける表現、性的な表現、残酷な表現は表現として認めない。未提出と評価する。
7 今までの美術での学習を生かした表現が望ましい。
8 活動の評価は､単元開始から4時間で各自制作した｢制作計画表」と途中経過の作品を総合的に評価する。4時間目終了後、その両方から成績を付ける。従って、
9 どちらか一つでもかけていた場合は、評価1となる。制作時間は14時間。完成後作品は校内に展示し、15時間目はクラス内鑑賞会を行う。
10 作品は作者に持ち帰ってもらう。（持ち帰ることが可能な作品を作る）

中平千尋の授業ブログより

明日から「卒業制作・夢展」スタート

2012/02/26 の Blog

櫻ヶ岡中学校の中平です。明日から、「櫻ふぇすてぃばる」が始まり、その期間中、３学年全員の作品展「卒業制作・夢展２０１２」も一般公開します。
200 名近い３年生全員が作った作品群。

テーマは「夢」。材料や表現方法は自由です。

自分で目的を決めて、試行錯誤しながら、15 時間という制作時間を有効に使って、制作しました。

美術科の目標が、自分で方向を決めて試行錯誤していくことはできる力、を求めています。３年間学んだ力を、ここで作品という形で発揮しています。
まず、見ていただきたいのは、生徒の美術表現へのモチベーションです。

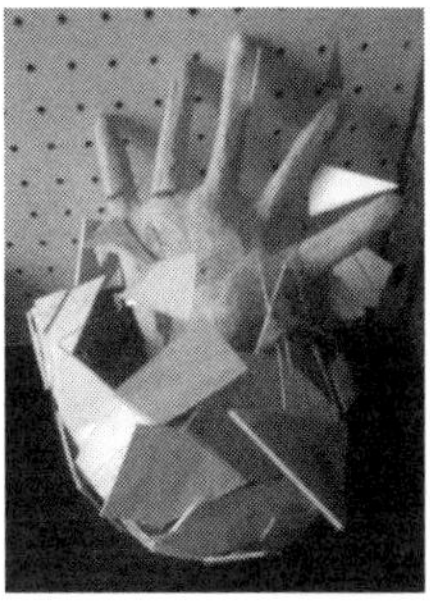

一人ひとり、自分の表現したいことを強く持って、意欲的に制作している様子を見ていただきたいです。
また、中学生の表現に対する主体性を感じていただければと思います。

右の写真の作品は、「空飛ぶ夢」という作品。
クラスメイト全員の夢が描かれた小さな紙飛行機が、たくさん集まって大きな紙飛行機を創り出しています。

現代美術的な表現になっていますが、これは、結果として現代美術のような表現になっているということであって、中学生が現代美術をしているというわけではありません。こういったあたりが、中学生が主体的に表現をしているということだと思います。
使っている素材も多様です。また、社会的なメッセージをもった作品も多いのが、今年の特徴です。

右の写真は、戦争に反対している作品。お菓子で創った戦車です。

是非、皆様、見に来てください。大人には中学生の作品を見に来る義務がある！？と思いますが、いかがでしょうか。是非どうぞ。

中平千尋の美術教育／教師論

——「とがび」のことばと理論

茂木一司

「とがび」のようなプロジェクトがどうしてできたのか、そのおもしろさはなぜ生まれたのかを考えてみると、結局教師としての中平千尋の人間性、すなわち彼という存在を通してみる美術教師論を語らなければなりません。ただしそれは、いわゆる、**①プログラムデザイナー**や、**②ファシリテータ**（共感的理解者）として優れた一般的な教師像と**コーディネート**や**マネジメント**ができ、なおかつ社会の変革者として生きる**社会デザイナー**のような協働のエンジンになる役割の両面をもつ新しい教師像です。

本節では、中平千尋のことばや生徒のことばから得られるインスピレーションとそこから導かれる「美術教師の在り方」について考えてみたいと思います。

場をデザインする教師（学習環境デザイナー・アートプロデューサー）

協同学習において、教師の存在を考えるとき「学習環境デザイナー」ということばが思い浮かびます。中平もとがびの仕掛け人としての美術教師の役割について、「何かをしてみたくなる、中学生がコミュニケーションしたくなる環境を作ることを重要視していること」を明かしています。「美術の面白さ、すなわち、自分で価値を見つけて何かをつくり出し、たくさんの人と対話ができる」。しかしながら、そういう中学生がすぐに育つわけではないので、コーディネートが必要になるわけです。

ファシリテータ（facilitator）
ワークショップ等の協働の学びなどの場で、参加者が活発にワークに参加し、相互交流（インターラクション）しながら、関係性をよりよくしながら、合意形成が促進されるようにサポートする人のこと。（学校の）教師が「教える」立場なのに対して、リーダー的（たて）、伴走的（よこ）、時には参加者とファシリテータを交互に立場を入れ替えながらする、いわゆる共感的な理解者です。したがって、もっとも重要なのは常に相手の立場にたてる資質や能力です。（『協同と表現のワークショップ』より）

学習環境デザイン（Learning environment design）
学習を個人だけでなく、そこに関わる人々の活動を組織し、空間（場）を用意し、共同体を構築していくこと全体を意識的にデザインすることをいう。活動では、学習者がシンプルな目標からどんな活動や経験ができるのかを考え、おもしろさがあり、葛藤が含まれることが必要です。空間では、安心安全で自己表出やコミュニケーションが十分にできる居心地のよさが求められます。最後の共同体では、参加の中で関係性の変化があり、創発的な学びがおこっていることが大切です。そのためのツールや素材（人工物）を考えることも学習環境デザインです。（『学びとコンピュータハンドブック』より）

アート・プロジェクト（プロジェクト型アート）（art project）

「作品そのものより制作のプロセスを重視したり、美術館やギャラリーから外に出て社会的な文脈でアートを捉えたり、アートを媒介に地域を活性化させようとする取り組みなどを指す」（田中由紀子、artscapeより）

１９８０年代以前には、いわゆるパブリックアートなどの野外彫刻（展）をいい、（クリスト&ジャンヌ=クロード、Christo and Jeanne-Claude）の建物等を布で梱包するする作品が知られています。80年代以降、制作プロセスそのものも作品であるという、川俣正のワーク・イン・プログレスのような考え方が広がっていき、観客がただの傍観者ではなく、参加者（地域住民等）として作品の一部になったり、実際に制作に加わる参加型作品も見られるようになりました。

その流れを一気に推し進めたのが、２０００年から始まる国際美術展「大地の芸術祭　越後妻有アートトリエンナーレ（北川フラム）です。これ以降、過疎地域や衰退する都市文化の活性化などにアートが活用されるような日本型アートプロジェクトと呼ばれるプロジェクト型アートが日本全国で急激に

このようにまさにとがびは、プロジェクト型アートの**アートマネジメントの教育の場とし**ても活用されていたことがわかります。つまり、中学生はアートをただの造形活動とは捉えておらず、**企画から交渉等の運営までの一連のプロセスを美術教育の学習として**学んでいたことになります。

「自分が面白いことができそうだなあとワクワクする環境（学校を日常から非日常へ変身させる）があり、こんなことやってみたら面白いだろうなあというちょっと日常の安全領域を出て楽しむことができそうな発想（アートの名のもとにいつも禁止されていることができそう）が生まれる。面白いことができそうな仲間と一緒に、ドキドキしながら、時には失敗を繰り返しながら実際に何か形にしてみる。その時、アーティストという大人が近くにいて、中学生が想定した完成イメージをちょっとだけ高尚なものに引き上げてくれたら、中学生の喜びはどんなものだろう。中学生は「早くいろいろな人に作品を見て楽しんでもらいたい。こんな話や、あんな話もしてみたい」と制作中に生まれたエピソードやコンテンツ（コミュニケーションの元）をもって、とがび開催当日にお客さんに喜々として語るだろう。」（中平千尋、とがび本企画未公開資料、2014より）

また、中平はアートプロジェクトを回すための資金調達についても考え、実行しています。２００６年から、地域の小さなアートプロジェクトを支援するアサヒ・アート・フェスティバル（ＡＡＦ）から支援を受けはじめます。第1回の生徒による手書きのちらしの宣伝効果のなさから、印刷による情宣の重要性を実感し、２回目はプロのデザイナーに依頼して50万円以上の自腹でまかなうことになるのですが、これでは継続は無理だと判断しことがきっかけでした。しかしながら、ＡＡＦとの出会いはとがびを全国発信するチャンスに拡張しました。座談会で芹沢氏が述べているように、彼はＡＡＦの中で**相談役**として活躍しており、この出会いは必然的としかいいようがありません。

増えていきます。代表的なものに、横浜トリエンナーレ(2001～)、広島アートプロジェクト（2007～）、中之条ビエンナーレ（2007～）、別府国際フェスティバル　混浴温泉世界（2009～）、あいちトリエンナーレ（2010～）、瀬戸内国際芸術祭（2010～）、などがあり、まだまだ増加の傾向にあります。

実践共同体あるいは実践コミュニティ(community of practice)
レイブとウィンガーがは、学習を個人による知識や技能の獲得ではなく、学習者を取り巻く学習環境を構成するさまざまな諸要素との関係性の構築の変容、つまり社会的共同的参加と捉えます。それは、参加者が、ある集団への具体的な参加を通して知識等の修得が可能になる場のことで、「実践コミュニティ」と呼ばれます。それは、「共通の専門スキルや、ある事業へのコミットメント(熱意や献身)によって非公式に結びついた人々の集まり」(『コミュニティ・オブ・プラクティス』2002、p.12）をいいます。中平はこの実践コミュニティ論をとがびに当てはめて論理構築を考えていました。しかし、実践コミュニティ論は、学校やクラスという制度化された組織ではなく、何らかの実践を共有し、実践によって組織化された社会グループをいうので、制度と制度外の組織が混交するとがびについて、どのように論を整理できるかを中平は模索していました。

もうひとつ、中平とがびには、既存の教育・美術教育に対する**対抗的・反美術／教育的**な性格があります。教育全体の中での美術教育の低いステイタスや同僚教師の冷たい視線など、彼はそれを「抵抗勢力」と明確に批判し、逆に普通の中学生の表現からわたしたちがいかに多くを学べるかを主張しています。

とがびから生まれたことばたち――中平千尋と生徒とその周辺

このような思いから、中平は「**学習環境デザイナーとしての教師**」のことばを残しています。

「校舎内を生徒の作品で埋め尽くそう」と考え、校舎内に作品を展示しても、多くの先生は素通りします。もっぱら当時の先生方や生徒、保護者の方々の話題の中心は、いわゆる主要五教科の成績と、部活動。職員室でも話題は「○○部は全国大会へ行った」「あの部員は……」という話題ばかりでした。美術の作品で目立たない生徒がユニークな表現をしていることを話題に出しても、担任の先生は「ああ、あの子変わっているからね」。これで会話終了です。こういった反応に前向きな気持ちはへこんでいきます。絶望的な気持ちにもなりました。「話題にすらのぼらない美術教育って何なんだろう…。」　ある日、私はこう考えました。現状を嘆いてばかりいるのはもうやめよう。まずはアートや美術を頭で考えるんじゃなくて、「アートする」環境を作って、そこにいきなり入ってしまえばいいんじゃないか。アートさせられない現状を嘆いたり、被害者意識を持つのではなく学校を美術館に変えてしまえばいいんじゃないか？協力者は必ずいるだろう。そう考えて実践に踏み切りました。それに気づかせてくれたのは、他でもなく日常の授業でアートすることを心底楽しんでいる中学生の姿だったのです。作品も素晴らしいですが、作品だけではなく、アートを通して喜々として取り組むこの中学生の姿こそ、今、社会に発信し、大人が見て感じなくてはいけない「生きた作品」なのではないか。そこが「とがび」を実行しようという行動の原点となったのです。

美術教師として、とがびを実践する上で、やろうとしたことがあります。それは、「やっちゃだめ」と絶対言わないということ。「やってみようよ」を口癖にする。禁止事項を口にした途端、大人は安心しますが、中学生はそこからはみ出さないようにする意識が働き、せっかくの失敗するチャンスを失います。教師の指導は、中学生にできるだけ、やってはいけないと思い込んでいることに挑戦させて（やってはいけないことをやることが一番楽しい！）小さな失敗をさせ、少し乗り越えさせて「できたね」とほめることだ、と思いました。とにかく校舎に全体を使った大きなプロジェクトの場合、教師自身が不安であるがゆえに禁止事項を増やしてしまいがちですが、あえて「やってみようよ」という言葉を多くしていきました。これは、10年間継続した大事なポイントです。」（中平千尋、とがび本企画未公開資料、2014より）

また、中平自身が記憶に残るエピソードを「とがび２００７名言集」として残しているものがあります。アートは言語化できないと言われますが、とがびの特徴をことばにして残すことを意識的にやっていこうとしたという特徴がみられます。

①うまく失敗させて、うまく成功させる、積み重ね。大人は数段良く見せる手伝い。
②やってはいけない！ことが一番面白い遊びだ
③中学生の主体性・能動性　を大事にした……やってみようよ！
④もの作りではなく、こと作り。コミュニケーションしたくなる場・経験作り
⑤プロセス重視・協働制作
⑥社会に開く……自己肯定感に結びつける
⑦自分を押しつけないお手伝い役アーティストを探し、協働させる

（中平千尋、とがび本企画未公開資料、2014より）

カオス（場）をつくり出すアートな教師論

①「名乗るほどのものではありません」↓よく働いたキッズ学芸員に、「君の名前は?」と尋ねたら、こう

ワークショップ(Workshop)

とがびはプロジェクトですが、キッズ学芸員とアーティストトのコラボレーションやひとつひとつの現場で起きることは、協同的な学び、すなわち「ワークショップ」そのものです。

ワークショップとは、最初はものづくりの工房を意味していましたが、次第に参加型の研修会や研究会にかわり、日本では２０００年以降、「講義などの一方的な知識伝達ではなく、参加者が自ら参加・体験して共同で何かを学びあったり創り出したりする学びと創造のスタイル」（中野民夫『ワークショップ』2001）と定義されています。

日本では、ワークショップの協同的学びの中での学習への参加と創造、双方向性が特に強調され、いわばワークショップバブルといわれるほど流行しているといっても過言ではありません。それは、日本の（学校）教育がとてもタイトで、社会そのものが学校化しているという事情もあるでしょう。とがびの中学生たちは自分が大人になっていく過程で、いろいろな葛藤や困難を抱えている状況をそこで吐き出し、さらに作家や友人たちの協同的学びを通して、創造活動に発展させていったのだと思います。作家という大人のモデルに対する「発達の最近接領域（ＺＰＤ）」的な学習です。だから、そこでは学校というフォーマルな学びの場にふだん中学生たちがやっている日常の学びがうまく混入できたのだと思います。

答えた。絶妙の答え。

②「楽しかったです」→とがびが終了した後、キッズ学芸員の男子生徒に質問。「とがび、どうだった?」私はきっと「大変だった。疲れた」と答えると思っていたが、彼は満面の笑みで答えた。

③「人間には、物を作る人と、それを販売する人の2種類しかいない」→キッズ学芸員に作品を紹介するという仕事の意味を語る画家・森本秀樹氏の言葉。

④「1人で絵を見るよりも、大勢で見たほうが楽しいと思いました」→とがび丸見えツアーのガイドを担当した女子キッズ学芸員が、「今日はどうでしたか」という質問に対して答えた言葉。

⑤「勝手な行動しないでください」→とがび丸見えツアーで、1人だけツアーから離れて行動しようとした大人に対してかけた言葉。（中平千尋、とがび本企画未公開資料、2014より）

昔から「教育は人なり」といわれます。それは、教育は教師個人の力量に左右されるという意味です。とがびももちろん中平千尋という希有な個性だからできたことは間違いありません。でも、彼の教師像はけっして強く牽引するリーダーではありませんでした。

一般に教師像というと、近年実践的指導力のある教師をいい、それに求められる資質能力を、教師としての使命感や人間や教育に対する基本的な知識技能などの「いつの時代も求められる資質能力」と「今後特に求められる資質能力」を指します。しかし、後者の「地球的な視野に立って行動する力」などの急速な変化に対応する能力には対応できていない現状があります。文科省がいう、教員の個人的な資質能力向上ばかりを高めようとする施策には限界があると感じます。いい教師とは何かはとても難しいですが、かつて英国留学で訪問したニールのサマーヒルで「**空気のような教師がいいね**」という話を聞きました。

その意味は、いつも普通にそばにいて助けてくれるが、強い主張はしないという。

中平のとがびを教師論という視点からみて得られたことは、人が人を育てるというおもしろく、大切な仕事と向き合う教師にとって、最も重要なのはどんな生徒も分け隔てなく、まず

カオス（chaos）をデザインする

ギリシャ人の考えた、宇宙発生以前のすべてが混沌（こんとん）としている状態をいい、混沌、無秩序の意味です。でも、多様な人たちが共存するためには、自分の居場所が白日の下にさらされてしまわない方がいいとすれば、学習の場にもカオスが必要ではないでしょうか?!とがびはたくさんのプロジェクトが同時に走っていて、誰がどこに関わって何をしていたのかは必ずしも明白ではありませんでした。それは、生きにくさを抱えている人々にとってはとても重要なことです。ゆるく多様であること。とがびのプロジェクトデザインはすぐれたカオスデザインといってもいいのでは…。

サマーヒルスクール（Summerhill school）

サマーヒルスクールは、A・S・ニールにより創立された学校で、英国サフォーク州のレイストンにある最も古い寄宿制のフリースクールです。世界各地のフリースクールの設立の際、モデルとなった。授業への出席も自由で、会議は教師と生徒が同じ立場で意見をいうことができるほど、民主主義と社会的平等という原則は徹底しています。この学校をモデルにしたものに、ニール研究者の堀真一郎氏がつくった「きのくに子どもの村学園」（和歌山）があります。ニールの著書に「問題の教師」、「問題の子ども」など。

いつの時代にも求められる資質能力

- ●教育者としての使命感
- ●人間の成長・発達についての深い理解
- ●幼児・児童・生徒に対する教育的愛情
- ●教科等に関する専門的知識
- ●広く豊かな教養

↓

これらに基づく実践的指導力

＋

今後特に求められる資質能力

①地球的視野に立って行動するための資質能力
- ・地球、国家、人間等に対する適切な理解
- ・豊かな人間性
- ・国際社会で必要とされる基本的な資質能力

②変化の時代を生きる社会人に求められる資質能力
- ・課題探求能力に関わるもの
- ・人類社会に関わる資質能力
- ・社会の変化に適応するための知識及び技術

③教員の職務から必然的に求められる資質能力
- ・幼児・児童・生徒や教育の在り方についての適切な理解
- ・教職に対する愛情、誇り、一体感
- ・教科指導、生徒指導のための知識、技能及び態度

↓

○　教師の仕事に対する強い情熱
教師の仕事に対する使命感や誇り、子どもに対する愛情や責任感など

○　教育の専門家としての確かな力量
子ども理解力、児童・生徒指導力、集団指導の力、学級づくりの力など

○　総合的な人間力
豊かな人間性や社会性、常識と教養、礼儀作法をはじめ対人間関係能力など

図　『魅力ある教員を求めて』文部科学省、p.3.

受け入れ、共に歩もうする心や力ではないか？つまり、アートの教師であれば、アートがもつ「想像的で創造的な世界を共につくること」、「（他者との関係づくりに悩む）生きにくさを抱えた生徒に安全でゆるやかな表現やコミュニケーションの場を用意し、自由について考え実践させること」、そして「世界に発信したり、受容されながら、自分がそこにいていいという感覚（自己承認）をもたせること」。そういう場を共有し、**伴奏者**として上手に歩み、対話できることがアートの教師の大きな存在価値です。

とがびで活躍したのはけっして美術が好きで得意な生徒だけではありませんでした。保健室登校、LGBTQ当事者、運動部…などなど、でも彼らが生きやすい空間が「とがび」にはいつしか生まれていました。それは、フォーマル（学校等）とインフォーマル（日常）が混交してつくられたまさに「カオス」の学びの場でした。生徒たちはそこに紛れることで居場所をつくっていたのです。とがびアートプロジェクトの空間は全体と部分が照応する大きなワークショップでした。すなわち、ゆるやかな他者理解と合意形成が学べる、安心安全な場での（民主主義の）レッスンになっていたということです。

わたしとせんせいととがび　てらしまみさき　第二話

その先生が捕まらないんだよなぁ…
先生が美術室に長く留まる事はあまりなく、
見つけたとしても小走りで消えてゆき常に忙しそうにしていました…が、
ポ〜イ！
ま、
いっか〜違うの作ろ〜
代わりに、私たちの創作は自由でした
大人の目がないため、中学生の作品としてはふさわしくない作品も
大人の嫌がりそうな作品であっても
先生は
いいじゃん〜
と、一言うだけでした。
それは、自由に作品を作れる事と同時に
それだけ…？
？
放っておかれているとも、感じざるを得ませんでした
もや…
そのもやもやは、作品への意欲にも
先生への反抗心にもなりました。

そのもやもやを誰かに発表する場所が私にとって

〝とがび〟でした。

第3章

「とがび」とは何だったのか？

――生徒と関係者が語るとがび

なぜ、子どもたちに大事な絵画を貸したのですか？

（一財）長野県文化振興事業団　芸術文化推進室次長
伊藤羊子

美術館見学と副館長への借用交渉

「何ですと、貸した？」天国に行ったら（私の場合、ソコに伺えるかが問題ですが）チヒロT（＊1）に文句を言います。「私たちは協働者としてとがびをしたでしょ？でなきゃ館のOK出るわけないし」と。「「借り物」とした位置づけは、あくまで主役の中学生に対しての演出だったじゃないっすか」。当時、30代半ばだった私は、前日の準備日から早朝の作品搬入、準備、展示、監視等々、「学芸員」の範をキッズ学芸員に示すべく、13歳の子どもたちと一緒になって作業しました。畳大の展示パネル40枚と鉄枠の校舎1階から3階までの上げ下ろしも。館蔵品を体を張って守りながら、体力の限界を超えた3日間。「貸した」で済まされたら、こまる!!というのが私の本音です。特に第1回のとがびは、総合的な学習の時間として1年1組と2組全80人が当美術館の作品担当としてわが背中を見ていたのです。

大きなチヒロTが80人の中学生を両肩に乗せてフラフラと漕ぎだした自転車の荷台を必死に支えて進むイメージ。これがとがびの出発の姿でした。

■**ホッタン**

とがび開始の9ヶ月前の２００３（平成15年）6月、私はチヒロTに出会い、この時「Nスパイラル授業」の概要や彼の「アートファンをふやそう！」という姿勢を知りました。12月、

館長への借用交渉

リトグラフ作品の品定めと展示環境対策の授業支援の様子

校内発表会「暗闇美術館」を見学し、２ケ月後、これを美術館に招致して「夜の屋根裏美術館」を開催。来館者やマスコミの好評を博しただけでなく、館員の教育普及事業に対する意識が一変しました。私は、この「夜屋根」の社会的な反響が、チヒロＴの〝とがび〟決断の決定打となったと思っています。（＊２）そしてチヒロＴは、活動を広く社会にアピールする手段として、子どもたちの作品と一緒に美術館の著名作家作品を展示することを考えたのです。

■ササエテ、ススム　長野県信濃美術館の「とがび」へのかかわり（＊３）

第１回　平成16年（２００４）

２クラス合同の「総合的な学習の時間」の中心となった東山魁夷作品（1組）、池田満寿夫作品（2組）の全展示作業に携わりました。美術館見学と授業支援によって、生徒全員（キッズ学芸員）に対して、展覧会を開催するノウハウを提供しました。

1　美術作品を展示するための施設……見学によって美術館を理解してもらう。（5月）

2　作品借用交渉……美術館見学の際、生徒に作品借用をしたいという要望を出してもらい、その場で、担当者→学芸係長→副館長→館長に引き合わせる。結果、生徒は美術館の組織やバックヤード、作品貸し出しの意思決定機関を体験しながら学ぶ。最終的に館長には、借用申請書例を示しながら、美術作品の貸し出しは、保存と防犯の両面から厳密な審査があることや、人を呼ぶ展覧会にするには企画力が必要であることを生徒に伝えてもらう。（5月）

3　展示環境の整備……学校へ訪問し、生徒たちに「東山の大作は、前述2の問題の他、輸送の観点からも貸し出しは難しい。けれど、大作を元に制作されたリトグラフならば、条件付きで貸し出しは可能である」ことを伝え、実際にリトグラフを教室に持参して生

東山魁夷作品の人気アンケート調査

とがび展示作業の様子

徒に品定めをしてもらう。また条件である展示環境を整えるために最低限必要なこと（教室の外光を遮断するために窓の全てに黒画用紙を貼る。ライトは白熱灯をトレーシングペーパーで覆い照度を基準値まで制御する。）を説明した。（6月）

4　アンケート用の作品リストの選定と図版11点の用意…学校周辺でマーケティングをして人気の高い作品を展示したい、という生徒の要望により、貸し出し可能なリトグラフ作品のなかからチヒロTとリストに上がりそうな作品を選定し、アンケートに使用する図版を用意する。（6月）

5　展示計画…展示作品を選定した後、どういうレイアウトで壁をたて、各作品をどこに展示するかのシュミレーションを行った。その際、動線や作品及び来館者の安全に配慮することを具体的に助言した。（9月）

6　解説パネルの作成…作家略歴や展示の趣旨などを解説パネルとして作成するため、必要な資料を提供。東山魁夷の写真から生徒が描いた大きな似顔絵が人気を呼んだ。（10月）

7　展示作業（東山10点　池田11点）…仮設壁を教室へ運び、照明を設置し、作品搬入、作品の取扱いを指導しながら作品展示を行う。照度計で照度を確認する。（10月）

8　監視及び展示案内…会期中、生徒にアドバイスしながら当番制で監視と展示案内を行う。＊防犯上の問題から、作品は準備日、開催日とも毎日撤収して美術館へ持ち帰った。（10月）

9　撤去作業…作品を安全に撤収した後、仮設壁や照明、窓の暗幕を撤去する。（10月）

＊1、2、3は生徒全員に、5、6、7、8は東山・池田室担当の生徒に対して実施した。

●「学校が美術館になった日」展（2005年1月）於 長野県信濃美術館

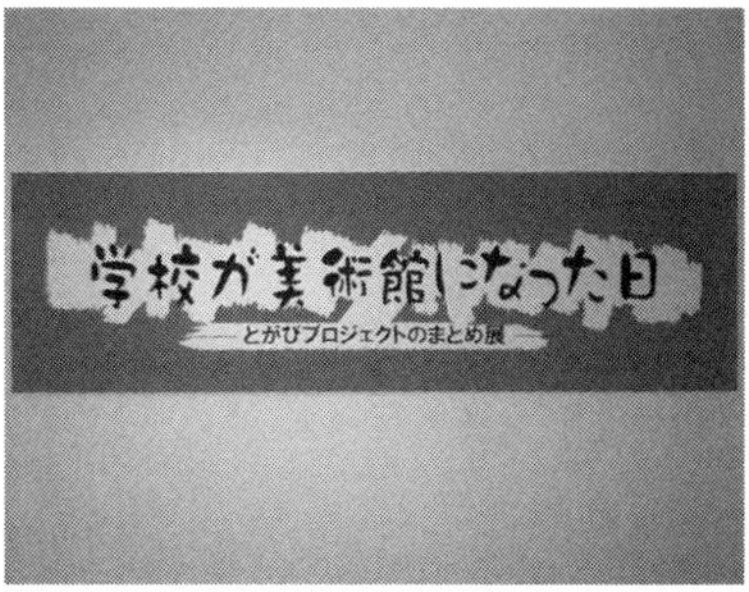

長野県信濃美術館での「とがびまとめ展」の様子

内容　参加作家4団体の展示、とがびへ出品した生徒作品、とがびの報告
シンポジウム　2クラス生徒全員、作家を招いて開催

第2回　平成17年（2005）

総合的な学習の時間が講座選択希望制となり、生徒自身がアーティストを選ぶ活動がはじまりました。

東山魁夷作品展示（6点）…当初から担当のキッズ学芸員だけに必要な指導を行いました。作業内容は第1回と同様。以下は新たに取り組んだ活動のみ記します。

1　ギャラリートークの指導…ギャラリーツアー係の生徒に対し、トークで必要なこと（お客さんが飽きない、疲れない時間内で完結に要点を伝える。それぞれの切り口でバージョンをつくるのもよい。但し、質問に答えられる資料を用意し、お客さんに聞きたいことを聞いてもらえる様な態度で接する。）を具体的に練習する。（9月）

2　ポスター制作指導…ポスター係の生徒に対し、作家のイメージをポスターに反映させる具体的な手法（モチーフや色のイメージ）を指導する。（9月）

第3回　平成18年（2006）

東山魁夷作品展示（6点）…第2回と同様。担当のキッズ学芸員から作品選定、ワークショップについて提案がなされ、そのなかから実施計画がたてられました。作業内容は第2回と同様。

■**マトメ**

一番気になったこと＝アートが地域で展開する時、美術館はどうかかわれるのか？

私自身がガッツリと関われたのは第1、2回。1回目は入ったばかりの学芸員を巻き込ん

長野県信濃美術館での「とがびまとめ展」シンポジウムの様子

での2人体制でしたが、以後はなるべく多くの学芸員に関わってもらおうと後方支援にまわったためです。3回目の年、私は同館学芸チーム統括の任にありました。チヒロTも3回をもって異動しました。しかし、推進力を増した「とがび自転車」は、漕ぎ手がノリコTに代わってもドンドン速度を上げて進んでいきました。しかも3回目からはAAFという強力なエンジンをつけて。もはや私たちが荷台を支える必要はなくなりました。しかし、立ち上げにあたっては、チヒロT、とがびにとって美術館――教育機関と見世物小屋の両面を持つ――は学校と社会（市民）との窓だったように思います。美術館との協働によって学校を取り巻く人たちの信頼を得る事業としてスタートできたと考えます。その後はどうだったのでしょう。ノリコTは「最後まで美術館は生徒が最初に『モノを見せることを学ぶ場』として機能した」といいます。「動線、出入口、照明を美術館の人から学ぶのが大事だから」と。他に何が出来ることは？学芸員は、生徒に「何したい？」と聞いて、必要な時に出ていって、必要な人とつなげることが出来るのか？魔法のランプの魔人のように。収蔵品が選ばれない場合でも、「アートファンをふやそう」という共通目的のために地域で協働ができるのでしょうか？

※1　本稿では敬愛を込めて中平千尋先生をチヒロT、紀子先生をノリコTと記させていただきました。
※2　詳細は、第1章28頁をご参照されたい。
※3　2007年3月25日に作成した覚え書きにて作成。

卒業生が語るとがび

とがび
第４回〜第８回に参加
高松　あゆみ

頼まれた締切日ほぼ当日の午前４時です。皆様おはようございます。美術部の部長をしておりました。中学を卒業してからとがびとは敢えて距離を置いていたにも関わらずことある事に最強の部長とか言われておりますが、奴は最強のとがび学芸員の中でも最弱…。あまり学芸員らしい事なんてしてなかったと思っています。

気がつくと私がとがびに参加していた時期というのは、「とがび解体期」と名付けられていた。そりゃ、型にはまってなかった訳ですしね。悔しいけど少し納得する表現。

私の関わった方々。後にとんでもない方だと知ったヤノベケンジさん。「トらやん」とのコラボプロジェクト。終ぞお会いすることは叶いませんでしたが関われた事は奇跡だったのではないかと。

花を使ったアーティストの柿崎順一さん。「根プロジェクト」について語り出すと原稿用紙３枚位書けます。内外で反響があり２回目があった事とか。

出演した住中浩史さんのあの映画作品は最早人質。あれを出されたら地面が凹むまで額を擦り付けることしかできません。優しい方ですがそういう所鬼です。住中さんの創造力は本当に尊敬していますが。

現実味がないと思っていた案が立て続けに採用され想像もつかない形で服が完全したファッションショー。民放のテレビ取材は逃げたくて仕方なかった。

さて距離を置いていた理由としては、そもそもスケジュールが面白いくらい噛み合わないってのは置いといて。「とがび」は中学生が主体。中学生がアーティスト。でも中学生だけじゃ出来ることだって限られてくる。周りの大人達が中学生の体当たりを受け止め発信する必要があるから、「とがび」を体験してきた卒業生の皆さんが今でもこうして盛り上げているというのは本当に素晴らしい事だと思います。その上で、今現在の中学生が表現する「とがび」を、ここまで支えてきた皆さんが発信する。１度でも関わったからこそ私はそれが見てみたいんです。そういう思いは中学を卒業する頃には既に私の根底にありました。ひねくれてるので。

上手く言えませんがこれも愛情です。「とがび」をここまで支えてきた皆さんの行動力も愛情でしょう。その波に乗れないでいるけど熱意は変わらない私のひねくれた必死の愛です。でなければこのコラムの参加も断っていました。

私が卒業後も学芸員であり続けるのはこれが内輪の盛り上がりで終わってしまいそうで嫌だなと感じたのも本音です。だって「とがび」はそんなお祭りで終わっていいものではないと思うから。微力ながらここから協力出来ることがあるならしたいんです。学芸員の説明を聞いてやっとのことで、分かるか分からないか（むしろ分からせる気がないだろみたいな）ギリギリのラインを攻める事の楽しさを知ってしまってから、私の創作活動もそんなもんです。それにどれだけ悩まされたかは置いといて。

いつか「とがび」に大人としてまた参加したい。それが私の密かな野望です。それが言いたくてこのコラムに参加しました。

とがびプロジェクトはなぜ地域を巻き込もうとしたのですか？

現代アーティスト　門脇　篤

「とがびプロジェクト」3年目となる2006年、中平千尋先生はプロジェクトに「戸倉上山田」というテーマを設け、この活動が中学校の中で閉じることなく、地域とともに行われる活動であることを明確なメッセージとして表明した。

しかしそれは何も突然現れたものではなく、中平先生は活動当初から、「とがび」をそのように導きたいと考え、実際そのように「とがび」は展開し、それゆえに豊かな取り組みとなっていった。

常に想定されていた「地域」

2004年、1回目の「とがび」開催を前に、中平先生から関係者にあて、「とがびプロジェクトの意義と展開」と題したプリントが配られた。それはこんな風に始まっている。

「美術雑誌の記事によると、今、美術館などへのお客さんの数が激減しているようです。特に現代美術の展示になると集客数はさっぱりだそうです。教育と社会は一体であると考える私にとって、この状況は残念でしかたがありません」

村上タカシ
『IZUMMIWAKUプロジェクト』を1994年、1996年東京都杉並区和泉中学校で開催した。中平千尋が活動を参照したプロジェクトでもある。
「このプロジェクトは。学校アート・プロジェクトの先駆的活動であり、現役の校舎内を美術館として使うことが可能であるという事を実証して見せた。また学校という空間をアート作品で非日常化することにより中学生がアートを身近な存在と感じるきっかけとなりうることを示唆した。」（中平千尋、2014）

中学校に虹をかける（2004）

これにつづき、教育現場での美術の現状、その中で学校を美術館にする「とがび」を思いついたこと、「美術を通して地域に開かれた学校を作り、生徒が美術に興味を持つ」ことが「美術ファンを確実に増やすきっかけになるのではないか」と語られ、最後に「今後の展開」として、次のような展望が述べられている。

「今回成功したら、まずは同じような実践をしてもらえる学校を増やしたいと思います。また、千曲市で言うと、戸倉上山田温泉の再復興のために、アートが役割を果たせたらとても良いと考えています。そのためにも、次回から参加作家は個人制作だけでなく、積極的に自分をアピールするためにも、地域素材を用いて作品発表をしてもらいたいです。学校教育では、今回多くの方が見に来て頂ければ、生徒や子ども自身が美術に対する感じ方が変わり、次回の企画のために作家を自分たちで選抜したり、場所を変えたりするかもしれません。本プロジェクトは持っていき方次第で充分将来の「美術文化」を育成するためのきっかけと成りうるのです」

「とがび」との出あい

大学を卒業して入社した会社を2年弱でやめ、アルバイトのかたわら一人で絵を描いて10年。まちの中でアートをするという企画（「TANABTAorg ART Project」、プランナー：村上タカシ）に参加して、ひとと何かを作るという快感がすっかり癖になり始めていた私は、中学校でアートができるという中平先生の言に一も二もなく飛びついた。手伝ってくれた「キッズ学芸員」は運動部の子たちで、いっしょに毛糸で中学校に虹をかけるという企画を行なった。

翌年、今度は別のキッズ学芸員から参加してほしいという手紙が届いた。後に、おもしろいと思わなかった人は呼ばれなかったと知り、「よかった」と思うと同時にひやりとした。

とがみ中の椅子（2005）

戸倉上山田アート温泉（2005）
千曲市総合観光会館へ行き、戸倉上山田温泉観光協会の太田事務局長さんとお話をしました。

そのかわいらしいネーミングの裏に込められた真の切れ味は、「がんばってやってくれてるんだから、多少意味がわからなくても目をつぶろう」みたいな大人の「常識」とは違っていた。その本音を引き出したのは、1回目の「とがび」に参加した生徒のアンケート結果（半数が「つまらなかった」とこたえたという）に対する中平先生の誠意であり、それでもこの活動は必要なのだという本気だった。

この年、私は椅子を校舎からつるす展示とともに、「戸倉上山田アート温泉」という架空のプロジェクト企画を展示した。キッズ学芸員に温泉街へ出かけて行って何かおもしろそうなことができそうな場所をさがしてもらい、それをもとに何人かのアーティストに企画を考えてもらうという展示だ。その過程で、この温泉街がかつていかに外に開かれ、文化的な蓄積をもっていたかがわかった。温泉観光協会に電話すると事務局長自らキッズ学芸員を迎え、喜んで心当たりの場所を紹介してくれた。中学生が実際に取材に訪れると、行く先々で歓迎を受け、上山田ホテルの社長などはいっしょに場所探しをしてくれ、中学生と活動することがどれほどおもしろかったかを「とがび」当日、目を輝かせながら私に語ってくれた。

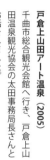

「地域」をテーマに

そうして迎えた２００６年、１月の段階で中平先生はブログに次のように書いている。

「今年は、大きなテーマに「戸倉上山田」を設定し、（中略）参加作家の皆様にも、できれば長く滞在して頂き、戸倉上山田の良いところをアートの形で表現していただければ、多くの地元の方々、アートと関係ない方々も見に来られるでしょうし、結果としてそれが「町作り」にもつながっていくかもしれません。地元の素材を使うことが重要と考えています。地域に中学生が出ていって、地元の人に、「とがび」がど

戸倉上山田アート温泉（2005）
夏休みの8月9日に行った温泉調査

れだけおもしろいかを説明したいですし、そうしたかたちで地元を巻き込むことが、結局は中学生への評価となって帰って来れば素晴らしい学習になると思います」（2006.1.20ブログ）

2回目の「とがび」では生徒の参加意識があがった一方、「イラストなど中学生が好きな分野に偏っていた」「もっといろいろなものが見たい」という地域の人たちからの意見があり、それとどう折り合いをつけていったらいいのか、中平先生が生徒たちに提案したのが「**地域をテーマにする**」ことだった。

新学年が始まって、中3になった「キッズ学芸員」から次のような手紙を受け取った。

「今年も、お世話になります。さて、今年の『とがびプロジェクト』の内容ですが、今年はこちら側で『作品テーマ』と『作品ジャンル』を決める、という方針になりました。私達が考えたのは、作品テーマは『温泉祭り』、作品ジャンルは『インスタレーション』ということになりました。勝手に決めてしまい、すみませんでした。しかし、みんなで協力すれば、できないことはないと思います。なにとぞ、よろしくお願いいたします」

キッズ学芸員たちは再び観光協会の協力を得て戸倉上山田の温泉祭りについて取材し、「戸倉上山田が最も輝く日」と言われるそれが、地元の55歳の人々によって運営されていることなどを知り、温泉祭りトリビアとして展示した。また、開けるとくす玉のように中から毛糸がこぼれ落ちてくるバスケットを校舎からつるし、録音しておいた夏祭りの花火の音を流しながら「毛糸の花火」を観客に披露した。

地域こそ「中学生」を必要としている

中平先生は２００６年３月のブログで、次のように書いている。

門脇篤「温泉まつりプロジェクト」

（前略）今回とがびは2日間の準備期間があったのですが、私は別の場所での展示があり、準備2日目に長野入りすることに。しかしキッズ学芸員のみなさん、準備日1日目にしっかり準備をしていてくれたおかげで本当にスムーズに準備完了しました。

（中略）「グランド・フォールズ」は3つのバスケットからくす玉状に毛糸を降らせるもので、落下の一瞬は花火のもつ時間を表現したものです。準備日を入れて4日間、キッズ学芸員のみなさんは本当によくがんばりました。私もいっしょにたいへん楽しく制作することができ、何よりの思い出となりました。来年またとがびがあっても、今度はキッズ学芸員じゃないんだねとか話しているすきに写真のような状態に。これからどう成長していくのか本当に楽しみなみなさんでした。

（2006.12.15ブログ）

毛糸の花火（2006）

「なぜ美術教育が必要ないという議論になっているのかというと、美術は特別な人達、興味のある人たちだけのものなので、公教育として生徒全員に行う必要はない、将来やりたい人は趣味でやればいいという論理があるからです。（中略）数学や国語などは、極端に言えば結局、先生か誰かが考えた答えに向けて、誰かが作った方法で解いていくことしかできないのではないかと思います。この点、美術は違います。自分で問題も答えも、やり方も考える教科なのです。ここが学校教育として、美術に興味のない生徒に対しても美術が有意義な価値をもちうる点であると思います。こういう考えや目的で行われる美術教育は、必要だと思います。しかし、生徒が何も生み出せない美術教育は必要ないと思います」（2006.3.11ブログ）

用意された解を見つける閉じられた活動に対し、課題を見つけ（それが課題であることを可視化し）、それとどう対していくかを実際にあれこれやっていく、生そのものと言ってもいいリアルな営み。その試行錯誤の場、対話の相手として中平先生が常に念頭に置いていたのが「地域」であり、その方法が「とがび」だったのだと思う。それは「とがび」の革新性のひとつの現れであり、普遍性の証明だと思う。

中学生は、社会経験の少ないこどもだから地域と関わって答えのない営みに挑まなければならないのではなく、「とがび」的な発想やチャレンジは、地域にとっても、アートにとっても、常に大切なこと、不可欠なことなのだ。今思えば遠い先の話だと先送りしてしまった過疎化や少子高齢化、格差社会や無縁社会など、中学生の手を借りてでも向き合うべき課題をその時抱えていたのは地域の方だった。

中学生の活動に地域が必要なのではなく、地域にとって中学生が必要なのだ。障がい者や外国人、よそ者が必要であるように。そしてそれは今まさにこのような状況においてすら、いまだ「地域＝多数者の無自覚的な常識の中で動いている世界」であり、絶望的なほどに自覚されず、誤解されつづけているわけだが。

「アートがしたい」などという「外」からの存在、いわば「とがび」的作法で地域に入ること。それが地域を開き、切り結ぶ契機になる。そうして切り拓かれ、新たに結ばれた地域が、やがては拠り所になると中平先生は考えていた。

「20年後には美術がなくなっているかもしれません。もしそうなった場合、世の中に子ども達に美術や表現の楽しさを伝えていく手段は、地域のアート・フェスティバルしかないかもしれません。私が「とがびプロジェクト」などを実践し始めた理由は、まさにそういった危機感からです。（中略）アート・プロジェクトを開催される方々にお願いしたいと思います。できるだけ子ども達や保護者を巻き込んでください。できれば学校の先生方も巻き込んでください。そして作家の方々は、小さいギャラリーでマニアばかりを相手にしているのではなく、将来の鑑賞者になる子ども達にインパクトを与えてください。テレビゲームに負けない作品を発表してください。私は、「とがび」という世界のどこにもない美術館を子ども達と作ります」（AAF事務局長芹沢さんへの手紙）

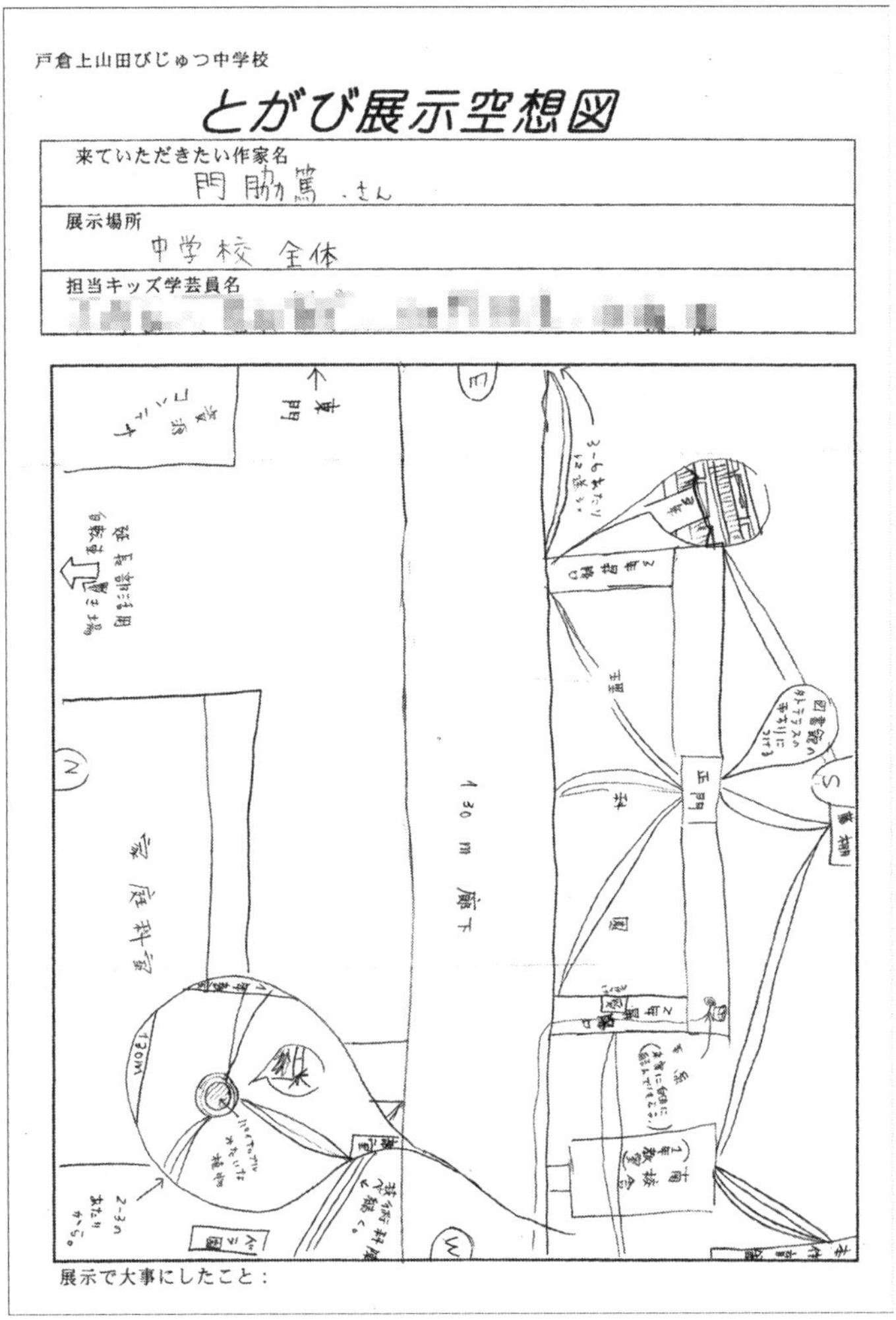

キッズ学芸員からのプラン（2005）

アーティストと中学生のコラボレーションをどう考えましたか？

東京工芸大学芸術学部教授
圓井義典

Q1：アーティストと中学生のコラボレーションをどう考えましたか？

「とがびプロジェクト（以下、とがび）」という新しい取り組みに参加しないかとのお話をいただいたのは、２００４年の初夏の頃です。当時私はすでにさまざまなワークショップの経験がありましたが、これからはじめられようとしている「とがび」は、それらとはまるで違うものになるにちがいないという予感があり、期待と好奇心から、すぐに快諾したことを今でも大変よく覚えています。

ところがいざ参加の意思表明をしてはみたものの、すぐさま「**中学生とコラボレーションをすることが絶対条件**」の中で、たずさわってくれた中学生たちや、来場者の方々に何か響くような作品が本当に作れるのだろうかという不安が生まれ、この不安はプロジェクトがおわるその時まで終始つきまとうこととなりましたし、その後もご招待いただき参加するたびに感じるものでもありました。

Q2：どういうところが不安に思われたのですか？

一般的なワークショップの場合は、作品を作るのはワークショップに参加してくださったみなさまで、ワークショップの進行役である私（アーティスト）はいわば現場監督のような存

TelephotoBoxProject 04（2004）
ひと1人が入れるサイズのカメラ・オブスクラ複数台を、空き教室で1週間程度かけて製作。平日の休み時間や放課後、休日などは担当キッズ学芸員も制作を手伝いました。

在です。野球におきかえてみれば、ワークショップに参加してくださったみなさまが野球選手で、私は野球監督のような存在です。参加者が小学生であっても成人であっても、この関係にかわりはありません。ですから、ワークショップの進行役である私のする仕事は何かといえば、どのような作業をしていただくか、何をつかって作業をするのかというように、ワークショップに参加してくださったみなさまが作品化する手順であったり（ちょうど野球のルールを決めるような作業でしょう）、画用紙や絵の具あるいは画題など、作品化するために必要なさまざまな素材を用意することですし（こちらはボールやグローブを用意するような作業でしょう）、ワークショップ当日には、用意したそれらを使って、参加してくださったみなさまが大きなトラブルもなくいかに作品づくりを楽しめるか、ということに気をくばることにつきると思います。でも「とがび」はそういった性格のものではありません。かといって一般的な展覧会のようなものかといえば、そういうものでもないわけです。一般的な展覧会であれば、たいていアーティストは他所で納得いくまで作品をつくるか、希望をすれば会場である程度の時間をかけてしっかりと作品をつくることもできます。ですから、一般的なワークショップにしても展覧会にしても、いつもそこで起こることは、いわば私の想定の範囲に収まることだけです。

ところが、これからはじまろうとしている「とがび」は、そのようなものの範疇をこえた試みであることは火を見るよりも明らかです。あらかじめ私の方で用意した完成予想図を中学生たちにわたして自由に作ってもらうわけにはいきませんし、かといって他所でつくった作品を搬入して、ただ教室に設置すればよいというものでもないわけですから。それぞれが手弁当で参加して、現場でわずかな時間で急ぎ足で作品をつくるのですから、不測の事態ばかりが起こりますし、それもふくめて作品としなければいけない。そういう難しさが内包さ

カメラ星人調査隊　第1次現地調査(2005)
2004年の反省をふまえ、雨風により強い素材を使い、かつカメラ・オブスクラのサイズダウンを図る。「カメラ星人調査隊」というプロジェクト名はこの年にはじまった。

れているプロジェクトに参加したのだということに気がつくまで、それほど多くの時間は必要ありませんでした。

Q3：それでもとがびに参加されたいと思った魅力は何だったのでしょうか？

「とがび」は、今やどこででも耳にすることのできる「共創」という言葉にピッタリの活動でした。アーティストも中学生（キッズ学芸員）も来場者（鑑賞者）も、与えられた場でおとなしく想定内の結果をえて満足するのではなく、とにかくよくわからないからこそ、そこに能動的にかかわらざるをえない。渦中に自分で飛び込むようなものです。たとえば、私の作品はある時から理科の実験器具をたくさん使うようになったのですが、それはあらかじめ想定していたことではなく、現場で担当してくれたキッズ学芸員たちとのやりとりの中で生まれたアイデアでした。このようにとがびに能動的にかかわろうとすれば、その場でリアルタイムなコミュニケーションが生まれ、それぞれに新しい気づきをえられます。このことが一番の魅力でした。その上、「とがび」ははじまった時からすでに一般的な共創的活動のさらにその先を行っていた試みであったとも思います。

Q4：どのような点が先を行く試みだと感じましたか？

たとえば、エンジニアとアーティストがコラボレーションして新しいサービスや製品を共創したり、サイエンティストとアーティストがコラボレーションして不可視だったデータベースを可視化してインターフェイスを共創したりすることは、近年ますます活発になっている印象をうけます。この「エンジニアとアーティスト」などのように、たいていの共創的活動はあらかじめ定められたカップル（二者）が担い手として固定されています。では「と

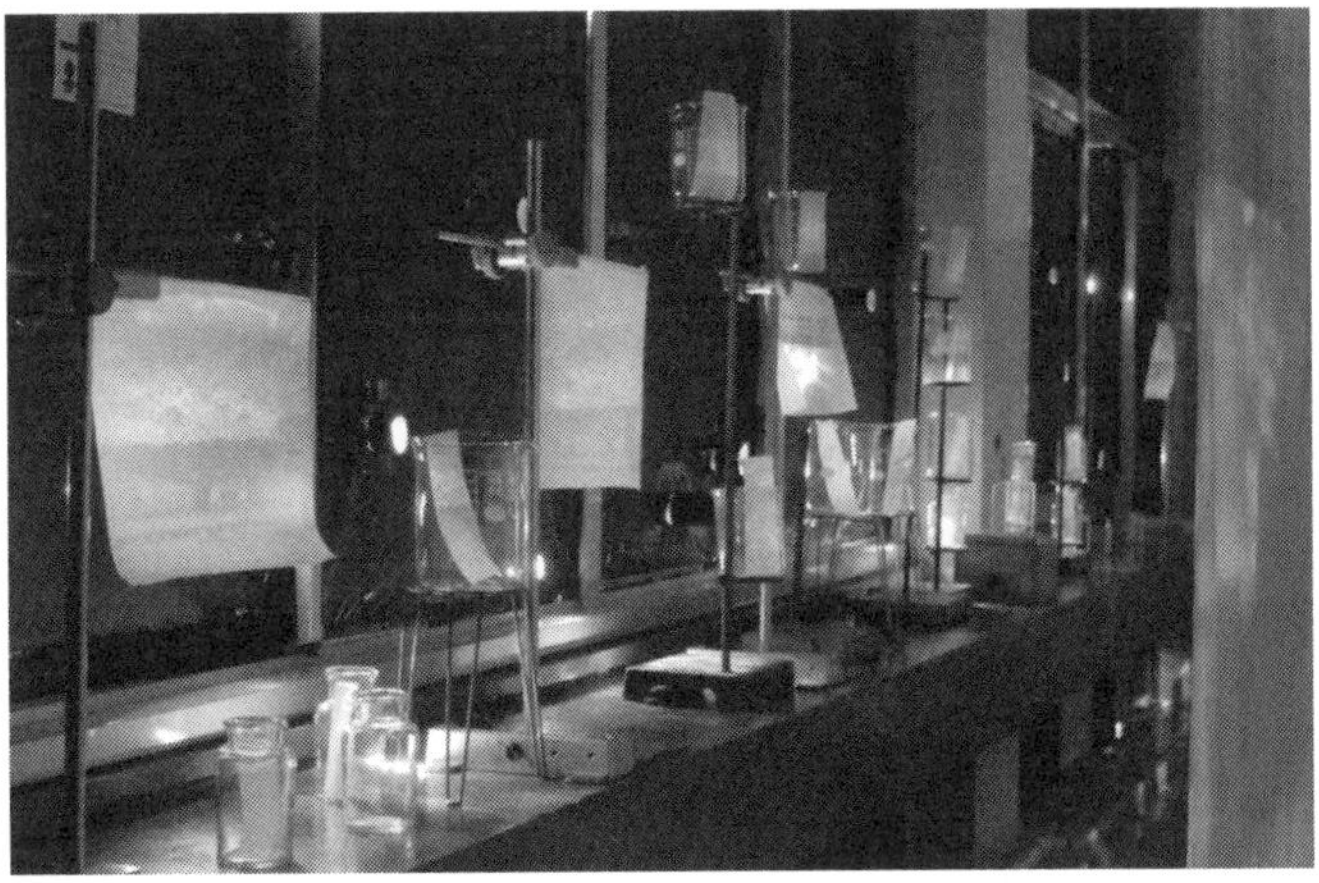

カメラ星人調査隊　第3次現地調査（2006）
この年よりカメラ・オブスクラの光学的現象をいかに効果的に強調できるかということにプロジェクトの力点をうつす。校内分散型展示から一教室集中展示へ。ちなみに、「第2次現地調査」は学外での別企画であったが、幻に終わった。

カメラ星人調査隊　第4次現地調査（2007）
来場者は理科室入り口で担当キッズ学芸員から実験器具をやみくもに渡される。やがてそれが暗やみの中でスクリーンの役割をはたすことを知る。

カメラ星人調査隊　第5次現地調査（2008）
この年より町田啓教諭の指導する科学研究部が担当キッズ学芸員となる。部活動の一環として、カメラ・オブスクラのしくみを事前に勉強し、来場者にも丁寧な説明を心がけていた。

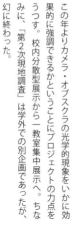

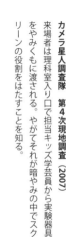

カメラ星人調査隊　第6次現地調査(2009)
圓井が義典が主体的にかかわった最後の展示。以後は戸倉上山田中学校の科学研究部がプロジェクト「カメラ星人調査隊」そのものを引き継ぐ。

がび」はいかがでしょうか。一つには中学生と教諭とのカップル、一つには中学生と学芸員とのカップル、一つには中学生とアーティストとのカップル、一つには中学生と卒業生（先輩）とのカップル、一つには中学生と地域住民とのカップル。このように中学生という一方の担い手はかわりませんが、共創するものが「アート作品」であるかぎり、もう一方の担い手はどのような立場や分野でも成立可能です。また、たとえば「あるアプリケーションの共同開発」というような明確な目標のもとに定められたカップルであれば、そのアプリケーションが開発できた瞬間がその協創的活動のゴールでしょうが、「とがび」の場合、どのようなあり方が「アート作品」としてゴールなのかはコラボレーションするカップル次第です。このようにしてコラボレーションの担い手が中学生も含めてどんどんと新陳代謝していくことと、**ゴールもまた一つではない**という少なくとも2つの点で、「とがび」は一般的な共創的活動よりも持続可能で多様性を生み出す可能性をもった試みであったと思います。

Q5：「カメラ星人調査隊」は息の長い作品となりましたが、ご感想はいかがですか？

「とがび」が持続可能で多様性をもった試みであることは、まさに私の作品が証明してくれたと思います。私の作品がとがびに毎年参加できたことにはわけがあります。この作品は「カメラ・オブスクラ」のしくみを利用したものでした。そのことに戸倉上山田中学校で理科を教えていらした町田啓先生が興味をもたれ、２００８年より町田先生と先生のご指導される科学研究部とのコラボレーションがはじまりました。そうやって科学研究部の活動の一環としてプロジェクトのノウハウが後輩へと引き継がれるようになりましたので、私もそのまま彼らにこのプロジェクトそのものをゆずることにしました。私がアーティストとして主体的にこのプロジェクトにかかわったのは確か２００９年までだったように記憶しています。

その後数年はＯＢような立場で参加していたにすぎません。もしこのような引き継ぎがなく、私がいつまでも主体的にかかわらなければいけなかったとしたら、きっともっと早い時点で私自身がネタ切れになっていたか、招待されなくなっていたかのどちらかだったことでしょう。

「とがび」では、かかわった人がそれぞれに「アート」を自分のこととして楽しみました。その結果、（少なくとも私の場合は）時に原作者の予想とはまるで違った作品となり、時に原作者の手をはなれていくようなこともおこりました。しかし、そういう思いもよらぬ事態が起こる場だからこそ、「とがび」は参加したアーティスト自身が、たとえば、作品にかかわるオリジナル性とは何か、作品の価値とは何かなど、さまざまな視点から「アートとは何か」、「アーティストとは何か」ということを、今一度立ち止まって考えることのできる貴重な場でもあったように思います。

学校の中にアーティストが入ることの意味とは？

美術家　塩川　岳

Domain（2004）
とがびアートプロジェクト参加初年度の作品。途中からの参加だったため、キッズ学芸員との協働はなかった。学校の外と中をつなぐツールである下駄箱にオブジェを置き、履き替える時に、他の箱に動かしてもらうルールとしました。

拝啓　塩川岳さま……。つたないが丁寧な手書きの手紙が届く。「僕たちと一緒にアートプロジェクトを行ってください。」とがびアートプロジェクトへの参加の依頼状です。パソコンでつくれば綺麗で読みやすいはずだろうに、わざわざペンで手書きにされています。依頼を受けたアーティストが実際に参加する・しないに関わらず、この段階ですでにプロジェクトは始まっているということなのでしょう。

アートと教育。偶然にも「出前アート大学」（アーティストが学校の中に入り協働するプロジェクト）が動き出すタイミングであり、わからないことだらけで手探りする私にとって「とがび」は、**多くのヒントを与えてくれる存在**でした。

アート＞教育？　教育＞アート？

とがびアートプロジェクト（さくらびアートプロジェクトを含む）に関わる際、常に考えさせられたテーマが、**アートと教育との距離感**です。アーティスト（表現者）として活動している以上、**クオリティーにはこだわらなければならない**という「観られる側」「評価される側」としての当然の本能があります。中学生との協働だからという、ある種の妥協が生まれてしまっては良くないのではないか？　そうした意識が働きます。その一方で、これは学校という場所で行われるところに意味がある教育的な色合いが強いプロジェクトで、クオリティー

キャッスルプロジェクト（2006）
この地域の山城「荒砥城」をリサーチし、実際には存在しない架空の天守閣をつくるプロジェクト

よりも「**協働の過程**」や「**気付き**」、そして何より「**ジェネレーションの表出**」にこそ、その真価があるのではないかとの意識がこみ上げます。都度その葛藤でした。

私に限らず、「とがび」に関わるアーティストは、少なからずこの2項のバランスに気を使っていたのではないでしょうか。いや、むしろ悩まされていたのかもしれません。ともあれこの両方をバランスさせることになるのですが、前項にこだわればアーティスト本来の考えや個性が前面に出ることとなり、中学生のオリジナリティーは薄まるかもしれません。後項を重視すれば、中学生のリアルな感性は盛り込めますが、形として何だかわからないものになる可能性さえあります。何より自分が関わる必然性に疑問を感じかねないのです。まさに**ジレンマ**です。

もしかしたら、中平氏が私たちに期待したのは、実はここだったのかもしれないと今になって思います。「**アーティストも鑑賞者も、中学生と一緒に進化してみせろ**」と。

「観るアート」から「コミュニケーションツール」へ

ひとことに「参加型アート」といっても、いろいろな捉え方ができます。鑑賞者が作品（主にインスタレーション）の装置自体に入って体験するといった形もあれば、作品の断片をつくり、空間全体を参加者みんなで構築するものなど、さまざまです。いずれにしろ、作品を介して、観る・観られるといった一方向の関係だけではなく、インタラクティブな関係性を生み出す仕組みのあるアートということです。

私の場合、「とがび」でプロジェクトを進めるにあたっては、展示、公開時において、鑑賞者に参加・体験してもらうという、スタイルとしての参加型ということだけではなく、企画初期から、メンバー全員でつくるという意味合いの参加型だと捉えていました。まさに、

お菓子の箱の家プロジェクト（2007）
ヘンゼルとグレーテルの物語をリサーチし、お菓子のパッケージを使って表現

プロジェクト自体をコミュニケーションツールとして機能させたいという明確な意図がありました。

「とがび」の仕組みとして特徴的なのは、「キッズ学芸員」という制度です。これは中学生が、本物の美術館学芸員の仕事を擬似体験する、またはアーティストと組んで作品を制作・公開までのプロセスを体験するなど、美術とその周辺を含めて「**知らないことを知るための仕組み**」だと解釈していました。そういった意味から、コンセプトの共有・立案・制作・展示公開・ふり返りまでのプロセスを順序だてて、中学生と一緒に進めるようにしていました。特に重視していたのが、展示公開の際の鑑賞者とのコミュニケーションです。積極的に来場者に声をかけ、作品や仕組みを自分の言葉で解説します。当然、各自が作品の意図を理解していなければならないし、言葉を通して、わかりやすく他者に伝える工夫をしなければなりません。また、はじめて会う人への態度や言葉遣いなど、実社会で必要となる基本的なマナーも然りです。ここに関しては、ミーティングやふり返りの際に、ふざけず真剣に取り組むよう生徒に念押しした記憶があります。

「モノ」から「コト」へ

すでにある作品を学校に運び込んで、ポンと置いただけでは「そこ（学校）」である必然性はありません。「とがびアートプロジェクト」において、私は、主に光や動きを取り入れた参加型のインスタレーションを行ってきましたが、いつもプロジェクトのきっかけは、**中学生のキーワードからスタートします**。例えば「お城」「お菓子」「桜」「空」などです。展覧会に先がけて、協働する中学生との顔合わせから始まり、メールでのやり取りを含め、幾度もの話合いを経て大きな方向性を決めます。時には現場に出向いてリサーチし、学校中に協

力をお願いして材料を集めるなどして準備を進めました。「とがび」では、それぞれの企画をプロジェクトと呼ぶように促されていたのですが、これは、今まさに動いている、現在進行形なのだ、という中平氏のこだわりだったのかもしれません。つまり「**モノ**」**ではなく**「**コト**」**なのだというメッセージ**です。小学校の図画工作では、主に個人の制作を中心としたカリキュラムが多く、中学校に上がっても成果物をつくることが美術だと思っている人も少なくないでしょう。もちろん間違いではありませんが、もう少し広意義に捉えなくてはせっかくの美術という教科の中で、中学生の潜在的な能力を引き出すことはできません。そういった観点で、このプロジェクトは学校という場で、複合的に美術やその周辺をお互いに手探りし、学び合う場だったのかもしれません。

「**させたい**」と「**やりたい**」

近年、学校にアーティストが入る、いわゆる出前授業やアウトリーチはたくさん見られるようになりました。その多くは小・中学校を中心とした義務教育の現場においての活動ですが、どんなアーティストやプログラムを行うのかを決めるのは、ほとんどの場合、教員やコーディネーターなどの仲介者です。つまり大人が決めるということです。その意味では、児童や生徒に「**させたい**」という大人の気持ちが先に反映されるわけです。学校なのだから当然だと言ってしまえばそれまでなのだが、ここに「**やりたい**」という、子どもたちの意志で主体的なプロジェクトを立上げることができたのが、とがびアートプロジェクトの真髄なのではなかったでしょうか。およそれには時間が必要で、中学校3年間、それ以上のスパンでプロジェクトを継続し、その魅力が中学生たちの目に映り続けたことが「させたい」から「やりたい」へ、より主体的・能動的な動きを生み出す原動力になったに違いありません。

これはアート？　アートじゃない？

これはアートなのか？　それとも違うものなのか……？　それで良いのか？　良くないのか……？この感覚は、参加するアーティストと中学生の双方に芽生え、回を重ねるごとに「とがびアートプロジェクト」に変化をもたらす要因となっていたのではないかと想像します。美術大学や芸術大学で専門的な美術の文脈を勉強し、前後の流れを意識しながら「線」として作品やプロジェクトを考える者と、美術の文脈などは全く意識せずに、ひとつの「点」として自由にプロジェクトを捉え、思考・表現する中学生との間に次第に乖離が生まれ、既存のアート、もしくはアート的なスタイルは、中学生の肌感覚としてリアリティに欠けるようになってきたのではないか……。これは、体験や経験を重ねた上での正直な感覚であり、アーティストからの、言い換えれば、お勉強からの独立であったのかもしれません。独立したからには、良くも悪くも圧倒的なオリジナリティーと、ジェネレーションの主張が前面に出ないと面白くない。ここを地で行ったところが「とがびアートプロジェクト」の進化であり、他のスクールプロジェクトとは一線を画すところなのではないかと今でも思うのです。

中平千尋氏と最後に交わした言葉をはっきりと覚えています。「**いっしょに何かやらかしましょうよ！**」　やっぱり彼自身も、アーティストだったに違いありません。

花降る部屋（**2009**）
櫻ヶ岡中学校の校舎の建て直しのタイミングで行われたプロジェクト。櫻の花びらが舞い散るような作品を作りたいという発想から、仕組みや見せ方をアドバイスしながら進めました。何度も実験を繰り返しながら、サーキュレーターで紙吹雪を降らせる仕掛を構築しました。

「とがびの部屋」と「ど貴族ラジオ」

コミュニティアーティスト
山本耕一郎

第1回戦略会議でみんなを引っ張るよごちゃん　2010年7月17日

僕が「とがび」に関わらせていただいたのは、2010年と2011年の「メガとがび」。もう8年も前のことです。忘れてしまっていることも多く、当時の写真や記録を見返しながら「とがび」について書いてみようと思います。

まず、中平千尋先生との出会いは2010年。確かネット等で「とがび」のことを拝見し共感。僕にも何かお手伝いできることはあるかもしれないと思い、自分の活動をまとめたポートフォリオのようなものを勝手に送らせていただいたことが始まりだったと思います。その後、中平先生からメールだったか電話だったかは忘れましたが、「メガとがび2010」で中学生たちと何かやってみないか、という連絡をいただき、2010年7月16日、長野へ行くことになりました。

その夜、千尋先生と紀子先生に迎えられ食事でもということになり、中華料理屋さんで美味しい料理とビールを楽しみながら、いろいろと大人の話をしたのを覚えています。「とがび」を始めた想いや「とがび」でのできごと、中学生の素晴らしさなど、謙虚な姿勢で熱く語る2人は僕にとって理想の先生として輝かしく映りました。

その中で、昨日のことのように記憶しているのは、**学校内での理解を得ることがとても難しい**とおっしゃっていたことです。僕たちアート畑にいる人間には、「とがび」の意義を容

徹子のかつらをチェックする2人
2010年9月23日

完成した映像を見てみんな笑顔に
2010年10月2日

易に感じられるし、共感することもできるのですが、子ども時代から今までの生活の中で、美術にあまりふれて来なかったような他の先生たちにとって、これを理解することは非常に難しい。ここでものすごいことが起きているということが実感できていない大人たちがいて、それに囲まれながら戦っている2人の中平先生の苦労は計り知れないだろうと心の中で思うと同時に、**美術教育への理解が足りない日本に腹立たしさを感じた夜でした。**

そして次の日の7月17日、とうとう中学生たちとの初対面。広い美術室のようなところに行くと、12～13名の中学生男女が集まっていて、少し緊張した面持ちで照れながら、はじめましてのご挨拶。紀子先生が、ジュースやおやつを用意しておいてくださって、みんなで「何ジュースにする？」などとしゃべりながらゆるく始まった第1回戦略会議。みんながスケッチブックなどに描いていた絵を見せてもらいながら、1人ひとり挨拶したように記憶しています。ほとんどがアニメのキャラクターのような絵でしたが、みんな僕よりも慣れた手つきで上手に描いていた絵に感心しました。

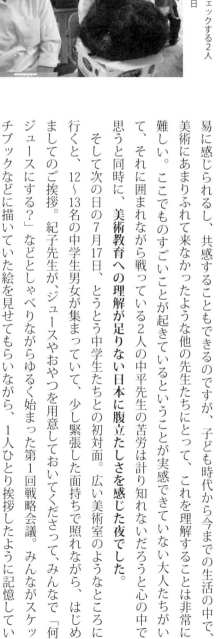

そして、今年の「メガとがび」で何がやりたいか、1人ひとりの意見を聞きました。その時からすでにコージ君とよごちゃん、そしてつぶらちゃんが中心になって、よくまとまった集団でした。そして、出てきた意見は、「**コスプレがしたい**」「**歌を歌いたい**」「**話がしたい**」の3つ。前夜の食事会で中平先生がおっしゃっていた「中学生と地域のひとたちとが関われる何かがしたい」という想いを加えて4つのキーワードがボクの頭の中でかき混ぜられ、瞬時に言った言葉が、「じゃぁ、テレビ番組つくろうよ」でした。

そのとき僕の頭の中には、あの長寿番組「**徹子の部屋**」が浮かんでいたのです。中学生が黒柳徹子さんのコスプレをして、テーマ曲の「ルールル　ルルル　ルールル」を歌い、地域のおもしろい大人たちにインタビューする。これで企画は決まり。その後の彼らの活躍ぶり

ローソン副店長とふれあう中学生
2010年10月2日

前日に看板を作るつぶらちゃんとコージ君　2010年10月9日

は、本編をご覧になった方なら分かっていただけるでしょう。ディレクター、カメラマン、音響、徹子の部屋もビックリする程の舞台美術やかつらを含む衣装など、すべてを中学2年生が行ないました。すばらしい行動力とコミュニケーション能力。素晴らしいとしか言いようがありません。

送られて来た映像と音源を僕が編集し、9月23日2度目の訪問時にそれをみんなで鑑賞しました。照れながらも嬉しそうにみんな笑顔になっていく。追加の画像や映像を受け取り、さらに編集を重ね、10月2日に3度目の訪問。出演してくださったローソンの副店長さんの仕事中の様子を撮影するために、僕の車に数人乗せて校外へ出かけたときには、放課後のことでしたが車で外出する際の事故の心配もあり、校内で問題になりそうな空気を感じた紀子先生が、慌てて僕を校長室に挨拶に連れて行くという珍事もありました。今考えればそれは僕の軽はずみな行動だったと反省していますが、校内の空気と先生が戦っているナマの現状を実感させられた瞬間でした。

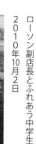

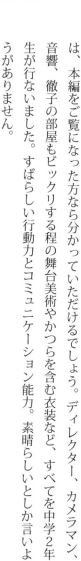

「メガとがび２０１１」の第1回戦略会議は9月7日。東日本大震災後で日本中が落ち着かない中、変わらず元気な中学生たちとの1年ぶりの再会は、ほおが緩む時間でした。当時僕が住んでいた茨城県も多くの住民が被災し、市役所からり災証明書が発行されました。それを持っていれば高速自動車道でどこまで行っても千円という特例措置が取られ、それを利用して長野まで車を走らせたのを記憶しています。

この年は、戦略会議を開くまでもなく、中学生の方から「**今度はラジオがやりたい！**」と言ってきてくれたので、テレビの次はラジオか、と納得しました。どんなラジオかと聞くと、「**貴族みたいなコスプレがしたい**」とのこと。ラジオなのにコスプレ？　と疑問に思いましたが、

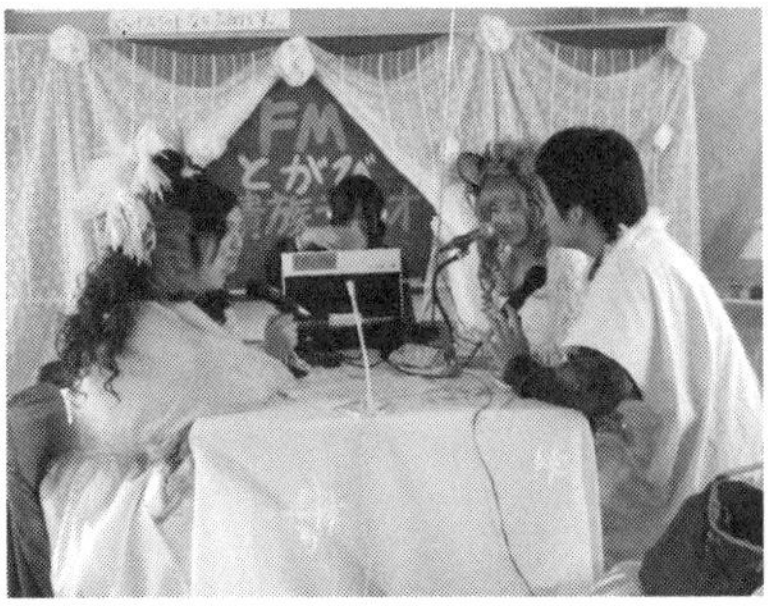

ど貴族ラジオ
あの有名シャンソン歌手をゲストに
２０１１年10月９日

よく聞いてみると公開ラジオなのだと。「メガとがび」を見に来たお客さんをゲストに話を聞いたり、出展している中学生が作品のＰＲをしたり、コージ君を中心にラジオパーソナリティを務め、校内中に流すとのこと。おもしろいことを考えるものだなーと感心しました。

でも、「貴族ラジオ」ではおもしろくない。中学生なのでそこまで貴族になりきれないだろうと思い、**「貴族」を遥かに超える「ど貴族」**にしようと提案しました。あくまでも「貴族」ではなく、中学生扮する「ど貴族」。何が起きようが、何をしゃべろうが、正体不明の「ど貴族」なのだから自由に伸び伸びできます。そんなことを考えたのを覚えています。

そこまで決めて、あとはすべて中学生が実施しました。公開ラジオの会場は「ど貴族」風にデコレーションされ、衣装もヘアーも化粧もバッチリ。前日の10月８日には、公開ラジオのシュミレーションを行ない、当日の本番前にはラジオを校内各所に設置して、歩いているお客様にも聞こえるように音量調整。そして本番が始まるのですが、彼らの素晴らしさを一番感じたのは、少し前に行なわれた授業参観時に「保護者のお悩み」を書いてもらっていたこと。それを本番中に「保護者のお悩みコーナー」と称して読み上げ、中学生なりの解決策を話し合うという名物コーナーを作り上げてしまったこと。おもしれー！こんなこと、僕も中学生の時やりたかったな。「とがび」とは、そんなところなのだと思います。

昨今、テレビをつければダメな大人ばかり。国を代表するような人間が、子どもには到底納得できないようなことを平気でやっている。美術教育が足りなかったのかな？

「今度は大人の番だ。子どもに何を見せますか？」

千尋先生のこの言葉を引き継ぎ、恥ずかしくない大人でありたいと思います。

中学校にアートとコミュニケーションの場をつくる試みはどうして生まれたのですか？

美術家 住中浩史

とがびの第4期「脱アーティスト期」にアートセンターとして機能した「廊下アートセンター」は2010年7回目のとがびで誕生しました。**中学校の階段下にカフェ機能をもつ表現のための空間**で、**マスターとして外部の人が居るというコミュニケーションのための場**でもあります。とがびが終わるまでにアーティストや卒業生、中学生など多数の人がマスターとしてカウンターの中に立ち生徒と対話しました。この廊下アートセンターがどうして生まれたか、そしてどのようなことが起きたのかについて説明します。

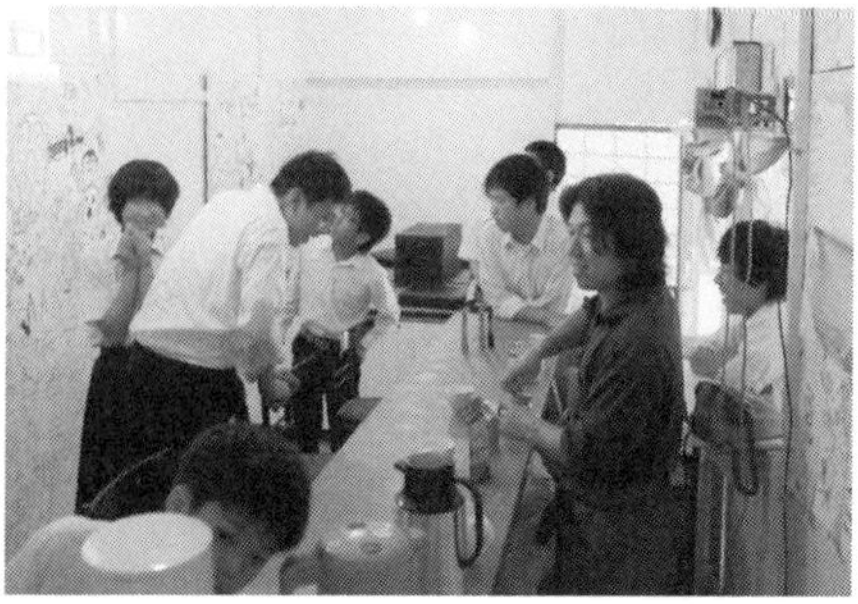

廊下アートセンター（2010-2013）

廊下アートセンターができるまで

廊下アートセンターは、次の3つのコンセプトのもと生まれました。

・**生徒たちが主役になれる場を作る。**
・**過程を大切にしたプロジェクトをとがびで行う。**
・**とがびの後も続いていく中で価値が生まれる場を作る。**

当時、私が地域や学校など美術館以外の場所でのアート活動をしてきた中で、強い違和感を感じていたのが「**アーティストが主役になり過ぎていること**」。街づくりと関連するアートイベントなどでは、キッカケはアーティストでも最終的には地域の人が主役になるべきだ

階段下につくられた廊下アートセンターの外観と内観

と考えていました。同じ頃とがびにも3年間関わっており、とがびで、生徒がより主役の側に立つ企画ができないかと構想したのです。とがびのキッズ学芸員によるアーティストや地域の大人とのコミュニケーションの価値を強く実感していたので、その要素をメインにしつつ、とがびの後も続いていく企画を行えないかと考えました。ただし、部外者である私が学校に長期的に関わり続けることは現実的に難しい。そこで「場」が学校に残り、長期的に出来事を生み出していっていけはよいと考えつき、コミュニケーションを生み出す空間を制作することにしました。さらに、新しい出来事を生み出すシステムとして、アートセンターに学校の外の人が「マスター」が居ることも決めました。

立ち上げに関しては、中平先生に学校側との調整をお願いし、とがびに向けた準備センターという立ち位置で立ち上げたのです。それまでのとがびで1ヶ月前から廊下の壁に絵を描きつづけるアーティストがいたり、私も生徒との映画撮影のために何度も通ったりと、長期で制作するアーティストが多数いたので、**先生たちは学校にアーティストがいる状態に慣れていました**。もちろん学校を上げての歓迎という訳ではなかったのですが、「とがびのアーティストです」と言うだけで話が通じる状況であったことが驚きでした。この状況は千尋先生に始まり、紀子先生へと続いた中平夫妻の丁寧な関係づくり、学校との調整（アーティストの知らないところでの戦いも沢山あったでしょう）のたまものだったと思います。廊下アートセンターを設置したのは２０１０年、とがびがはじまってから7年目で、そこまでの実績なくては、公立の中学校の中に「廊下アートセンター」という異質な存在を生むことはできなかったと思います。加えて言うと私の参加も4年目で、とがびの状況を理解できていたというのも大きかったです。

アートセンターの制作は夏休みの期間を利用し美術部の男子生徒と一緒に制作。空間の制

連日様々な生徒がやってきては、それぞれの在り方で振る舞っていました。

アーティストというより、美術が上手いマスターといった感じでした。

作には壊れた長机や地域の人からもらった廃材を利用しました。コミュニケーションの場としての機能を重視したので、メインとなるのはカウンター。それを壊れた長机の天板でつくり、地域でもらってきた畳でゆっくりできる小上がりも備えたのです。

廊下アートセンターのオープニングマスターとして、夏休み明けからとがびまでの1ヶ月半ほど住中が滞在し、アートセンターを始動させました。毎日朝から通い、昼休憩と放課後をメインとして廊下アートセンターをオープン。対話のためのカフェ機能としてハーブティやお茶を生徒に出し生徒と対話を続けました。

アートセンターは**表現の場**でもあるので、自由に落書きをできる巨大キャンバスや、生徒にデジタル一眼レフを貸し出し、校内を自由に撮影してきたものを住中のセレクトで貼り出したり、小さな倉庫を個展用にギャラリーにしたりといった様な活動も行いました。

最初はサッカー部など、いわゆるスクールカースト上位にあたる生徒たちが訪れたのですがすぐ興味を無くしてゆき、次第にアートセンターは学校に居場所の少ない様々な生徒によって大切な場になっていきました。美術部ではないけど絵を描きに来る生徒たちや、自作の小説を持って見せにくる女子生徒、運動部の補欠の男子生徒が部活から逃げて通ってきたり、受験や家庭が嫌な3年生のギャル軍団が梅昆布茶をすすりながらまったりしに来たり、部活後に必ずやってきてはストレス発散のためかマスターの悪口言いにくる演劇部の女子たちなど、様々な生徒が、様々な目的で廊下アートセンターを訪れました。

表現の場としてアートセンターを満喫する生徒は多数いましたが、それ以上に多かったのは、親でも先生でもない大人、それもまったく違う価値観をもつ大人との対話を望む生徒たちでした。昼間の授業中にも、保健室登校の生徒がやってきて対話しながら勉強をする場になったりもしました。滞在半ばで、**学校の中に目的の曖昧なグレーな空間と違う大人が中学**

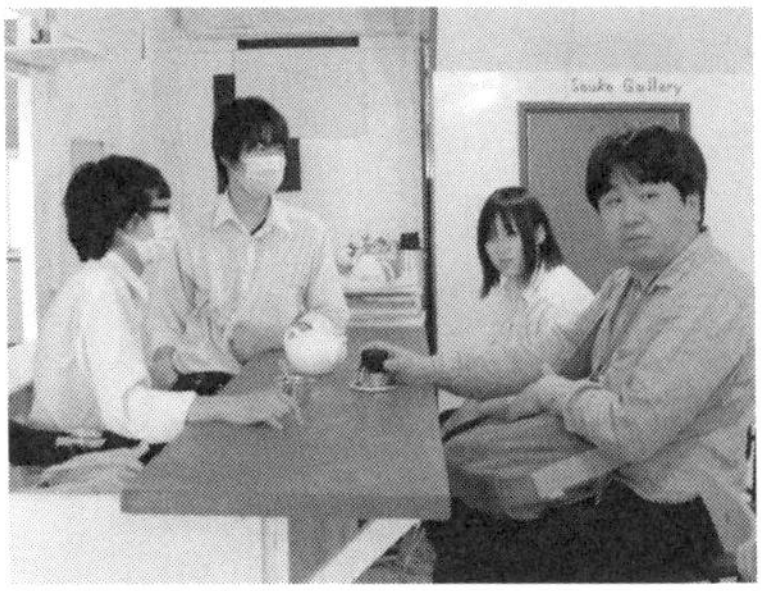

とがびに訪れた作家はまず廊下アートセンターで打ち合わせをしました。

小林亮治による「にんげん研究所」（2012）

校に存在することが求められていることとその価値を実感し、マスターとしての振る舞いを強く意識したのです。そのように、とがびのイベント当日も特別なことはせずに、アートセンターを通常通り運営し、惜しまれながらも滞在を終えました。

様々なマスターたち

とがび２０１０で私のマスターとしての滞在は終了し、その後の廊下アートセンターは中平紀子先生が管理することになりました。それからのアートセンターは外からマスターが滞在する時以外は、美術部の部室的な場になり、とがびの前は準備センターとなっていきます。

具体的な活動としては、美術部の作品展示が行われたり、特別支援学級の生徒たちが参観日にカフェを開き親をもてなしたりなどの活動を実施されました。また、次のとがびに参加するアーティストが来校すると、今度は中学生がカウンターの中に入り、対話する場にも。

そんな中、劇作家の岸井大輔が中学校を訪れて廊下アートセンターを気に入り、「とがび２０１１」開催までの1ヶ月間、東京から様々な人がマスターになる企画を立ち上げ、絵画を描いている美大生や、映像作品をつくっている作家、アートマネジメントを学んでいる学生など、様々な人が訪れてはマスターとして中学生と対話を重ねました。

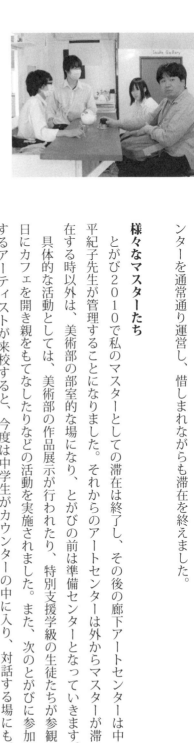

２０１２年はとがび卒業生で美大に通っていた**小林亮治**による「**にんげん研究所**」を開催。言葉を多く取り扱い、生徒による「中学生の主張」を壁に張り出したりしました。２０１２年は中学生の時に話題作「**ヲタクの部屋**」を制作した**山口将**が、生徒とつくるとがびの作品に向けた対話を積み重ねるためにマスターに。この様に様々なマスターが廊下アートセンターに生まれました。

この様々なマスターが中学校に入ったことで起きた出来事や、そこで生まれた学びから、

とがびの作品のためにマスターになった卒業生の山口将（2013）

廊下小劇場（2011-2013）

中学校にはもう少しグレーで曖昧な空間と存在が必要と感じました。現在、中学校にスクールカウンセラーの配置は進んでいます。しかし、不登校、いじめほど明確な事例だけが中学校にあるわけではありません。カウンセラーにかかるまでではないけど、もやもやした気持ちと生徒自らが向き合うためには、マスターという気軽な存在でありつつ、先生や親と違う視点の人と対話する必要があるのでないでしょうか。

その他のグレーなアート空間

廊下アートセンター制作の次の年のとがび２０１１では「**廊下小劇場**」、とがび２０１３では「**中庭21世紀美術館**」を制作しました。

「廊下小劇場」は、学校内に生まれた黒塗りの小劇場。客席が20もない小さなステージ空間です。小劇場のコンセプトは「**失敗していいサイズの身体的表現を発表の場**」。多くの中学校において、文化系の部活の成果発表は文化祭や、学習発表会などに限られています。そこでは体育館のステージで全校生徒が眺めるというものです。この様な場では「ちゃんとしたステージ発表」が求められるので、生徒たちは堅実なものを選択をしがちです。しかし、友達が10人もくれば成り立つ空間であれば、表現に対して挑戦的な取り組みが行えると考えました。とがびの戸倉上山田中学校は演劇部、合唱部など文化系部活の活動が活発な上、とがびはキーボード三重奏をする男子生徒たちや、シャンソンを歌う生徒、ダンスやコントをやりたがる生徒までも存在していたのも制作に向かった理由でした。

とかび２０１１の当日はいくつものステージ演目が組まれ、その後は、日常的にも生徒の希望によって使える劇場となりました。２０１１以降のとがびでは卒業生や地域の大人のライブなど様々な演目も生まれたのです。

とがびでのライブ風景

中庭21世紀美術館（2013）
こけら落とし展示は、寺島美咲「あなた録」

そして、最後に制作したのは白い壁をもつ美術館「中庭21世紀美術館」。

私は岡山の小学校で空き教室を美術館にするプロジェクトを行ったことがあり、自由な表現空間があることから生まれるものがあることを実感していました。そこで、とがび以外にも日常的に表現を行える白い空間を制作することにしたのです。中庭の使用していなかった陶芸小屋をギャラリー空間にリメイク。3畳と6畳ほどの2部屋をもつ小さな美術館になりました。こけら落としの展示は卒業生で高校生の寺島美咲さん（住中マスターの廊下アートセンターの常連だった）のインスタレーション作品でした。

最終的に戸倉上山田中学校にはカフェ空間、小劇場、美術館を持つ中学校となりました。

一般的に、中学校には運動系部活のための設備、グラウンドにある道具から各種の道場、部室など潤沢ですが、対して文化系の部活の表現のための設備というのは少ない。もっと文化の表現に関わる活動のための空間があるべきではないでしょうか。また、運動・文化を超えて、他者とのコミニュケーションの為の空間も必要ではないでしょうか。

そしてそれ以上に必要性を感じているのが、**もやもやを抱える中学生に対し、グレーで曖昧な空間と大人の存在**です。現在、ただでさえ忙しい先生に様々な心の問題や新たな取り組みを押し付けるのではなく、アーティストみたいなちょっと変った人や、地域の様々な年齢の方を学校現場に関わってもらうべきだと考えます。そしてそういった人と生徒が出会う場があることにより、多様な取り組みが生まれ、生徒にとってよりよい状況が生まれるであろうことを、廊下アートセンターからの活動を通じて確信しています。

アートが中学校のような公共の場でできることを教えてください

女子美術大学教授、アート・プロデューサー、キュレーター　日沼禎子

アート、公共、場、そして社会

「アート」と「中学校」との関係性を考えていく前に、「アート」とは何か？　という問いを、社会そのものに投げかけられるべき普遍的な問いとして位置づけたいと思います。そして、この問いの中にあるもうひとつのキーワード「公共の場」とは、何を、どこを指すのでしょうか。そし、その問いへの答えに近づくために、私たちは「公共」とは何かを考え、それを包括する「社会」という存在に対して目を向けていく必要があります。人間が存在し続ける限り、無数の関係性（人間のみならず環境も含む）があり、社会とは常に有機的、流動的で、形や質、仕組みを変え続けます。ゆえに、人々がもとめる「公共」のあり方、その存在を受け止める「場」の役割も同様であるのは自明です。

「アート」は人類の長い歴史の中にあって、森羅万象への深い観察、洞察から、自然と人間の理や隔たりを認識し、自然への畏怖、あるいは理想とする共生の姿を表してきました。また、ある時代には、神の世界へと近づく道を照らすものとして、また時代の権力者とは誰かを示すものとして、知恵と技術を手に入れた人間の勝利を宣言するものとして、そして、繰り返される愚かな行為さえも明らかにすることによって、心を震わせるような感動、明日へと向かう希望、自省を込めた未来への警鐘、悲しみや苦しみからの解放や癒しをもたらしてきました。時代とともに変わりゆく「社会」が、その節目をむかえるごとに、こうして生み出された物や出来

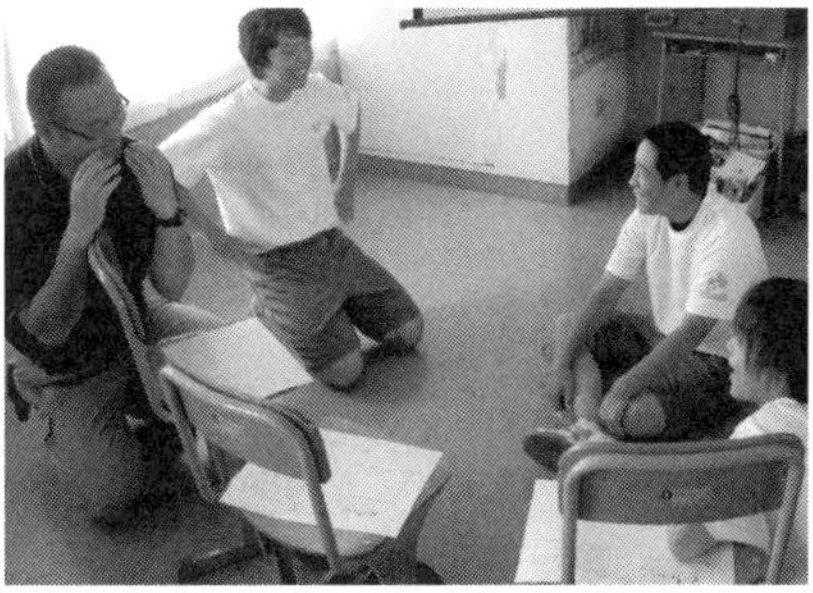

中学生の生徒たちと正面から向かい合い続けた中平千尋だから、発せられた言葉であったでしょう。

事を「アート」あるいは「作品」として留め、次世代へ継承することを主たる「公共」のあり方として掲げ、保存・保管・公開、教育的活動に活用するために設けられたものが、**博物館・美術館という「場」の役割**です。公共に求められる役割の変化と同様に、「アート」も変化し、その置かれるべき「場」は美術館という限定的な枠組みから逸脱していくようになります。人々は「作品」という物質から、**「出来事」という現象**、あるいは**「関係」というコミュニケーションのあり方**へと関心を向け、それらが置かれるべきオルタナティヴな「場」へ向かいながら、トライ＆エラーを繰り返す中で、その時代を担うアートの新たな価値を明らかにしようとする動きへと移行していきます。近年ますます盛んに行われている地域でのアート・プロジェクトや芸術祭の目的や、求められる成果目標からも見て取れるように、芸術性の高い優れた作品表現が生み出される以上に、公共への貢献に期待が寄せられています。こうした動きは、**アートの力を借りながら、あるべき「公共の場」とは何かを再考し、再構築しようとする、時代の転換期であること**を指し示していると思えるのです。

あなたは中学生に出会ったことがありますか？

中平先生から発せられた数々の言葉の中で、もっとも強く心に残っている言葉のひとつです。私はその場で答えを出すことはできませんでした。なぜなら、その言葉の中の「中学生」が「人間」と変換されて迫ってきたからです。「あなたは人間に出会ったことがありますか？」つまり、社会から「中学生」という同一のラベルをつけられた生徒たちと「一人の人間として、向き合ったことがありますか？」という問いかけです。自信をもって、Ｙｅｓと答えることのできる大人はどれくらいいるでしょうか。

社会を形成してきた大人たちが理想とする教育のあり方を実践する場である「**中学校**」とい

とがびは生徒が主役になりつつ、地域の人におもてなしする空間でした。

う**「公共の場」**（あるいは制度、小さな社会）では、属する社会に参画し貢献できる人材育成を目的とし、こどもたちは、自らが立っている場のありようと、取り巻く世界の広さとの双方を確認し、生きていくための知恵や技術、他者との関係性の作り方を学びます。カリキュラムに沿った時間割の中で、数値化された評価という物差しの中で誰もが同じように会得し、平等を重んじ、ある一定の時間で卒業することが望まれる「中学校」という社会。そこにはたくさんのフレームや壁、つまりモラルやルールがあらかじめ用意されていて、その中で生徒たちは、違和感とともに、もがきながら生活をします。小さな頃は、何もない原っぱで駆け回り、自由に絵を描き、歌い、踊ることで、あんなにも大人たちは褒めてきくれたのに、なぜ、今、そうしてはいけないの？　無論、それらは社会の中で生きていくために作られてきたルールであり、属する社会が定めたモラルに従った振る舞いを身につけることは大切なことでしょう。そして、続く、高校、大学受験までの（誰もが目指すべき道と信じている）道のりには、さらに合理化されたシステムが構築されており、美術、音楽、書道などの文化、つまり美と心と手仕事に触れる大切な時間は、受験科目に不必要なものとして減少しているという現状があります。**人間を人間たらしめる心や感情という数値化できない存在に対して、ひとりひとりが向き合っていくための経験の場こそ、本来、教育の中でもっとも大事にされなければならないはず**なのに。しかし、私たち「大人」とよばれる大多数の人間たちは、あまりにもこのことに無関心でいるのです。

中平先生は、美術教師として現場の最前線に立ちながら、誰もが等しく受け止め経験が許される世界の入り口であるべき教育の場を自らが閉ざしてしまうことの矛盾に、強い憤りを感じて来られたのです。

中学校を美術館にしよう！

アサヒ・アート・フェスティバルに初参加した中平千尋。とがびの生徒と共にステージでとがびをプレゼンしました。

ここで、中平先生がある決意を表明した、AAFに宛てて送ったメールを引用します。

「現在中学校の美術の時間は、3年間で115時間しかありません。これを1日24時間に換算すると、5日に満たない短い時間です。これでどれだけ豊かな美術教育ができるというのでしょう。

私自身は、115時間でもできる十分豊かな美術教育の授業をしていくつもりですが、文部科学省の臨教審では、将来は中学校ごと音楽か美術を選択して履修させるとか、全く廃止し、国語数学英語に割り振るというような議論が行われています。20年後には美術がなくなっているかもしれません。もし、そうなった場合、世の中に子ども達に美術や表現の楽しさを伝えていく手段は、地域のアート・フェスティバルしかないかもしれません。私が「とがびプロジェクト」などを実践し始めた理由は、まさにそういった危機感からです。

1年間365日の中で、1日くらいはアートの話題を家庭に持ち込みたい。夕飯の話題をアートの話題にしてみたい。「今日みた作品すごかったよ」「変な作品見て、意味わかんない」など何でもいいのです。「とがびアート・プロジェクト」で、そういう話題を提供したいと考えていたのです。

アート・プロジェクトを開催される方々にお願いしたいと思います。できるだけ子ども達や保護者を巻き込んでください。できれば学校の先生方も巻き込んでください。そして作家の方々は、小さいギャラリーでマニアばかりを相手にしているのではなく、将来の鑑賞者になる子ども達にインパクトを与えてください。テレビゲームに負けない作品を発表してください。私は、「とがび」という世界のどこにもない美術館を子ども達と作ります。」（2006.3.4ブログ）

まさしく「アート」と「公共の場」に対する考察をご自身の課題とし、表現し続けることを生き方の中心に置きながら生徒たちと向き合ってきた中平先生の思いが溢れ、決壊した時の言葉でした。「アート」が「公共の場」にできることは、人間性の肯定と回復、社会の可能性の拡張なのだと。

《とがびアート・プロジェクト》とは、「中学校」を実験の場として、「**アート**」と「**教**

とがび2013はアーティストがいなくて生徒と卒業生でとがびを開催しました。

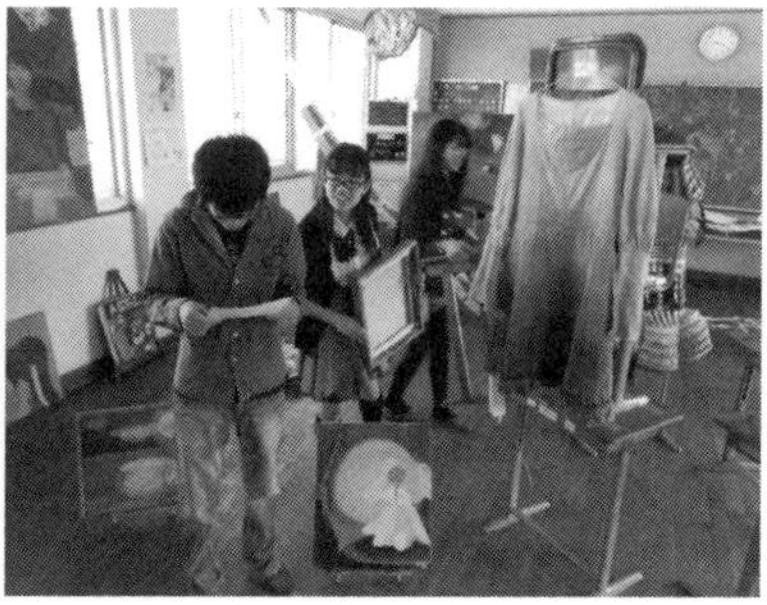

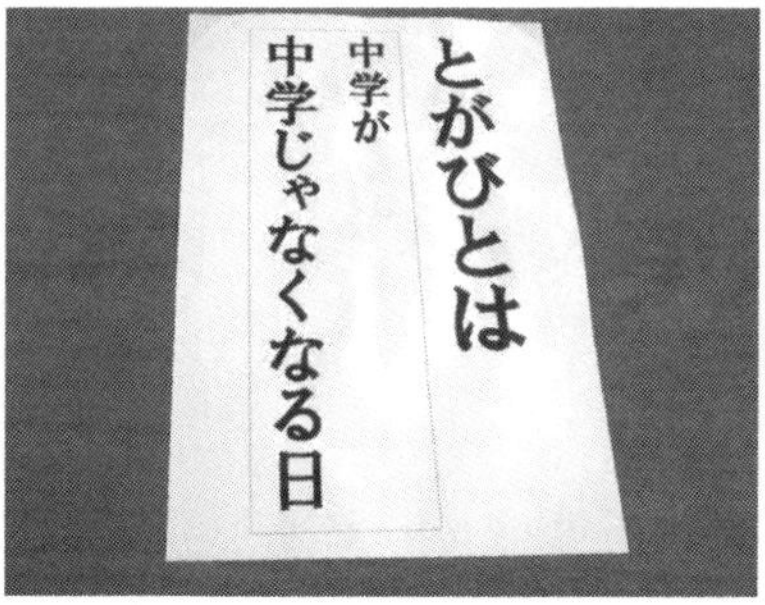

育」とが繋がり合おうとする過程の中で生まれるズレ、そこで感じる違和感を生徒たちひとりひとりの発案によって表現し、そのことをきっかけとした新しい価値観や関係性を発明する。つまり「公共」の可能性を、中学生たち自身で拡張させようとする試みだったのです。生徒たちひとりひとりが、学校の本来の主体者、担い手であることを自覚させ、すべての表現行為を肯定すること。そして、破壊と構築の繰り返しを怖れずに、その感情と感性を信じる勇気を与えたかったのだと思います。

しかし、その真実は、教育制度が長い時間をかけて構築した牙城を切り崩し、美術館という美の殿堂の価値を疑い、さらにいえば、美を扱う者としてのアーティストの存在にすら疑念を叩きつける、**反逆者・中平千尋の闘い**であったのだと、私は理解しています。

ルールとは、モラルとは、そして人間とは何かを考え行動し、実験できる場

教職を辞して大学院に籍を移し、研究者としての新たなスタートをきった頃、私が勤務する大学の授業にゲスト講師としお招きしたことがありました。その日、金髪に髪を染めて、まるでパンクバンドのベーシストのような姿で現れた中平先生。これからの覚悟の表明か、自らの解放だったのかはわかりません。教育の場とは、社会とは、ルールとは、モラルとは、そして人間とは何かを、学ぼうとする者自らが考え行動し、実験できる場なのだ。そして、人間には、幾つになっても自分を変えるチャンスがあるのだという強いメッセージだったのではないかと、今思い返しています。

教員、生徒の隔てなく、学びの過程にある数々の課題に対する10年間もの社会実験。紀子さんという最高、最強のパートナーとともに続けてきた活動は、歴代の卒業生たちに引き継がれ、同心円を描きながら広がり、今も途絶えることはないのです。

とがびとは

究極の寛容

卒業生

ずばり、とがびの魅力とは何ですか？

武蔵野美術大学教授
杉浦幸子

とがび展＠まえばし未来アトリエ関連シンポジウム「中平千尋のとがび…それ以降…美術教育は何ができるか」

「とがび」の魅力、それは「とがび」から生まれた遺伝子たち

一昨年の秋、参加させていただいた前橋でのシンポジウム。中平千尋先生と「とがび」について、心の中で考えていたことを言葉にした、初めての機会でした。そして、改めていただいた「とがび」の魅力とは何か、という問いに答えるために、中平先生と「とがび」と出会った２０１２年秋まで遡り、２０１８年まで戻る、時間の旅に出たいと思います。

始まり。それは、一瞬の出会い

中平先生に初めて、そして最後にお会いしたのは、２０１２年秋。最後から一つ前の「とがび」でした。ちょうど京都造形芸術大学から武蔵野美術大学に移った時で、鑑賞教育がご縁で親しくなった三澤一実先生に「長野の中学校でくじら飛ばすから、一緒に行ってみない？」と誘っていただき、都倉上山田中に伺いました（写真1）。

２００４年から２０１３年まで、10年間続いてきた「とがび」の最後期を、先入観なく体験でき、とても幸運でした。小中学校では、授業の成果を発表する展覧会が行われますが、「とがび」はそうした展覧会とは、雰囲気が違っていました。作品はもちろん展示されているのですが、成果発表という感じではなく、生徒たちが表現したいものを自由に校内の空間を使って表現している、そして、実際そこかしこにたくさんの中学生がいて、訪れる人を迎

「とがび」で飛んだ、旅するムサビのクジラ（写真1）

え、自分たちも楽しんでいる。美術館を学び、生きる場として主体的に活用するきっかけを作るデザインをしてきた私の眼に、「とがび」は、とても現代的で野心的なプロジェクトに見えました。

中平先生には到着時にご挨拶したものの、やはりお忙しそうで、このまま今日はお話できないかなと思ったのですが、帰る間際、下駄箱の前ですれ違いました。「今後、とがびはどうされるのですか？」とお聞きしたところ、中平先生は「少し立ち止まって、考えようと思ってるんです」と答えてくださいました。中学校という、縛りの強そうな組織の中で、無から「とがび」を生み出し、育ててきた人だから、きっと強い人だろう、と想像していましたが、その時の中平先生は、想像とは違い、強いというよりも**繊細な人**、という印象を私に残しました。

翌年、最後の「とがび」が行われ、その後、中平先生が学校現場を一旦離れ、大学院に進学されたと聞き、「とがび」で聞いた言葉が思い出されました。中平先生と自分は同じ年で、ちょうど50歳になる頃だったので、自分と重ね合わせ、残りの人生を生きるために、一旦止まり、深く思考されているのだろう、と思いました。

中平先生が急逝されたことを知ったのは、そんな中でした。

今回、この原稿を書くためにメールを見返し、「とがび」に行った翌日、三澤先生に送ったメールを見つけました。「来年以降、とがびが続かないかも、というのは残念ですが、中平先生には、また今後、落ち着いた時に、色々お話し伺えればと思いました」と書いていました。

自分と同じ年の中平先生が、未来に向け模索しながら生きていた最中にお亡くなりになったことのショック。もっとお話を聞きたいと思っていたのに、聞けないままになってしまっ

アートサイエンティストのような小林稜治さん（写真２）

「AAF Café vol.15」でのNプロジェクトの皆さん（写真３）

たことへの後悔。この気持ちが、自分と「とがび」を改めて結びつけ、「とがび」の遺伝子たちにつなぐ核となったのだと思います。

「とがび」から生まれた遺伝子たち

２０１２年に「とがび」に伺った時、もう一つ印象的だったこと。それは、卒業後も「とがび」に関わる若者たちの姿でした。その一人が、Nプロジェクトの中心メンバーとして活動している小林稜治さんでした。階段下で出会った、中学生というには年のいった白衣姿の男性。それが小林さんでした（写真２）。「とがび」卒業生で、京都造形芸術大学アートプロデュース学科で学んでいる大学生とのこと。かつて非常勤をしていた学科だったので親しみを感じた一方、「京都からなぜ、わざわざ?」と、軽い疑問を感じた出会いでした。

その２年後、私が教鞭をとる武蔵野美術大学芸術文化学科に、大久保みささんという学生が入学してきました。１年次から、社会とアートをつなぐ授業プロジェクトに一緒に関わり、その後、私のゼミに所属しました。試行錯誤しながらも、何事にも明るくきびきびと、精一杯取り組む姿が、最初から印象的な学生でした。

彼女も実は「とがび」の卒業生だった、と知ったのは、彼女が２年生の頃でした。中平先生がお亡くなりになったことを知った後だったように思います。大久保さんも２０１２年の「とがび」に参加していたそうなのですが、その時出会わず、ムサビで出会ったのも、不思議な縁だと思いました。彼女と中平先生のことを話し、私の中にまた中平先生と「とがび」が再びぐっと浮かびあがってきました。

「とがび」の精神を紡ぎ、つなぐ

「ミュゼオロジーと教育」での小林稜治さんと大久保みささん（写真４・５）

２０１６年2月11日、大久保さんから一通のメールを受け取りました。「杉浦先生、こんにちは、2年の大久保みさです。以前お話ししたとがびのイベントの詳細をご連絡します！卒業生やとがびに関わってきた人が話しをしながら中平千尋先生の行ってきたことを振り返り、考えていきます。私も卒業生として運営に関わらせていただいています。よろしければぜひお越しください！」このイベントが、アサヒアートフェスティバルの「AAF Café vol.15」でした。タイトルは「中平千尋さんの遺したものを未来へ！」。そこには、すっかり様子が変わった小林さんがいました（写真３）。中平紀子先生、茂木一司先生、住中浩史さん、小林さん、大久保さん含む「とがび」卒業生たちといった、「とがび」に深く関わった方々から、「とがび」を過去の経験として「保存」するのではなく、未来のために「活用」していきたい、という強い気持ちを感じ、私も何かできないか、何かしたい、と思いました。いろいろ考え、「ミュゼオロジーと教育（博物館教育論）」という担当授業を活用しようと思いました。美術館で行う教育活動ではなく、中学校を美術館にする発想と行為自体が、新しい形の美術館教育の一展開である、という視点から、「とがび」の実体験者である小林さんと大久保さんに「とがび」について語ってもらおう、と考えました。新学期に入ってすぐ、大久保さんに相談し、小林さんに連絡を取り、6月に授業を実施。２人は、授業前にアンケートを行い、学生の関心を汲み取った上で、授業に臨み、中平先生が生み出し、自分たちが育てた「とがび」、そしてそこで行われた「教育」について、学生たちに熱く語りかけてくれました（写真４・写真５）。

冒頭で挙げた前橋のシンポジウムで、小林さんは、「卒業してから気づくことがあった」と語り、「**責任**」という言葉を使われました。すべての人が表現者であるという大前提のもとに生み出されたアート作品を軸に、中学生や教職員、卒業生、地域の人たち、外から来た

ムサビから社会に旅立った大久保みささん（写真6）

「とがび」で出会った中学生たち（写真7）

アーティストなどと共に、前期中等教育の場である中学校を、美術館という社会に開かれた学びの場へ変容させた「とがび」。既存のフレームや概念に囚われず「とがび」を生み出した、中平先生のデザイン思考とアクション、そしてそれを支える教育への情熱と他者への愛情。すぐには分からない、でも、時間を置いて、離れて見た時に、初めて見えてくることへの「**気づき**」と「**責任**」。この気持ちが彼ら「とがび」の遺伝子たちを突き動かしているのだと思いました。

「ポスト・とがび」 中平千尋さんの遺したものを未来へ！

大地に根を下ろした木から伸び出る枝葉を「**剪定する**」のではなく、枝葉を伸ばし、自立する木を支える「**大地を作る**」。それが私にとっての「教育」のイメージです。中平先生が人生を賭けてデザインし、実践した教育は、まさにこの大地を作ること、そのものであったと思うのです。「とがび」を大地とし、未来に枝葉を伸ばす木々を育んでいく。その挑戦を、私は「ポスト・とがび」と呼びたいと思います。Nプロジェクトを進めていく小林さん、この3月にムサビを卒業し、社会に一歩を踏み出す大久保さん（写真6）、「とがび」で出会った中学生たち（写真7）、更には、私が出会っていない「とがび」に関わった人たちが、芸文の学生のような、中平先生や「とがび」を知らない人たちに、中平先生の遺した遺伝子を手渡し、それぞれがそれぞれの場所で「ポスト・とがび」を作り出している。私にとっての「とがび」の魅力は、中平千尋先生と「とがび」から生まれ出た、この遺伝子たちです。そして、自分の中にもその遺伝子が根付いている。そのことに気づかせてくれた小林さんと大久保さんに、この場を借りて、お礼をお伝えしたいと思います。

卒業生が語るとがび

とがび
第5回〜第10回に参加
大久保　みさ

とがびは私にとって「原点」と言えます。今の私があるのは、13歳の時にとがびと出会い、経験できたからなのです。

中学の3年間に加えて、高校でも関わりたいと思い、とがびに参加している高校へ進学を決めました。大学を選んだ理由も、それだけではありませんがとがびに関わっていたことが理由の一つです。しかし、なぜここまでとがびが好きだったのか。頭に浮かぶのは「とにかく楽しいから」。何がそんなに楽しかったのかと考えてみると二つのポイントがありました。

一つ目は「自由が叶うこと」。これは自分のやりたいことを表現する環境が整っているということです。普段はできないおかしなことや、クラスの中では言いづらい「自分の大好き」を形にすることも、とがびの中でなら可能になる。しかも、普段勉強している学校で。中学2年生のとがびでは、アーティストの久恒あゆみさんとアリスのティーパーティーを教室内に出現させました。教室の中に木を吊るし、落ち葉を敷き、登場人物の服を作り、私達自身がパーティーの登場人物に扮するインスタレーション作品を作れたのです。

中学校の人間関係は、思い返せばすごくシビアで、人に合わせ揃えることが暗黙の了解になっていたように思います。また、美術以外の教科は答えが存在しており、自分なりの答えを出す機会は多くありません。そんな時期に、自分のやりたいことを自ら見つけ実現できるとがびは、自身を解放できる場所だったのです。

また、アーティストとのコラボレーションは、外部の人間と、一つの目標（作品制作）の元、コミュニケーションを取る貴重な機会になっていました。そして、それが出来たのは中平先生という、自分の表現を肯定し守ってくれる人がいる安心感が非常に大きかったと思います。

二つ目は「人に見てもらうこと」。私にとって、とがびで作品の制作をするモチベーションは、当日人に見てもらうことでした。自分の表現を人に見てもらうことは、多くの人にとってポジティブな気持ちをもたらすと思うのです。SNSの流行も、幼い頃に参観日が嬉しかったことも、小さな子供が自分の得意なことを両親に見せることも同じ感情がきっかけのように思います。少し窮屈な思いをしがちな中学時代に、自分の自由な表現を、人に見てもらうことができることがとがびの最大の魅力であったと思います。

そして、お客さんを意識することで生まれるモチベーションと、自分の持ち場を、人に見せることの出来る展示空間に仕上げなければならない、というプレッシャーはとがびとにおいて重要な要素の一つでした。お客さんという存在や、そこから生まれるコミュニケーションまでもが、生徒に「学び」を与えるための仕組みの一つであったことに驚き、中平先生は非常に素晴らしい教育者だったのだと感じています。

私は作品を通して、人に伝えるために工夫をすること、そういったことも含め人とコミュニケーションを取ることの楽しさをとがびの中で学び、今でもそういったことに興味が向かっています。とがびがあったから、自分の好きに気付きここまで歩いてくることが出来ました。

■関係者が語るとがび

中平千尋がアートで問いかけたかったことをどう受けとめればいい？

ニッセイ基礎研究所芸術文化プロジェクト室主任研究員
大澤寅雄

アサヒ・アート・フェスティバルでは、毎年3回、全国のアートプロジェクト同士のミーティングが開催された。会場は浅草のアサヒ・アートスクエア

中平千尋から私への「問い」

この問いと向き合ったときに、まず「**中平千尋がアートで問いかけたかったこととは何だったのか**」ということと、**それを「どう受けとめればいいのか」**という2つのことを、それぞれ考える必要があると思いました。

まず、前半の問いです。中平さんがアートで問いかけたかったことは何だったのでしょうか。実は、私自身が中平さんと会ったのは、たったの1回だけです。それは2014年6月14日、アサヒ・アート・フェスティバル（AAF）2014のオープニングでした。『私たちはなぜアートプロジェクトを立ち上げ、継続しようとするのか』というテーマのフォーラムで、中平さんはパネラーの1人、私はファシリテーターでした。今も私は、中平さんの以下の発言を思い出します。

「今日のフォーラムのテーマも『私たちはなぜ』と言っているところが、アートプロジェクトをやるものだという前提に立ったり、やる方の側の論理で進めてますよね。立ち上げた方がいいって言う結論や、立ち上げ続けた方がいいっていう、何かに役立つはずだっていう、そういう暗黙なベクトルを私は感じて、胡散臭いなと思ってるんですけれども。」

AAFキックオフフォーラム2014の開始

フォーラム登壇者の左から二番目が中平千尋

「私がいつも、アートとかアーティストに疑問を抱くのは、アーティストがいないとアートは生まれないのかと。アートというのはアーティストが何かをすることで生まれるものなのかっていうところが、違うんじゃないかと思ってるんですよ。それは、まったく疑っています。」

「私たちは、何か活動するとですね、自分たちが作ったかのような錯覚にとらわれますが、中学生（と立ち上げた「とがび」）もそうなんですけど、私たちが作ったわけじゃなくて、たぶんもともと中学生やいろんな人が持っていたものだと思うんですよ。それを、見えるように、私たちが見出して、見せたという、それだけのことだと思うので、私たちが何か作ったとか、私たちが作らせてあげるとか、そういう意識は必要がないというか。もともとあるんだなっていうのを、思います。」

これらの発言が、私に対する中平さんからの「問い」です。この問いを私に残して、わずか数か月後に中平さんは逝去されました。アートと社会の関わりを観察することが私のライフワークだと思っているのですが、その私に、中平さんは、いつも手探りしている問題の深いところをえぐるように、問いを向けました。

「本当にそうなの？」という彼の問い

ときどき私は、社会にアートが存在するということが「当たり前だ」とか「いいことだ」という前提から議論を始めることがあります。あるいは「アートの存在」は、「アーティストの存在」と不可分だという前提に立つことがあります。その前提から議論を始めている無自覚さにふと気がつくと、あのフォーラムでの中平さんの**〝胡散臭いな〟〝違うんじゃないか〟**という声が聞こえてきます。そして、心の中で中平さんに言うのです。いや、たしかに、胡散臭いかもしれません。うん、違うかもしれませんよね。でもさ、中平さん、でも中平さんだって、社会にアートが必要だと思ってるでしょ。それに、中平さんだって先生でもあると同時

とがびのチラシ資料をみる

中平自身によるフォーラムでのプレゼン

にアーティストでもあるわけじゃないですか。なのに、それなのにさあ、なんでそんな**挑発的な言い方**をするのよ。**ずるいよ。**だってさ、このことを中平さんに言いたくてもさ、もういないじゃないですか……。

私の場合の「中平千尋がアートで問いかけたかったこと」というのは、こんな風にして、心の中で鳴り止まないのです。時々思い出しては、ぶつぶつぶつぶつと、心の中で、中平さんと私は会話します。私が中平さんと会ったのは、たった1回なんですが、こんなにもずっと問い続けているなんて、不思議です。

私にとって彼の問いは、たった1回の出会いで生まれたわけですから、中平さんと一緒に「とがび」を実践した人たちや、中平さんと活動をともにされてきた方々への問いは、一人ひとりと彼が向き合った時間と共有した経験によって違っているはずです。ただ、中平千尋がアートで問いかけたかったことに、きっと通底するのは、「**本当にそうなの？**」ということに尽きるような気がするのです。オマエがやりたいことは、本当にそうなの？アナタが正しいと思っていることは、本当にそうなの？　キミがおもしろいと思うことは、本当にそうなの？　世の中が常識だということは、本当にそうなの？　どう思う？　本当にそうなの？　ねえ？　本当にそうなの？

彼の問いをどう受けとめればいいのか

そこで、後半の問いに移ります。私たちは、中平千尋の「本当にそうなの？」という問いを「**どう受けとめればいいのか**」。

私たちは、どうしてこうなんだろう？と考える余裕もないままに毎日の生活を過ごしていることが大半ではないでしょうか。仕事が忙しい。生活が慌ただしい。周囲に合せなくては

フォーラムの後の懇親会の様子

AAFへ向かうと中平紀子さん

ならない。自分だけ浮いた存在になりたくない。そんな窮屈な毎日の中で「**どうしてこうなんだろう？**」と自問するのは、水を張った洗面器に顔を沈めているような息苦しいことかもしれません。

でも、中平さんがアートを通して「本当にそうなの？」と問うのは、そういう窮屈さ、息苦しさとは、まったく逆のような気がします。彼の問いは、正しいか間違っているか、善いのか悪いのか、美しいか醜いか、といった二項対立の図式に、眉間に皺を寄せて神妙な顔を近づけるようなものではありません。中平さんは、「本当にそうなの？」という問いと同時に、「**正解なんてどこにもないよ**」とか「**そうでなければならない理由なんてないよ**」とか「**きっとそうじゃない答えがあってもいいよ**」という意図や振る舞いが含まれていたのではないでしょうか。

彼の問いは、暗黙のうちに問いとともに提示してしまう二項対立や既成概念を保留にして、可能性のフレームを広げたり、前提条件をリセットしていると思います。ですから、その問いの受け止め方は、眉間に皺を寄せて神妙な顔をするようなものではありません。まずは「**そうじゃなくてもいいんだ**」という地点に立ち、そこから歩き始めればいいと思います。

ただ、中平さんの問いの受け止め方で重要なことは、「**問い続ける**」ということだと私は思います。「そうじゃなくてもいい」という地点にただ立ち止まったままではなく、歩きながら問い続けていく。歩きながら、ときどき「本当にそうなの？」という中平さんの声に耳を傾けて、また少し考えて、そして歩く。歩くと少しずつ周囲の風景が変わって、心の中の中平さんの声は少しずつ変わる。中平さんに向けた自分の心の声も、少しずつ変わって自分の探し求める答えが、クリアになっていく。ある時、中平さんの声は「**うん、それでいいんじゃないの**」とか「**いいねえ、それがいいよ**」に変わってくるかもしれないし、もしかしたら、どこまで歩いても「本当にそうなの？」と問われ続けるのかもしれません。そうやっていつも中平さんは、一緒に歩いてくれているのです。

問い続けることで彼は生き続ける

「中平千尋がアートで問いかけたかったことをどう受けとめればいい？」という問いに、私は、こう答えます。中平千尋は、アートを通して「本当にそうなの？」と問いかけます。それは「そうじゃない答えがあっていい」という中平千尋のメッセージでもあります。私たちは、その問いを「そうじゃなくてもいい地点」に立ち、心の中で中平千尋の「本当にそうなの？」という声と会話しながら、答えを求めて歩いていく。そのように受け止めればいいのではないでしょうか。

中平千尋という人は、教師でした。私がイメージする教師の仕事は、問いを与えて、その問いを解く方法を教えて、正解・不正解を判別し、評価するということのような気がします。そういう意味では、中平千尋先生は、型破りな教師だと思います。なにしろ、彼が問いを与える媒介が「アート」だったので、そこに「問い」はあっても「正解・不正解」が存在しませんから、誰も問いを解く方法がわからないし、評価することも難しい。そこでの中平先生の役割は、通常の学校教育での教師としての役割もあったはずですが、従来の学校教育の「美術」とは少し違うものだったのかもしれません。

一方で、中平千尋という人は、やはりアーティストだったと私は思います。中平さん自身は、自分のことをアーティストと思っていたのかどうか、私はわかりません。あるいは、彼がアーティストであろうとなかろうと、別に問題じゃないのかもしれません。ただ私は、彼が世の中に「問い」を提示してきた「とがび」というプロジェクトや、彼の発言やふるまい

AAFフォーラム2014に参加して

アサヒアートフェスティバル（通称AAF）のことは以前から知っていましたが、なぜか出席したことはありませんでした。最終報告書『AAF Review 2002-2016 ― アサヒ・アート・フェスティバル15年の軌跡と波紋』（2018）によれば、「全国のアートNPOや市民グループ、アサヒビールなどが協働で開催するアートのお祭り。２００２年より毎年夏、「未来」を展望し、「市民」が主体となって企画・運営し、「地域」の魅力を引き出し、コミュニティの再構築をめざすアート・プロジェクトが参加。参加団体がネットワークを育みながら、ジャンルを超えた多彩なプロジェクトを全国各地で開催した。」と定義されています。つまり、越後妻有やあいちなどの大規模なアートプロジェクトではなく、また都市型農山村型、アート型・福祉型・教育型?という区別もない、きわめて小さな地域アートプロジェクトの支援事業でした。この「小さい」という形容詞はとても大事だと最近つくづく感じています。身の丈という言葉もありますが、相手の顔を確認でき、きちんとコミュニケーションが取れる関係性の構築が「関係性の美学」に支えられていると言われるプロジェクト型アートだとすれば、まさにAAFこそそれに当てはまると思いますし、課題は違えど、参

方を垣間見ると、アーティストとしての側面を無視できないと思うのです。

私は、アーティストとは「**社会に対する問いを立てる人**」だと思います。その一方で、デザイナーは「依頼主の課題の解を提示する人」だと思います。そこが、アーティストとデザイナーの似ているようで違う点だと思います。優れたアーティストは、その作品を通じて、誰かに何かを問い続けているのではないでしょうか。

ですから私は、中平千尋をアーティストとして尊敬しています。彼の問いは、私にとって、問い続けても消えません。そしてその問いを受け止める私たちは、彼と心の中で対話し続けていくのです。そのことで、**中平千尋は、私たちの心の中で生き続けていくのだ**と思います。

はなかったでしょうか。

自分は大澤氏が書いている中平千尋の登壇した現場に居合わせました。彼に誘われて出席したのです。尖ったメンバーの中でもひときわ挑発的だったという指摘はその通りだったのかもしれません。でも、彼が10年のとがびの実績をもって、大学院に入学したばかりの気負いが感じ取れる、本心だとも思います。「アーティストがいなければ、アートはできないのか」というと発言は彼の中学生を含めて、アートから何となく疎外されてしまっている多くの人たちを専門家と呼ばれる人たちが本当には真剣に考慮していないという、美術教育者の気持ちです。何となく、中平の発言の弁護になってしまうのでやめますが、アートを愛し、アーティストを本当にリスペクトしているがゆえの発言と理解し、お許しいただきたいと思います。（茂木一司）

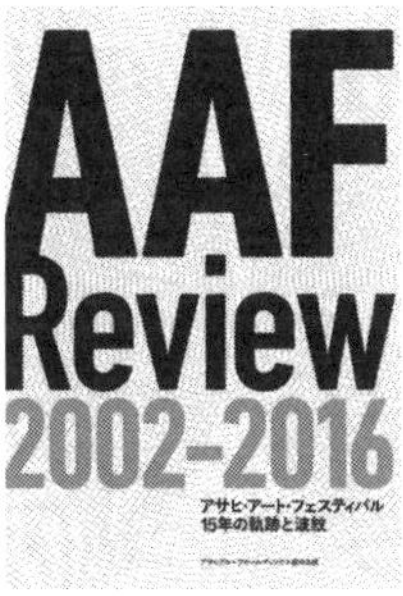

はじめてのＡＡＦでの発表　2006 年
となりにいるのはたぶん中学生だろう。発表の様子から、中平のエネルギーが感じ取れそうだ！

AAF ネットワーク会議 2013 年
AAF Review 2002-2016—アサヒ・アート・フェスティバル 15 年の軌跡と波紋（2018 年 1 月 31 日発行）
AAF2013 ネットワーク会議／ AAF2013 ／写真：新井春衣
写真提供：アサヒグループホールディングス株式会社

■関係者が語るとがび

ＡＡＦの中での「とがび」の意味は？

クリエイティブ・ディレクター
加藤種男

アサヒ・アートフェスティバル（ＡＡＦ）は草の根アート・プロジェクトのネットワーク

アサヒ・アートフェスティバル（通称ＡＡＦ）は、全国各地のそれぞれに独立した草の根アートプロジェクトのネットワークであった。毎年30～50くらいのプロジェクトを選んで、年間に３回ほどそのすべてのプロジェクトが集まって活動を報告し合い、議論を交わす。それがさらに発展して、お互いの活動を実地に見て歩き、全国各地の現場でも交流が生まれた。芹沢高志氏のＰ３に事務局を務めていただいたが、全体の運営は、これまでに参加した各プロジェクトのメンバーを中心に、関心ある人々が集まって実行委員会を形成し、その合議でなされた。実行委員は常に百名を超えるので、実際の委員会開催以外にもメーリングリストでのやり取りが頻々と行われた。それぞれのプロジェクトの自治がＡＡＦ全体の自治も支えていたのである。

その結果、多様なプロジェクトどうしの様々なノウハウが共有されるとともに、様々な交流を生み出した。ついには全国のどこのアートプロジェクトに行っても、ＡＡＦの関係者に出会わないことの方が希なほどになった。しかも、北海道で瀬戸内の人に会い、長崎で北海道や長野の人に会い、八戸で渡良瀬の人たちに会うというような状況である。みんなが素晴らしくあちらこちらと移動して交流している。

ＡＡＦが始まったのは２００２年で、その後の15年間に、のべ３００を超えるプロジェクトが参加したであろうが、ＡＡＦへの参加することをきっかけにして始まったプロジェクト

北は北海道から南は沖縄まで

も少なくない。また、こうした動きに刺激を受けて全国にはいくつもの草の根アートプロジェクトが誕生した。もちろん、ＡＡＦとは全く違う原理で動いている大地の芸術祭や瀬戸内国際芸術祭などの大型の国際展の刺激もあった。大規模なプロジェクトの刺激の中では、特にサポーターを務めた人が、自らもプロジェクトを立ち上げたい、あるいは草の根プロジェクトでいいから運営主体としてかかわりたいとして、市民アート・プロデューサーを生み出した場合が多数あった。つまり、大型のプロジェクトにサポーターとして参加した人々が、さらに主体的にプロジェクトに関わろうとしたとき、そこにＡＡＦのネットワークがあって、ＡＡＦ参加の草の根アートプロジェクトを見て、これにならって、自らもアートプロジェクトを立ち上げたり、そこに参画したりしたのである。

さらに、ＡＡＦや大型プロジェクトに先行してトヨタ・アートマネジメント講座（ＴＡＭ）とドキュメント２０００（Ｄ２０００）という2つのアートプロジェクトがあった。その内容の詳細は省くが、これらは企業とアートマネジメントの専門家による協働プロジェクトで、ここに関わった人々がその後の全国の草の根アートプロジェクトの担い手となった場合も数多くあった。

これらを総合すると、ＴＡＭやＤ２０００が生み出した市民アート・プロデューサーたちが出番を求めていたところ、さらに大型アートプロジェクトで経験を積んだ人々も加わり、ポテンシャルの高い市民アート・プロデューサーの厚い層が出来上がった。そこに、ＡＡＦが登場したので、これに加わったり、加わらないまでもその刺激を受けたりして、全国に多数の草の根アートプロジェクトが誕生したのである。細かく見ると、これ以外にも多くの要因があるけれども、主たる流れはこういうことだった。

そうした中に「とがび」が颯爽と登場するのである。

ＡＡＦのイベントには各地の祭り団体の協力も多かった（写真は八戸えんぶり）。

海外からのゲストを招いてワークショップも多数開催

学校を美術館にするという考えは、中平千尋「とがび」の独創ではない。早くも1994年には、東京都の杉並区立泉中学校で、村上タカシによる「**IZUMIWAKUプロジェクト**」が実施されている。これに触発されるように、1998年から名古屋市立千草台中学校で四宮敏行による「**学校が美術館**」が2度実施されている（＊1）。また、中学生がキッズ学芸員となって展示を案内したが、その手法はアメリア・アレナスに倣っている（＊2）。しかし、誰もこんな無謀な試みを10年も続けはしなかった。

「とがび」の最初のころのプログラムで、中学生の書いた自画像の展覧会があった。（カラー4頁）15歳の自画像展で、中学生たちのものと、東山魁夷が同じ15歳の時に書いた自画像とが並べて展示された。キッズ学芸員に案内されてこれを見た。確かに東山魁夷はすでに15歳にして絵がうまい。だから画家になったのは納得がいく。けれども、その自画像には15歳ならだれでも感じるであろう自分の周囲に対する違和感がほとんど見られず、没個性的だ。これに比べれば、**「とがび」の中学生たちは精いっぱいの力で、周囲や社会に対する違和感を表現して個性的である**。この違和感こそが、絵でも音楽でもダンスでもその他何でもいいがアートが必要な理由である。だから、「とがび」に集う中学生は将来アーティストになるかどうかはともかく、生涯アートを必要として、アートを心の支えとして生きていくであろうことが見てとれる。こういうことがあるからこそ、中学生の内からアートに触れ、アートプロジェクトを企画運営する経験をしてもらいたい、これが、中平千尋が何としてもこのプロジェクトを始めて継続した原動力だったに違いない。

中平は美術の授業が減っていくことに強い危機感を抱いていた。それは絵の描き方といった技術の授業ではなく、人が生きる上でアートが必要であり、そのことを伝達したいという思いがあったからである。教室では何かを教えるのではなく、生徒自身がアートと接しなが

ＡＡＦは、ディレクターを設定せず、みんなでともかく徹底的に議論を行った。中平先生も毎回熱い意見を語っていた。

ら、自らの人生を自ら考えて生きて行けるようにすることを教育だと考えていた。だから東山魁夷のどの作品借り出すかは生徒に任せたという。美術館との貸し出し交渉も含めて任せたので、キッズ学芸員である。こうしたことが授業の中でどんどんできなくなっていく教育現場に風穴を開け、社会がアートの重要性を理解することを求め続けた。

初期の「とがび」は学校にアーティストを何人か招いて、アーティストと生徒の協働を重視していた。生身のアーティストの社会への違和感や人生観が、中学生の共感を呼んだ。生身のアーティストの仕事を目の前で見て、一緒に仕事をすることは大きな刺激になった。ところが、この試みが成功すれば成功するほど、中平はさらなる地平を開こうとする。なるほど、東山魁夷ほど小綺麗にとはいかなくとも、アーティストは社会に対する違和感を器用に表現する。しかし、中学生たちには、もっと不器用な表現の試行錯誤の方が重要なのではないか。アーティストはいなくても中学生がアーティストだ。いや、アーティストがいない方が中学生の力はもっと発揮できるのではないか。そういう思考は現場だから生まれる。そこまで、中平は中学生を信頼し、彼らの力にかけた。

ＡＡＦにとって何よりありがたかったのは、「とがび」から毎年何人もの中学生が入れ代わり立ち代わり、キックオフ・ミーティングや報告会に参加してくれたことである。そうした世代を超えた人々が対等に話をすることでＡＡＦは多様性を保持してきた。他のプロジェクトからも中学生や高校生が参加してくるようになり、地域も学校も超えたつながりが生まれた。中学生たちは高校に行っても美術に関心を持ち続け、中には美大に進学する者も現れた。

あらゆるプロジェクトは少子高齢化の波をかぶり、参加者の減少と高齢化が避けられず、しばしば「後継者難」を嘆く。けれども、ＡＡＦは、「とがび」などいくつかのプロジェク

とがびはいつも柿の季節だった。

トのお陰で次から次へと若い人々が参画してくる。ＡＡＦでは高齢者と中学生が議論する。

ＡＡＦは、２０１６年をもってアサヒビールとアサヒグループ芸術文化財団の支援が終わったので、２０１７年からはさらに自治的な運営をめざして、アート・アンド・ネットワーク（ＡＡＮ）と名称も改めて脱皮しつつある。財源の確保がままならないこともあって、心もとない再出発だが、関係者で議論を深め、２０１８年1月には浜松で新たなキックオフ・ミーティングを開催した。中平さんが「とがび」で蒔いて育てた中学生も自分たちでプロジェクトを始める世代になっている。彼らが市民プロデューサーとして新生ＡＡＮに多数参加してくれることを期待している。

※1　四宮敏行『学校が美術館』（美術出版社、２００２年）

※2　アメリア・アレナス『みる・かんがえる・はなす　鑑賞教育へのヒント』（木下哲夫訳、淡交社、２００1年）ちなみに、筆者は、この対話型鑑賞手法の実践活動の事例を、本書のあとがきで報告している。

とがび展@まえばし未来アトリエ

「まえばしアートスクール計画」は市民対象のアートマネジメントの実践講座。その中で「とがびアートプロジェクト」の記録や作品を紹介した展示を行いました。アートスクール受講生はとがびに関わった当時中学生だった方たちやアーティストから話を聞くことを通して、中平夫妻の美術教育の姿勢や、実践内容を知るとともに、展示室を教室に見立てた展示づくりをNプロジェクトと取り組みました。カオスギャラリー、カオステーブルの設置や、シンポジウム「中平千尋のとがび…それ以降…ー美術教育は何ができるかー」も行われ、多面的にとかびについて知り、考える展示となりました。

とがび展@まえばし未来アトリエは、平成28年度文化庁　大学を活用した文化芸術推進事業　美術館等と連携する地域アートプロジェクトを活用するアートマネジメント人材育成プログラムの構築と実施・評価「まえばしアートスクール計画@群大×アーツ前橋」（代表　群馬大学 茂木一司）内で開催されました。

中平千尋のメッセージである「投票美」をすべて展示。

中平夫妻のNスパイラル授業で制作された作品の展示も行われました。

とがび2013で制作された「とがびとは?」に対する答えと、受講生のコメントの展示。

シンポジウムでは先生・卒業生・アーティスト・大学教授と、多様な視点からの対話が行われた。

創造性を育む美術教育は可能か？

――公立学校で実践を続けた中平千尋さんは革命家だったにちがいない

Art Lab Ova（スズキクリ＋蔭山ヅル）

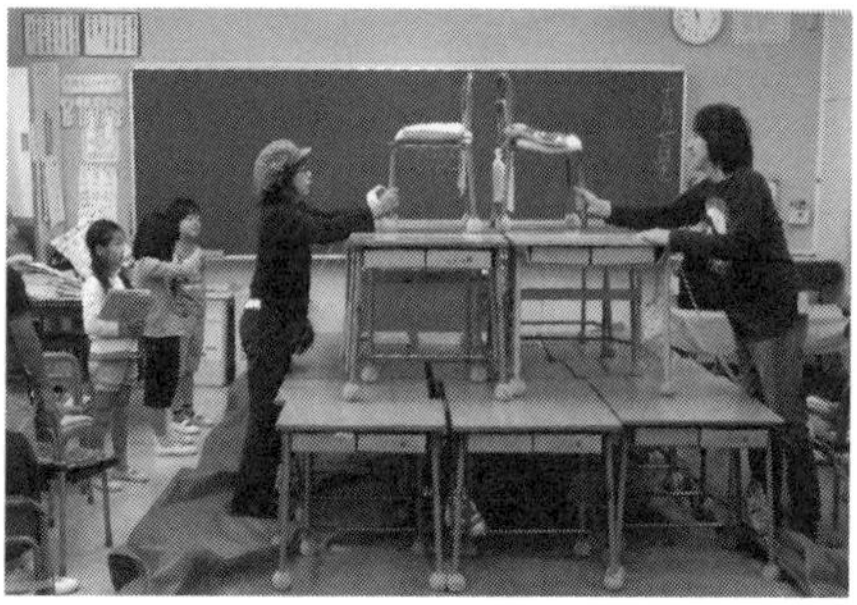

小学校の授業「山の中で出会ったもう1人の自分」 教室の机といすで「山」を作っているところ

横浜市には「横浜市芸術文化教育プラットフォーム」という事業があり、アーティストが公立学校に出向いて授業をし、小中学生がアートと出会う機会を作っています。Art Lab Ova（以下オーバ）もそのコーディネーター兼アーティストとして毎年参加しています。ほとんどの派遣先は小学校ですが、オーバも２０１４年に一度だけ中学3年生に美術の授業をしたことがあります。偶然にもその年、全国区のアートネットワーク「アサヒ・アート・フェスティバル」のフォーラムで、中平千尋さんとオーバの蔭山ヅルが一緒に登壇しています。そのとき、中平さんは「これだけ多感で可能性のある中学生が、いかに社会から隔絶させられているか」ということを、生徒の作品を見せながら熱く語っていました。実際、様々な人々が交錯するオーバの活動でさえも中学生と出会う機会はあまりありません。その上「大人とこどもの狭間の世代」、「気難しい反抗期」というイメージも強く、意識的にも無意識的にも避けてしまいがちです。確かに多くの人は例えばワークショップを企画するとしても、小学生以下か高校生以上を想定するでしょう。わたしたちも、初めての中学生ということで緊張もしましたが、中平さんの話を励みに授業を練り上げました。その中学校の美術の先生はとても熱心で、区内の美術教員による研究会にも所属していました。そして、その研究会で話し合われる内容は、「美術の授業」そのものではなく、危険物である彫刻刀やカッターをいかに管理するかというようなことなのだと嘆いていました。

中学校似顔絵。２枚ともスズキクリの似顔絵で、生徒たちが「下手」とした作品

アクション・ペインティングで作成された絵の上に後日、更に描いていきます。

わたしたちはリサーチを経て、ここでの授業のポイントを「多様な価値の考察」に絞りました。まずわたしたちをよく観て、似顔絵を描いてもらうことから始めました。その似顔絵を無記名のまま黒板に貼り、生徒たちそれぞれに自分が上手いと思った絵を1枚選び、付せんをつけてもらいます。そこには30枚の絵がありましたが、付せんはその中の２枚にほぼ集中しました。みんながこぞって「上手い」とした絵は、あらかじめ上手いという定評のある子による少女漫画風の絵か、もしくは受け狙いの「へのへのもへじ」的な絵でした。その結果から、ほとんどの子が、自分の目で絵を観て、自分で考えて評価することをしていなかったと推測できます。わたしたちは、あえて付せんのついた作品を撤去し、付せんのつかなかった作品だけを残しました。そしてその後の1時間、この絵が本当に下手なのか？という疑問を保留にしたまま、生徒たちとディスカッションをしました。

最近わたしたちが訪ねる小学校の事前資料には、「大人の顔色をうかがうこどもが多い」という記述が目立ちます。これは、中学生が自分で考えて独自の評価を下すことができなかった状況と似ています。通常わたしたちは、授業の過程の中で結果を気にせず描ける機会を作っています。子どもたちが絵の具を使って思う存分描いた後、様々なアクション・ペインティングの制作風景とそこからできた作品の写真を見せます。最後に髪の毛で描いている写真を見せると、汚れるのを嫌うと言われていたはずの子どもたちが、男子も女子も自分から髪に絵の具をつけ始めます。しかし、途中で先生が制止したり、否定的な言葉を投げかけることもあります。大きな紙に小さく描くと「自由に大きく描きなさい」と指示をします。まず、大人の側に子どもの行動やその結果を受け入れる環境がなければ、子どもが周囲の評価を気にするのは当然です。

周知のとおり、日本では義務教育期間に学校に通えている子は誰でも一律に芸術系の教育小学校5年生授業「もしも自分が怪物になったら」見たこともない変な怪物というテーマで、各自が1m角の紙に描いた。

帽子おじさん
「海老名ベテルギウス則雄」

を受けられます。ですが、その貴重な機会を得た子が芸術を苦手になって卒業します。驚くことに、小学校においては、横浜市を始め多くの自治体で図工の専科教員がいません。いたとしても、図工を専門に勉強や研究をしてきている先生ではない場合が多いのです。先生自身が、美術や美術の見方を知らないのです。だからこそ、授業の要素が表層的な技術の伝授に偏り、混色や作品が汚れるなど些細なことを恐れるのでしょう。

そして、ほとんどの小学校の図工室にも図書室にも、鑑賞用の図版や画集がないのです。たとえば先人の文章なしに国語の授業が成り立つでしょうか？読書なしに文章が書けるでしょうか？しかし図工や美術の時間の場合には、大した鑑賞もなしに突然「作る」ことを求められています。そもそもこどもは、生まれた年数に比例して絶対的に経験が乏しいのです。その分、選択肢も狭く、一般的に世間が「こども」に抱くイメージに反して彼らはたいがい保守的です。彼らが日常の中で出会える作品は限られていて、中学生が評価する作品が漫画風のものに偏るのは至って当然の結果です。

中学生とともに多様な価値を考えるための授業の中で、わたしたちは様々なアートやアーティストの在り方を紹介しました。オーバと親交の深いアウトサイダーアーティスト「帽子おじさん」こと宮間英次郎さんや、都内の公園でホームレスとして暮らしながら物々交換カフェを開いている「カフェ・エノアール」など、そして最後に「とがび」の作品を映し「どういう人が作ったものか？」と質問をしました。正解は出ませんでした。「美術＝絵や工作を作成する技術」という教育を受け、その中で評価をされてきた彼らには、「中学生が自由な形式で自分のアイデアを表現する」という発想自体、思いもよらなかったのです。

この授業の中で、中学生たちは想像以上に真正面から一生懸命にわたしたちと向き合ってくれました。それはまさに中平さんが言っていた通りでした。

音とこどもとイメージと「映画館パーティー」
チラシと映画の中のシーン

本来、知性や創造性はその主体的な意志があってこそ育まれる能力であるはずです。

例えば、オーバは20数年アトリエ事業をベースに活動をしてきています。それは「時間貸しの共有アトリエ」なのでプロユースには不便であり、絵画教室ではないのでマジョリティは利用しません。誰にでも開かれているアトリエは、主に知的しょうがいや発達しょうがいのある人たちが利用するニッチな場となりました。アトリエに来ても制作をしない人もいて、アトリエという名の元でそれぞれがどう過ごして場を共有するのか、それはスリリングな実験でもあります。そこに画材があるのは知っています。でも制作はしません。その姿勢を尊重します。すると数年後に突然ペンやはさみを手にとる人が出てくるのです。

人生百年の時代、誰にとっても創造性はその生活を豊かにしうる重要な財産です。だとすれば、学校教育における芸術教育の比重はもっと大きくなるべきです。兵庫県立高校の美術教諭で生徒とともにたてじまアートプロジェクトを企画する浅野吉英さんは言います。**「芸術教育の目的は、誰もが表現と共に生きてゆける意識を育てることです」**

２０１０年オーバは、多文化な下町にアートスペース「横浜パラダイス会館」を開設しました。現在近隣のこどもたちに無料で開放をしています。今来ている子のうち９割以上は外国ルーツの子で、日本人の子たちは習い事や親との外出で忙しいので来ません。外国ルーツの子は日本生まれの日本育ちでふつうに日本語をしゃべっていても、読み書きができないケースも少なくありません。バイリンガルの反意語である「ダブルリミテッド」どころか、唯一の母語である日本語さえもリミテッドなのです。実際、地元小学校の特別支援学級の外国ルーツ率は、学校全体の外国ルーツ率以上に上昇中だといいます。

そんな状況と対峙して、オーバは現在多方面に相談をしながら、様々な取り組みをしています。ある時、経験豊富といわれる公立小学校の先生と話しました。「東南アジアの子は音

近隣のこどもたちが集まって自由に制作している様子

横浜パラダイス会館前
（写真　大野隆介）

楽の才能があります。生まれ持ったリズム感がちがう」と言われ、愕然としました。東南アジア人＝音感があるというスティグマはさておき、優秀といわれる先生でさえ芸術は才能だと信じています。学校で各教科を学ぶ目的は、社会に活きるスキルの習得ももちろんですが、それぞれの学問から視点や価値、考え方を学ぶことこそが重要なはずです。算数や国語の学習が才能開花や専門家育成のためではないように、芸術も才能がある子だけが学べば良いものではありません。それどころか、芸術系の教科にこそ、ほかの教科を横断し支える大きな可能性があるはずなのです。

最近オーバは、横浜パラダイス会館に集うこどもたちと音と映像の実験をし、映画を製作しました。最後にそのプロジェクトの説明文の抜粋を中平さんに捧げます。

「横浜パラダイス会館に遊びに来る子の中にはピアノを習っている子もいますが、ほとんどの子はなんの習い事もしていません。しかし、このような直感的で即興的な演奏などの行為においては、教育や鍛錬による差は何も感じられません。そこにあるのは、「こども」でもなく「教育」でもなく「才能」でもなく、世界を知覚していく行為そのもの。それこそがアーティストの必然である創造の原点だと思うのです。それは一見見えにくいのですが、日常の中でどこにでも見いだすことができ、誰にでも可能な行為です。だからこそ、そこに希望があるのです。」

一緒に映画を作ったこどもたちの多くは近々中学生になります。その時の彼ら彼女らの状況や、わたしたちとの関係がどうなっていくかなど不安でいっぱいです。が、これからもこどもたちとじっくりと向き合っていこうと思います。迷ったら中平さんが遺した言葉を思い返しながら。

卒業生が語るとがび

とがび
第６回〜第１０回に参加

桃蓮華鏡

とがびから５年、桃蓮華鏡の活動から３年過ぎようとしています。今、とがびでの活動を振り返ってみると「桃蓮華鏡」というのが一つの作品のように感じます。

初めて参加したのは、中学３年時に選択教科で「美術」を選択したのが、きっかけでした。住中浩史監督に撮影していただいたドキュメンタリー作品とリサイタルと称してシャンソンや歌謡曲を歌いました。歌は、小学生の頃に、美川憲一さんや越路吹雪さんを知り、それから歌謡曲やシャンソンを歌うようになりました。とがびで、リサイタルを開いたのは、歌うことが、自分自身を表現しやすかったからです。千尋先生にリサイタルを見ていただいて、その優しく受け入れてくださる姿が、今も印象に残っています。紀子先生には、中学時に美術を教わり、お世話になりました。卒業後も毎年、参加させていただくことでより練り上げていくことが出来ました。

自分の活動は、形として表現する作品とは、違いますが、歌やパフォーマンスを通して、ご覧くださるお客様の気持ちと自分の思い、歌の世界観が交わっていくのを感じました。

とがびでの活動を通して、差別されうることや心の闇がアートへ昇華していく様を感じました。今まで、自分にあった殻が崩壊し、内にある自分を表現することにより、自己実現へと繋がり、そして、自己肯定を持つことが出来ました。それは、「とがび」という偉大で寛容な場所があったからこそ体験出来たのだと思います。

かつての自分がそうであったように、心にわだかまりを持ったまま大人になるのでなく自分らしく輝こうという思いも込めて毎年参加させていただきました。

千尋先生、紀子先生、住中浩史監督をはじめ、多くの方々にお世話になりました。心から、ありがとうございました。

これからも、「とがび」を伝える一人として、頑張っていきたいです。

わたしとせんせいととがび　てらしまみさき　第三話

第４章

「とがび」のその後へ

――とがびから発展したプロジェクトと美術教育の未来

座談会②
「とがび」以降の美術教育はどうしたらいいのか？
課題と未来…

神野真吾×大島賢一×住中浩史×茂木一司

●神野真吾（じんのしんご）　千葉大学准教授
●大島賢一（おおしまけんいち）　信州大学助教
●住中浩史（すみなかひろし）　美術家
●茂木一司（もぎかずじ）　跡見学園女子大学教授

「とがびって、そんなに特殊なものだったのだろうか？！」その答えはyesともnoともいえそうだ。確かに中平とその中学校美術教育は現代教育の中ではマイノリティであって、一見特別なものにみえるが、多くの（中学校）美術教師が思っているができないことをやっていただけなのではないか？学校美術教育が矮小化されていくことにもんもんとしながらも、だれも声をあげることすらできない現状に中平のとがびがやったことを冷静にみつめながら、「とがび以降の美術教育」をテーマにして、美術教育の未来を語るという、おおきな座談会に最初はみんなけっこう緊張していた。

千葉大学でアートプロジェクトによる学びを実施してきた神野と院生の時にそこに参加し、現在、とがびのあった長野県・信州大学で教える大島、そしてとがびの主要なアーティストとして参画していた住中は多様なヒト・モノ・コトが異種混交するプロジェクト型美術教育のおもしろさやむずかしさをそれぞれ熟知している。

２時間以上にも及んだ座談会は熱気を帯び、さまざまな問いが立てられていった。そして、この豊穣な時間によって、またわたしたちには次の課題が与えられたのだった。

千葉アートネットワーク・プロジェクト（WiCAN）
千葉大学教育学部芸術学研究室（神野研）が中心となり、千葉市美術館、千葉市民ギャラリー・いなげ、アーティスト、まちづくりNPO、市内小中学校が連携した活動組織。アートを通じた新しい価値の創造、発信を行っています。

茂木　今日はとがびを元にこれからの美術教育について語っていきたいと思います。最初に自己紹介から始めましょう。

神野　とがびと中平先生との関わりは、AAFの記事か何かで知って、そこがたまたま大学時代の友人の母校であったということもあり、実際に行って「こんなことやってるんだ！」って驚いたことに始まります。私は元々美術館の学芸員で、現代美術と教育普及事業を担当していました。私が社会にとって現代美術が大切だなと思うのは、自分の見方が変わっていくことや、考え方のパターンが増えていくことです。知識として作品の背景を知ることで学べることも当然あるのですけれど、実際にアーティストと一緒に協働作業をやることの方がはるかに得難い貴重な体験だと思います。

その後、美術館の組織や、美術館で取り組む教育普及事業の限界を感じて大学に籍を移したんですけど、とがびでやっていることは、まさにそういうことを中学校ででやっていたということだと思います。

大島　私は、信州大学の前は、大学院生として千葉大学にいました。そこで、神野先生が組織しているWiCANに参画していました。２０１０年に、建築家の曾我部昌史さんに協力していただきながら、空き教室の再活用を通して「学校を読み替える」という取り組みをしました。その活動は、興味を持ってくださった先生がいて、翌年、実際に千葉市内の小学校でのランチルームづくりに展開しました。その一連のリサーチの中で、廊下アートセンターのことを聞き、視察に行ったり、中平先生に来てもらったりしました。オルタナティブなスペースが、実際に学校の中に形成されていることの驚きから「とがび」を知っていって。加えて、アーティストが中学生と共同しながら何かやっているのも、アーティストとの協働プロジェクトに関わるものとして、すごいと思いました。

神野　そのプロジェクトの調査の過程で住中さんとも出会ったんですけど、学校って社会の縮図としての小さな社会なわけで、学校の中に居場所がない、学校が居心地が悪いと感じている生徒がいるという問題は、私たちの社会の生きづらさと確実にリンクしている。

　最も規範を重視している教育機関である中学校でこんなことが出来るのか！と夢物語としてしか考えられないことを実際にやっている先生がいるというのがとても驚きでした。

大島　我々のプロジェクトでは、初年度は、模型で教室を提案してみるという展示になったんですけど、現実の方が先をいっていた。

神野　残念ながら、あれは中平先生・住中さんの先進事例とはなったけど、一般化できる状況でないという現実もある。

住中　自分は２００７年から「とがび」に関わっていて、廊下アートセンターをつくったのは２０１０年。最初の３年間は子どもたちと映画を撮るプロジェクトをしていました。廊下アートセンターは、状況をつくって、後々続いていく場を立ち上げたかったのですが、４年目で学校の状況をつかめていたから「**とがびだったらできる**」と思いやりました。廊下アートセンターを実現できる状況をつくっていた中平夫妻はすごかったですね。廊下アートセンターはとかびが終わった次の年に耐震の建て替えでなくなりました。

問題のない美術の先生が問題か

茂木　最近用事で行った中学校は新しいけど逃げ場がないような校舎だったんですよ。管理しやすいんだろうけど、息がつまる。昔の校舎はボロだったけどユーティリティーな場所があった。

神野　今の学校は隙間がないんだよね、

無駄なものに価値が見い出されていない。中平先生の生み出していた状況が今でも魅力的だと感じるのは、今の日本のある種の危機を予言していて、**必要なことを直観的にやろうとしていた**のではないかな。日本社会で一番欠けているのは**無駄、余裕、あるいはバッファエリア**。それは空間でも、時間でもそう。

一見無駄な時間空間の中で、余分なノイズを発生させる人がいて、ノイズを面白がれる人がいるような場がとても実は重要で、そのノイズの価値を認めていく中で新しい文化がうまれていく。無駄を許容するような空間・時間がないといけない。けれども、今の社会はそれを許容しないし、結果として若い人は無駄を経験していないので、体感的にその価値がわからないし、知らないから求めない。そして、余分な時間空間が与えられてもどう使ったら良いかわからない。それは社会の枠組みがそういう構造になってるので若者のせいではない。じゃあ、そうした若い人たちをどうやって開放するかと考えると、私の経験から感じるのは、大学からだと遅すぎる。なので中学生くらいで、あそこまで思い切ったオルタナティブなことを経験するのは、今の時代もっとも必要なことのような気がします。

茂木　身体が覚えたことって抜けないですよね。18才ぐらいだとちょっと無理という感じがある。中学生がとがびを体験できたのは驚異的だって思うんです。

神野　中平先生という存在において決定的に重要だったのは、彼が**アートの意味をわかっている人**だったということ。つまり「異質なものを持ち込む」ことの意味」を知っていた。アート理解の浅い人だと、絵描きとか立体造形家を学校に入れて作品を展示したり、シャッターや壁に絵を描いて「明るくなったねー」で終わる。それだと、「アートが学校教育に入る」ことが持つ可能性、たとえば、固定観念からの解放、空間への感覚の更新、新しい関係性の発生、新しい見方の獲得などの「学び」が起きない。美術の先生は、近代美術の色と形の造形性だけの狭い枠組みだけでモノを見がちだけど、それでは美術／アートのごく一部しか伝えられない。

茂木　そういう意味ではNスパイラルでは、現代美術までの美術史を学ぶ鑑賞をベースとした上に制作があるのはものすごく新しかったんですね。短い時間の中で、美術のエッセンスを勉強するのにはどうしたらいいか、その答えがNスパイラルだと思うんですよね。技能を教えてると時間がかかりすぎる。技能を捨てると自由になる。

神野　美術の先生の意識が技能に寄りすぎている。古典的な技能を教えることに時間をかけて、古典的ものづくりとして完成度が高いものを目指すからガチガチになってる。

大島　そのような授業では、教師は導入の段階で概念的な説明ができますが、その後の制作の5～10時間は、サポートだけになってしまって、教育としてみると非効率ですよね。

茂木　言語活動がまだ少なすぎるんじゃないですかね。

神野　**知的な活動を軽視しすぎですね。**今までは「絵を描く」「立体をつくる」という造形活動の経験だけが美術の経験だと思われていた。でも、**美術による学びは、個人の「すべての経験」を統合する能力を身につけること**だと考えるべき。

だから、目の前にいる子どもたちの経験がどれだけの量があるのか、質的にどのような経験を重ねてきたのかを把握することが前提として求められ、そうした経験を統合するための新たな美術体験はどのように与えられるべきか、どのような新しい知識を与えるべきか、そしてそれらを自分の中で統合していくためにどういう風に時間を使って考えたり、振り返ったりするのかが、美術の授業では重要となってくる。しかし、あまり実現できていない。

住中　リアルの経験は大事ですね。テレビで外国人を見るのと、実際に会って話したのは経験が全然違うように、自分たちと違う価値観の人の振る舞いに触れることによって、子どもたちの思考の幅は必ず増える。

経験と学びを考えた時、社会全体の中からどんな経験を与えるかを考えようとすると、広すぎて何をしたら良いのか難しい。しかし、**美術科の可能性**は様々な**社会問題と関わろうとしてる現代アートを参照例として使える**ことではないか。密度の濃い経験の機会がゴロゴロある。

神野　**感性を通した経験**ということだよね。アート作品から、自分が嫌だと思うこと、自分の中にあるサディスティックな感情、あるいは差別感情とかを否応なく気づかされるような体験をすることがある。さぁお前はどうするんだ？と直接突き付けられる。結局それがすべての学びの統合の強力なきっかけになっていく。けれども、日本の美術教育は色と形に終始して、その上手さを評価することで終わってしまっていて、個々の経験を統合する学びになっていない。

　私は草間彌生さんを作家として好きなんだけど、現在の紹介のされ方には不満がある。彼女が統合失調症で苦しんできたこと、性的強迫観念に苦しめられてきたことを誰も知らないまま、水玉のポップな女王として表層の色と形だけで消費されているように思える。彼女の作品はそうした背景と不可分なのに。色と形に終始する美術理解の底の浅さが、美術を通じた深い学びの実現を阻害している。

　以前、「外から見た美術教育」というある雑誌の特集記事の中で「**美術教育、学校教育は嘘つきだ**。表通りの話しかしていない。一本路地裏に入れば、いかがわしい店もあるし、悲惨なこともある。でも表では語られない喜びもある。そのことを子どもたちも知っているのに、表通りの**綺麗な話しかしない**。だから、実のところ子どもたちはウソだと思ってバカにしている。そこが一番の問題じゃないか」と書いたことがあります。批判する人も少なくなかったけれど、間違っていないと思います。

住中　今はネットで裏の情報すごい見ている。中学生そういうの大好きですよ。だから先生たちとの乖離がある。数学はネットで調べても、数学の裏路地ってないですよね、二次方程式の裏世界とか。反対に、国語・社会・美術・家庭科などは表通りでないことまで簡単に知れるから、そこまでを視野にいれた対応がより必要になってきている。先生が安心するための教育では小学生高学年以上の子どもとの乖離がより進む。

神野　マインドを変えていかないと先生自身が益々辛くなるよね。

大島　ネットで知れる情報も色々あって、右や左に過剰に偏った情報に染まってきて、先生に論争を挑んだりする。その時に先生は「本当にそうなのかな？」と対話できないといけない。

神野　一緒に考えていこうという立場に降りていかないと、これからの教育者はやっていけない。

大島　学校で言っていることだけが真実とか、「そんなこと言っちゃだめだ」とは基本的に言えないですね。

住中　やはり、これからの美術教育で大切なものの一つは対話ではないですか。クールジャパンやカワイイとかを政府が推進しているのに、「アニメやキャラクターを美術で描いたら何故だめなの？」という問いに、先生は答えなくてはならない状況は既にある。

神野　もちろん十分な議論の場は提供できていないし、し切れていない実態がある。けれども、そもそも先生自体がそのことについて考える素地を大学で身につけていないし、美術の先生同士のディスカッションの議題に上がることもあまりないのではないか。

茂木　先生が変化を体験するチャンスが少ない、勇気がないとできないけど。

住中　妄想的な意見ですけど美術の先生は二人欲しい。一人で多様な意見を認めるように指導するって大変ですよね。

茂木　そうだね。イギリスは中学校で美術の先生が5人くらいいるね。減ってはいるらしいけど。

住中　そういう例からしても一人で多様な視点を美術の先生が担保するのは難しいと思うのですが。

神野　でも、そっちを目指すべきだと思います。最近聞いた大学での講評の話なのですが、建築学科の授業課題で、ある学生がコミュニティ志向のコンセプトの設計提案をしたら、ある先生が最後の講評で「俺はこういうのは大嫌いだ」と言った。つまり、造形的な趣味に合わないという程度の話だったようですが、もうその言い方自体ががダメじゃないですか。多様な可能性のある中で、どういう根拠を持って選択をし、具体化させていくのかが大学での課題の意味だと思う。その学びはこういったタイプの講評では成立しない。授業では、その先生の発言力が強かったので、他の先生が何も言わなくなってしまったそうですが、学生の将来さえ変えかねない、可能性を無責任につぶすような指導がいまだに行われています。美術教育だって似た状況にありますよね。こんなやり方では、たくさんの多様な人がいても、結局同じような画一的なものしかつくれなくなる。後日譚ですが、その学生は、その指導がおかしいと理路整然と言っていて、揺らいでいなかったので安心しました。でもそれとは逆に「やってきたことに意味なかった」と自己否定して自分を失う人もいるでしょう。

だから廊下アートセンターの出来事ってとても豊かだった。色々な人が来て、住中さんみたいな変な人、オルタナティブな存在もいて、それによって居場所が得られた生徒もいて、ＰＴＡとかＯＢとか色々な人に使われて、新しい関係性が生まれていた。

大島　風通しがいいというか、色々な人が関わって、あの人はああ言うけど、この人はこう言うとかは本当に重要だと思います。

神野　複数の人が必要っていうのは、正にそういう意味だよね。

茂木　中平先生は子どもたちと関係性をつくってくれるかどうかがポイントだったと強く言っていたので、そういうことの代表格が、住中さんだったり山本さんだったりみたいだけど。

神野　生徒に科学変化を起こしやすいタ

イプと、中々起こせないタイプは、彼の立場からしたら色々見えたんでしょうね。

住中　ただ、引いた目で見ると「なんかあの時、訳のわからない空間づくりを手伝わさせられた」っていうだけの生徒にも影響はあったと思うのですが。

茂木　教育って難しいところは「いい教育」をされたから良いわけではない。劣悪な教育環境であっても関係なく育つこともあるし、あの時色々あったっていうことは頭の中に入っている。難しいところですよね。

住中　極端ですが、きれいな学校、教科書どおりの美しい授業、キラキラした問題のない美術の先生が問題なのかもしれませんね。

プロセスをどうデザインするか

茂木　これからを考えて危惧しているのは、学習指導要領が水戸黄門の印籠みたいになっている。学習指導要領と教科書に学校の先生、大学の先生も含めてみな絡めとられていることをアカデミックな問題として取り上げたい。この話は中平先生もよく話していたので、生きていたらテーマにしたいと話していた。現場の優秀だった人だけがつくったシステムにアカデミズムが追随したらアウトだ。

神野　指導要領があまりにも絶対的な存在になっていますね。教科調査官と県の指導主事が伝道師になって、現場はその正しい声を聴くという構造になりかけている。指導要領をクリエイティブな想像力の源泉として利用すればいいのに、原理主義に陥っている。

大島　元教師でアーティストの山本高之さんは「やりたいことがあれば、学習指導要領のどこに相当するかと読み込んでいけば、授業なんて自由につくれる」と言っていましたが、私もそう思います。けれど、学習指導要領しかない人には他のリソースがない。

神野　リアルな世界があって、指導要領をどう利用するか考える人と、要領の限定的な言葉の範囲からしか世界がみられない人の違いはある。

茂木　いい授業をつくるっていう概念自体間違っている、授業は下手でもいい、学ぶのは子どもなんだから。

住中　今、ＡＩが話題ですが、ＡＩが発達すると翻訳機の開発も進みます。そうすると正しい英文法を学ぶより、異文化の人と何を話すかが重要になります。また、プログラミングも論理的思考を学ぶにはいいんですが、最終的に何を実現したいかってなると自分の視点を持つことに価値がでてくる。これらは本来は美術科で学べる。

大島　ＩＣＴやプログラミング教育を各教科で扱うっていうとき、美術科で新しく何かをやる必要が本当にあるのかということは、考えられなければいけないと思います。美術科は元々モノをつくると言うことを内容としているし、メディアとどう関わるかというのも、そのままＩＣＴやメディア教育になりえる。

神野　その構造をちゃんとわかって指導できればね。

大島　でも改革を求められて、成果を出そうとすると小手先の授業案になる。

神野　出口としての作品から逆算した教育は違うのでは、と僕らがいくら言っても、世間がそういう「見栄えのいい作品」を求めているから、それを嬉々としてやっている先生の評価が変わらない。以前、教育内容の変化として、３Ｄプリンタの時代にはものづくりが変わってくると言ったら他教科の教員に「神野先生、３Ｄプリンターで良いって言っていると美術教育は危ないですよ」って言われたこともある。ラッダイト運動*じゃないんだから。

大島　ものは買うのでなく3Ｄプリンターでつくるとなった時に、美術教育は深い意味を持つというロジックが成り立つのに。

神野　学校という枠の中での今の美術教科の存続だけを考えてる人もいる。

茂木　科学や機械が身近になり、それらで何かをするっていうことに抵抗がなくなるのは良いと思う。最終的に色々なものが人間の感覚に統合されてくのだからもっと使えばいい。３Ｄプリンターもそのうちの1つの道具にすぎない。

神野　実現したいことがあった時に、どのルートで行くのがよいのかという話ですよね。昔は実材と格闘するしかなかったかもしれないけど、その「実材と格闘すること」を残すために他のルートに蓋をするっていうのはどうなのか。

住中　素材に5時間格闘はまったくのダメではないけど、コンセプトワークに5時間かかった人も等価なんですよね。

大島　5時間の中でどれだけ興味関心をもって動けたかが重要ですよね。素材に触り続けて、その子がずっとワクワクしているならそれは良いことだと思うけれど、実際はやらされている状況が多い。

神野　信じて続ければ何かが見えてくるはずという、まるで宗教の世界。密教で観想して不動様が見えてくるのを待っているみたいな……。

住中　そう指導する人は、自分は体験したからなのでしょうけど。

神野　そこまで苦労して本当に辿り着いた人は、そのプロセスを分解して人に伝えることができる、多様な形で。ただ精神論を言う人は実は見えてないじゃないのかな。見えてないものを在るかのように言っているのだとしたら、それは詐欺だよね。そのぐらい言わないと、この状況が乗り越えられないと思う。「実材と格闘するんだ！」「何時間作業したか？」みたいなことばかりに焦点が当たり、肝心な所に到達しない美術教育の問題が、創造性の欠如に起因する日本の課題や危機とも繋がっていると思う。

大島　学校教育って有限の時間の中にある。無限ならどんな授業でも良い。しかし、有限の中の教育プログラムとしてなら、どうやって最大の効率を上げるかも考えないと。それこそ教科として美術は無くなりますね。

住中　「効率」そのものの設定も重要ですよね。美術教科の中の価値観を満足させる効率ではないはずです。社会で生きていくための幅のある体験や思考錯誤を、限りある時間でどう与えれるかという効率が重要ですよね。

茂木　とがびで起きていたことは、子どもが自分の日常の体験を持ち込んでいて、何らかの形にして見せていた。表現としては上手ではないけど自分らしさというか、何かとてもリアリティがあった。

住中　ある年のとがびで、教室に農業ビニールで池をつくった生徒がいました。造形としての美しさはまったく無かったのですが、当日の朝釣ってきた小さな川

魚が1匹ちょろっと泳いでいて。説明を聞きながら見るその池と小魚は何か凄い感動があった。その生徒もちょっと誇らしげで。

神野　アウトプットの段階で、既にある基準に合わせなくても認めてもらえるというそういう経験は大きいよね。

1昨年のゼミで組体操について議論したことがあるのだけど、現実に重傷、死亡事故があるのに、学校で禁止されないことは異様なこと。木村草太[**]のテキストがとても参考になったのだけど、もちろん学校内にも法は及んでいるのに法よりも学校内道徳が重視されていることは異様。法の比例原則としては、より安全な別の代替的「学び」があるならそちらを選択しなければならない。そういうことが学校の中では問われてない。これは、社会と隔絶した世界の中で独立した価値観をつくって、外と接続されてないからではないか。この問題は美術教育も同じだと思う。実材と格闘することで獲得できるものも当然あるわけです。ただ、古いメディウムだけを正しい材料とし、そこから生まれる作品の完成を目標とする範囲でしか語らないことに大きな疑問を感じます。他のより効果的で、現代にふさわしい活動があればそれが選ばれるべきです。

中平先生がやったように、ある目的を達成するために、生徒が大人たちに自分たちの実現したいことを伝え、大人がそれをサポートして何かを実現していくやり方が、より高い高みに到達させることもある。また、ものをつくらないで、徹底的に考えさせる、見させるみたいなことが有効である場合もあるかもしれない。そういう検討が全然されていない。

茂木　教育は時間が限られているっていうのは大原則。なのにどんどん足してしまう。1個足したら1個引くというルールが必要なのに無い。だから昔の技法をそのまま使ってしまう。

住中　自分は日本人の「恥」という概念が厄介だと思っていて、美術の時間だけはどうにかして「恥」を脇に置けないものか。とがびの時は、本当によくこれを出すなぁ、ってプロとしては思うのを笑顔で出してきてた。「とがびだから」とあの日、あの状況だからできていた。彼らが日常的に常識を失って自由に暴走してたのからではなくて「とがびだから」という枠の設定が素晴らしかったなと。

茂木　解放されていたと。

住中　空気づくり、状況づくりもこれからの美術の先生に必要なスキルですね。

神野　美術が得意でない生徒たちの言葉で印象に残っているのに「公開処刑よね」っていうのがある。そう思うのは、あいつ下手だよねっていうサディスティックな眼差しを意識するからです。

自分の作品だって自信を持って思えて、上手い下手が気にならない作品制作を実現するために、しっかりとしたプロセスを成立させた授業を現場の先生とつくったことがあります。マン・レイの作品の鑑賞から入り、身近なものにも意味があり、その組み合わせからいろんなことが連想できることを体験し、言語化した後再構成し、感覚のレベルに戻って作品化するという授業です。

その結果が面白かったです。みんな色々な素材を組み合わせて自分の感情とか気持ちとかを表したんですね。家族関係をハンガーを使って左右にバランスとっている作品で表したりとか。その作品の発表では、それぞれが自信を持って行っていました。振り返りでも「自分の作品を他の人に見せることが楽しい」の項目が事前と比較するとすごく数値が上がっていた。この先も自分がつくった作品を人に見せたいか、説明したいという設問でも「またやりたい」と多くの生徒たちが答えてました。やっぱり重要なのはプロセスなんですよ。そのプロセスをどうデザインするかが本質的に大事。

茂木　話を少し変えますけど、大学の先生として、ぼくらも勉強するわけじゃないですか。学生の研究が自分の専門外だからと拒否はで出来なくて、一緒に勉強しようかとなる。現場の先生はそういうことをしているのか。自分の範囲外も学ばないと広がらないし、あなたが辛くなるだけ。アーティストインスクールの話をすると「僕にはいらない」「そんなのは出来ない」と言う美術教師は多いんですよ。出来ないなら美術教師を辞めろって言いたい。今、美術教育が何をしなくてはならないか考えないと、あなたのせいで美術科が無くなるよと言いたい。

神野　知らないことを面白がるってことは、美術の先生に一番必要なことなのに。

住中　そのことを違う側面からいうと、思考の量、リサーチの量ってのが今後の美術の教育で必要になるのでは。

神野　制作の根拠をつくるってことだね。

茂木　とがびではどうでしたか？

住中　とがびでは、Nスパイラルが良くて、その上の自由課題だった感じです。

神野　自由課題が一番難しいよね。

住中　しかも紀子先生の時に面白かったのが最初は優しくて後が厳しいこと。最初は「何やってもいいよー」「やりたいものやりな」、後半は「やると言った以上は仕上げなさい」「本当に、自分でそれでいいと思ってるの？　もっと自分で考えなよ」みたいな指導だった。

　美術科でいうと、どうやって課題を自分のものにさせるかポイントだとすると、どのくらい自由に考えさせるかの枠の設定が重要ですよね。

　また、授業でリサーチをするとして、情報を集めた後に、取捨選択の判断ができないと形にできない。自分で考え、形にすることを学ぶのに美術という教科は本当に良いはず。

茂木　**自分が感じたことをベースに物事に取り組んでいくような身体感覚は早くからやればだいぶ違うのではないか。**

住中　かなり違うと思う。そして、そう取り組んでやってくと美術の先生も楽しいはず。時代と共に、何が出てくるかわからないものを見れるのだから。

神野　**「多様なものが生み出されてくる条件設定をどうやって授業で行うか」**が目標の1つになっていたら、毎年授業も修正されていくはず。そうすると毎年違うタイプの作品が出てきて、先生も「おー」ってなるはずです。しかし、逆に毎年同じような作品が出てこないと不安になる先生も多い。保護者もそう。ある小学校の先生が、プロセスを重視した木を描く面白い授業をやって、多様な木の表現をそれぞれが実現し、みんな違う作品になったんですね。そしたら、保護者が「みんな違っているけど大丈夫ですか？」って。

茂木　美術の中に答えがあると思ってしまう。スケッチブックだけじゃない。

住中　美術は答えのない教科ですか。

神野　答えの沢山ある教科かな。

茂木　正解・不正解ではない。

神野　ある意味、**美術の教科って逸脱の仕方を学ぶ教科だ**と思います。規範の中での再生産は伝統的なお土産物をつくるようなことであれば求められるかもしれない。例えば、独創的なこけしは基本的には求められない。美術の価値、あるいは創造性は、あたりまえだと思われているものからどうやって逸脱するか。単に逸脱すると単なる問題行動になるけれど、そこに在るルールを読み替えたり、根本から考え直したり、本質に立ち返ったりすると、逸脱しないと乗り越えられないことがある。そういうことを学ぶのは難しいことですが、それを引き受けるのが美術科ではないですかね、歴史的に見ても。

大島　**逸脱って、反知性的な行為ではなく、**

とても知性的。バックグラウンドをちゃんと知ってなければ出来ない。暴走、暴発でもなく、なげやりや適当でもない。

神野　飼いならされて逸脱できない社会になっている状況に、クリエイティブなものを生み出せない今の日本の状況が現れてる。

茂木　その熱の入れる時期がずれてますよね。大学終わってから逸脱を学ぼうなんてなってるけど遅すぎる。

大島　学校ではすべて先送りになってる。小学校では中学にはいったら色々できるから今はがんばりなさい。中学に入ったら次は高校入試があるから。高校では大学入試、大学では就職があり、会社に入ると休みがない。ずっと我慢を教えて、今を生きろという教育がない。

リアルな世界をどう引きうけるのか

茂木　教育はもっとジェネラリストを育てることをやっていかないとダメ。先生も、他の専門家も全体の中でどう振る舞えるのかを意識できてないと。

住中　一般的に専門家は自分の関わっている専門の根源というか存在価値を忘れがちになる。自分の帰属する専門が社会の中でどういう構造として必要とされているか？　自分が何故そこにいるのか？　それらを絶えず問い続けないと、ただ今いる立場を守るだけになる。

神野　本質までもどって振り返ることが出来ないし教わってもいない。統合して、全体を俯瞰するまなざしの獲得も必要になってくる。

住中　日本は、もっと哲学の考え方を教えるべきではないでしょうか哲学史ではなくて。美術は作品中心の美術史を教えてしまいがちですが、美術に関わってきた人が大切にしてきた考え方をベースにした美術の伝え方をすべきでは。Nスパイラルにはそれが入っていた。

哲学も本来は過去の人たちが、社会や

人の根源を悩んできた痕跡。ある人は社会の成り立ちのある部分をこう考えた、この人は違う側面から見て補足したとか、そういう視点や考え方の積み重ねが哲学だというのが伝わってない。名前と歴史を覚えてる。

大島　大学生に受けてきた美術鑑賞のテストを聞くと、この絵の作者は誰とか、この絵は印象派か？とかの暗記ものだったと今でもいいます。

神野　**人間や世界の理解のためのアプローチという視点が学校の中では特に弱い。**それぞれの教科としての視点しかない。美術は絵を上手く描くことが目的になっているし、数学も入試のためのに問題を解く教科になってしまってる。数学って世界を理解するためのアプローチの1つですよね。そうやって教えてくれたら数学者になれたのに（笑）。

住中　本来教育には、社会生活をおくるための知識と、人間や世界の理解という視点が両方いるはずですよね。

ただ、今の子ども達同士での共通の価値観というのが揺らいでる。とがびでも昭和歌謡とシャンソンが好きな生徒は、家では越路吹雪や美輪明宏だけをネットで見てると言ってました。その生徒と海外のヒップホップだけの生徒と、アニメだけの生徒が、同じ班で対話しなくてはならない。この状況は他者を理解する豊かな学びの可能性はあるはず。ちゃんと対話ができれば。

神野　とがびは集中して解放される良さはあったけど、落ち着いて振り返るようなことは生じにくかったのかもしれない。しかし、まず解放して外と関わる方が大事という優先順位はよくわかる。

住中　とがびで、ずっと自分の作品だけ眺めてるの生徒はいなかった。「こんなの出ちゃった」という様々な現れにお互いが触れてた状況は面白かった。

神野　大人たちの偏見でよくあるのは、解放するとその子たちは、収集がつかなくなるっていう心配がある。

茂木　ある中学校でもその心配はすごくあって、100パーセント大丈夫ですとはいえないけど、多くの経験からそんなことはありませんと言うしかなかった。

神野　ワクワクすることだけしたくなって勉強が手につかなくなるって考えるんでしょう。

大島　それなら教師は、そんなつまらないことを提供しているということですよね。この教科はここが面白いという所から入れない。先生も辛い経験しかしていないからかな。

茂木　面白いことをすれば、伝えたくなるのが人間なので、体験が少なすぎる。先生も親も。

大島　表現なんて、おもしろい、伝えたいという気持ちがあれば、技術はあとからどんどん増えていく。それがなければ3Dプリンターがあってもフリーズする。

子どもはどんどんやれる。例えば、デジカメを渡して、校内を撮ってきて言うといろんな視点で撮る。でも、それを写生でやろうとすると、よほど上手く授業をつくらないと、デジカメを持って走り回る時の好奇心はでてこない。子どもは表現したい欲求は本来沢山あるのに、そうすると授業の中では出せない。

住中　デジカメだと、「何故これを撮ったの？」という視点の話になるけど、絵で校内を写生するとだと上手い下手の技能が前に見えてきてしまう。稚拙たったり、他人が違和感があってたとしても「私こう思いました。」という視点を表に出す機会が少ない。ただ、鑑賞では「対話型鑑賞」が行われてる所では色々な視点をまるっと受け止められている。これは制作の授業でもできるはずです。

まとめ

茂木　では、長くなってきたので、今日の感想でまとめにしましょうか。

住中　**美術の先生だけは一緒に悩める先生なんだと思った。**数学の先生が公式を忘れて悩むのは問題ですが、美術は一緒に悩める、対話できる。ある美術の先生が言ってました、「いかに自分の『生』を出すかが重要だと」今日話してきて自分も本当にそう思います。

神野　わからないことが沢山あるという立場にたたないと、美術を教えるのは難しいよね。

大島　美術教育の研究者という立場からすると、教育研究っていうのが、自分を含めてですが狭くなっていると思います。現代は色々な関心と接続しながら美術教育は考えられるべき。今のままでは先細る。**他領域と関わり、もっと対話していかないと。**

神野　**やっぱりリアルな世界をどう自分が引きうけるのかっていうことに尽きる。**美術科教育って貞操観念が強いというか、聖女信仰みたいにみえる。狭い意味での美しさだけを扱って穢れないようにって。社会は複雑化しているし、本来造形性も複雑なのに、その両方の複雑さから目をそむけて単純化した中に安住している。これが美術および美術科教育の本質を失わせているような気がします。

今の世界は単純化する力学が強まっているので、複雑なものに向き合うスキルをどうやって身に付けさせるのか。有限の人の能力で無限の複雑さを引き受けるのは大変。しかし、最初から諦めて単純化された世界で振る舞うなら人間はいらなくなる。複雑なものや大きな仕組みをどう引き受けどう戦うか、個人でやるのと異なる文脈の人たちと一緒にやっていくのと両方やらなくてはならない。

茂木　今日は、少しですが、ポストとがび＝美術教育の未来について語れてよかったです。ありがとうございました。

◎座談会を終えて

茂木　一司

教育には「不易と流行」という金言がある。変わるべきでないものと変わらなければならないもののことだ。美術教育の場合はどうだろう？　他教科になくて美術教育にだけあるものは、（学習指導要領に基づいて考えると）色とかたち（造形）の学習ということになるのか？　現代のアートが世界に存在するあらゆる問題に向き合おうとしてもがいている中で、美術教育だけが造形の教育だけでいいはずはない。

学校の図工美術科教育がもっとリアルであってほしい。そうでなければ、子どもたちが美術をおもしろいと思うはずがない。中平と同様、わたしたちは皆そう考えている。「造形活動だけでなく、今ではすべての経験が美術の経験というところにいるはずだ」（神野）。本当の美術教育は「特殊な技能」なんかじゃなくて、もっと豊かなはずだ。直接体験が少なくなっていく世界の中で、素材との格闘による身体性の学習を大事にすることを否定はしないが、問題を社会との接続の中で考えるもっと知的な美術教育の必要性が増している。複数の生のありようを認めるリベラリズムを主要なテーマとする現代美術であれば、美術教育はどんな様態であったらいいのか？　多元主義と寛容の問題をアート／教育の問い／実践として、わたしたちは引き受けていかなければならないのではないか。

＊　ラッダイト運動
1811年から1817年頃、機械の導入がイギリスの織物工業の手工業職人に失業の脅威を与えたためイギリス中・北部の織物工業地帯に起こった機械破壊運動。

＊＊木村草太のテキスト
木村草太「これは何かの冗談ですか？ 小学校『道徳教育』の驚きの実態」『現代ビジネス』講談社，2016年．http://gendai.ismedia.jp/articles/-/47434

卒業生が語るとがび

とがび
第４回〜第１０回に参加
山口 将

全ては悪ふざけから始まる。

とがびに参加した理由は簡単だ。選択授業で美術を選択したからで、それは「勉強したくなかった」からだ。しかしそれだけではない。みんな中平先生が大好きだった。私のような陰キャラにもスポットを当ててくれ、それを個性と認めてくれる存在だった。しかしながら私達は絵も立体もできない。そこで悪ふざけに走った。メンバー全員の共通点は「ヲタク」だった。

誰かが言った。「俺らの部屋を作ろうぜ」と。盛り上がった。私はゲームとテレビを持ち込むと言い、一人がポスター、また別の一人がフィギュアと言い出した。さらに盛り上がった。だがふと思った。「これは美術なのか？」と。全員がそう思った。そこに中平先生がやってきた。「何をするの？」正直に開き直って答えた。「ヲタクの部屋を作ります」と。怒られるだろうと思った。しかし返ってきた答えは「面白そうだね！どんな風にするの？」認められた。正直拍子抜けした。だがゴーサインは出たのだ。こちとら、好きには全力投球のヲタク集団だ。企画はトントン拍子に進んだ。外から見たらただの悪ふざけだ。しかし中平先生が苦言を呈したのは調子に乗って蛍光塗料を全部使った時だけだ。作ったのは蛍光塗料を贅沢にぶちまけた箱１つとヲタクの部屋の看板だけ。

前日の日にテレビを持ち込み、ゲームを持ち込み、ポスターを持ち込み、フィギュアを持ち込んだ。メンバーの１人が言った。「明るくない？」と。そうだ、我々は影に生きるヲタク。部屋が明るいはずがない。中平先生と相談して赤いセロハンを蛍光灯に貼った。

そして当日。開場してみんなは作品の説明などを行うが我々はそれを最小限にとどめ絵を描きゲームに勤しんだ。来場された人は半分はなんだこれ？という目で、もう半分は爆笑していた。担任の先生にはこれが美術であるはずがないだろ！とも怒られた。当然である。自分の部屋みたいな空間を作ってゲームしてるだけなのだから。しかし多くの人は受け入れ面白いねと言ってくれた。参加アーティストも来て絵を描いてくれたりした。中平先生も来て「大反響だよ！印象に残った作品として名前をあげる人が多いよ！」と褒めてくれた。テレビ取材も来た。私が代表してインタビューに答えたが口からでまかせを言った。今、この作品はどのような意図で作られたのですか？と聞かれたら正直に答えよう。「悪ふざけです。」と。だが悪ふざけだが真剣だった。ヲタクの部屋に妥協はなかった。だからこそ我々も作品の一部としてゲームをし、絵を描いたのだ。だから認めてもらえたのだろう。その後、後輩達が真似したのは嬉しかったが正直に言おう。「我々の部屋が１番だ」と。その後社会人になってからヲタク談義をする「ヲタ・サミット」をやり、その翌年にはコスプレがしたい中学生と「Alice game」をした。次はヲタクから離れて誰かの言葉を売り誰かの言葉を買う「言 BAR」というのをやろうかなーと思っていたが翌年はなかった。

私のヲタク人生はとがびと共にあった。遅くなったが中平千尋先生の御冥福をお祈りしてこの話を閉じたいと思う。とがびよ！永遠なれ！

「とがび」から発展したコトづくりプロジェクト「さくらび」

京都市立藤森中学校　乾　茂樹

中学校美術教育は、描く活動とつくる活動、鑑賞の活動を通して、自分の考えたことを表現する、ものづくりを中心に学習を展開していきました。中平が戸倉上山田中学校で始めた、「とがび」は、ものづくりの延長線から始まっています。しかし、回を重ねるごとに、プロジェクトはものづくりから解体されていきました。２００９年の「さくらびアート・プロジェクト」（以下、「さくらび」と呼ぶ）では、中平は、美術党首、櫻美たろうとなって、「投票美」という美術を問う選挙を実施しました（図1・2・3）。中平は、政見放送でこのように訴えかけています。

２００９年、さくらびで投票美を実践。美術党首、櫻美たろうの政見放送（図1）。動画はYoutubeにて公開中 https://youtu.be/qZco9lIPVxY

美術党の櫻美たろうです。（中略）私は、美術の授業の目的を絵がうまくなるとか、彫刻がうまくなるとか、そういった授業ではなくて、美術ファンを増やすための授業というふうに捉え直しました。そう考えると、私1人、美術教師だけが、授業をするのではなく、もっともっと美術を愛好する大人の人、作家や美術館関係者に教室に入っていただいて、協力して美術の楽しさを子どもたちに伝える、そういう授業をするのが目的なんではないのかという考えに達したのです。そこから、今回の「さくらびアート・プロジェクト」は始まっています。この「さくらびアート・プロジェクト」では、中学生が美術を通して、様々な方々にコミュニケーションを取ろうと、一生懸命に育っています。日頃は口数が少なかったり、他人と

２００９年、さくらびで投票美を実践。美術党首、櫻美たろうの選挙ポスター。子供達がコミュニケーション能力が低いのではなく、コミュニケーションしたくなる経験がないんです。（図2）

大人は子供達に「場」を作ってあげられていますか？（図3）

人づくり、ものづくりの前に「こと作り」（図4）

しゃべることができなかったり、お隣の人と話すこともできない、そのような中学生がいますが、自分の作品をいろいろな人に楽しんでもらいたくて、一生懸命語ろうとしている、そういう姿を見ることができます。その姿に、美術の力を感じるのです。中学生はコミュニケーション力がない、って大人は簡単に言います。今の中学生はだめだ、とかですね、簡単に言いますが、力が無いのではなくて、コミュニケーションしたくなる経験を大人が作らないのです。コミュニケーションしたくなるような、ドラマチックな時間や場を大人たちが作っていないのです。そういった、経験や場所を我々美術党は、日本の教育現場、学校に創り出していく、そういうことを公約に掲げたいなと考えております。（後略）（※1）

中平は、選挙の訴えを50種類のポスターで発信しています。その中に、『人づくり。ものづくりの前に「ことづくり」』（図４）と中平が拳を上げているものがあります。この頃から、中平の美術教育への考え方が、ものづくりから「ことづくり」へと変わっていきました。この「ことづくり」という言葉は、１９８０年代半ばから使われることが多くなってきた産業界のキーワードのことです。言葉の定義としては、「製品やサービスを顧客が使用する段階における使用価値に注目し、（中略）モノとサービスを一体化させ、顧客が買ってくれた後の使用価値や経験価値を高めることを重視する。（中略）商品の交換時（販売時、購入時）にモノとしての機能以外の付加価値を与えるコトや、モノをユーザーが利用することで生まれる価値としてのコトだけではなく、価値を生み出す仕組やプロセスをつくりあげることもまた「コトづくり」である」（※2）産業界の「コトづくり」の考えが、中平にどのように影響を与え、どのように変化させていったのか、その背景を考えます。

中平のとがびは、２００６年以降、多くの協力が支える巨大プロジェクトに成長しています。しかし、中平はとがび4回目の２００７年に櫻ヶ岡中学校に異動しました。この頃、筆者は中平と会い、異動の様子について聞いたことがあります。自分の後任が見つからない状

解体直前の校舎を美術館に変身させた。廊下を滑り台に変えようと中学生と美術大学生によるコラボ作品。さくらびアート・プロジェクト２００９（図５）

ありすイン櫻ケ岡
30年前に茶室があった場所に「不思議の国」に見立て、来場者が「アリス」になり、カフェ的な要素を持ったスペース作品。さくらびアート・プロジェクト２０１０（図６）

況に失望したことや奥様の紀子さんが後任として着任する経緯などを聞きました。ここまで大きなプロジェクトに成長すると、中平でないとコントロールすることができない事情が生まれている現状に、中平は不満をもっていたと感じました。**「思いつく人はたくさんいるが、本当にやる人は、ほとんどいない」**との言葉が、この頃の中平の気持ちだったのでしょう。この言葉を投票美のポスターに選んでいるのも、全国の美術教師に向けた、中平の心の叫びだと思います。とがびやさくらびを10年続けることは、中平の中学校美術教育に対する挑戦であり、全国の美術教師への警鐘の発信でした。これらのプロジェクトは、選択教科や総合的な学習の時間などの教育課程の授業時数を使って取り組まれており、選択授業が無くなり、授業時数が思うように確保できなくなる中で、プロジェクトを実施していくことは、学校全体の協力が不可欠であり、教職員間の温度差への気遣いなどの苦労が推測されます。そのような中、ものづくりを進めることを模索する過程で、２０１０年以降「ことづくり」へと考えを進めることになったのではないかと考えました（図５・６・７）。

中平は、２０１０年11月14日のブログでこんな言葉を残している。

「櫻ヶ岡中学校の中平です。11月12日、長野市で長野県美術教育研究大会長野上水内大会が行われました。過渡期にある美術教育とそれに関わる団体として、どう変革していくのかそれが課題となった大会だったと思います。また、長年、長野県の図工美術教育だけではなく日本の図工美術教育を引っ張ってこられた信州大学の橋本光明先生がこの3月で退官されるということで、信濃教育会館大ホールにて講演をお聞きしました。そのお話をお聞きし、とても刺激的だったのですが、「こと」と「もの」についてのお話が特に私自身勇気付けられましたので、メモですが掲載します。また、私個人の所見も曲解しているかもしれませんが載せます。

教室にクジラが…
「いつもの教室に、突然巨大なクジラが現れたら面白いと思って…」原寸大のクジラが教室の床から現れ、暴れています。そのために、教室の机や椅子ががちゃがちゃに倒れてパニック状態になっている。さくらびアート・プロジェクト2010（図7）

美術教育では物を作るのではなく、「こと」を作ることが大事。

これは、つまり、中学校美術教育で言うと、「おもしろい作品作れよ」と生徒に言うのではなく「面白いことやれよ」なんですね。小学校で行われている造形遊びは、まさに「おもしろいこと」の結果として「おもしろい作品」が生まれている。小学校と中学校をつなげるキーワード。「ものつくり」と言われているが、技術だけのものつくりは、ニセモノだ。まずは、「おもしろいことを考えるヒト作り」があり、「面白いコト」が生まれ、その後「モノ」が作られると思う。例えば、自動車。いきなり自動車を作ろうとしたのではない。「あの遠くの土地まですぐいけたらおもしろいだろうなあ」と、その時としては奇想天外と思われる「面白いこと」を思いつくヒトが出現。その後「なんか乗り物みたいなものがあったら実現しそう」と発想されたコトが出現。その後、技術の進歩で自動車という「もの」が生まれる。全ては「おもしろいヒト」が出発点。


とがび、さくらび、なぜ生徒たちはよく動くのか。そして、なぜ作品が面白いのか。

それは、「面白いこと」を作り出そうとしているからではないでしょうか。「いい作品を作れ」とか「おもしろい作品作れ」というのではなく、面白いことをやっている結果が「面白い作品」につながっているんだと思いました。「生徒の発想力がない」「おもしろい作品ができない」と悩む先生がいますが、題材を「おもしろそうなことができて、結果として面白い作品が生まれてくるだろう」と予想できる題材に改良したらどうでしょうか。それが、もしかすると、生徒たちの活動を活発にし、小学校と中学校のつながりを生むかもしれません。そして、その「こと」つくりから始めることで、面白いことを発想する「ひと」が生まれると思います。最後に、橋本先生が繰り返しおっしゃっていたこと。「失敗を恐れずまずは、どんどんやっていきましょう」。」（※3）

2013年、中平はさくらびの実施を美術部に提案します。しかし、生徒たちは、学校の雰囲気をより良く変える目的のプロジェクトを行いたいとその時考えました。生徒たちは、問題のある（学校の）環境に美術を使って自分たちの考えで働きかけ、中学生のリアルをみ

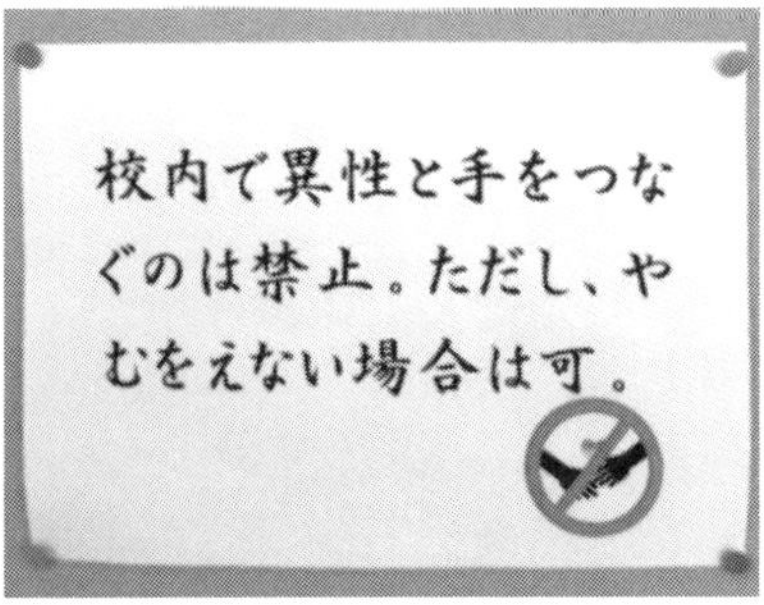

校則諸法度プロジェクトの掲示物の一例（図8）

バリバリバルーンプロジェクト（図9）

んなで共有しようと試みたのです。プロジェクトの名前は、「櫻ケ岡中学校をこちこちょくすぐって面白いことが起きそうな中学校に変えようプロジェクト～略して『こちょ☆ぷろ2013』」と決定し、その年、大小30個以上の企画が年間を通じて実践されました。プロジェクトのネーミングからも、生徒たちの目線が生徒同士のコミュニケーションに向けられていることがわかります。

その年の5月、校舎内をカッターで切り付ける事件やトイレで物が破損される事件などが多発しました。数日間、毎日のように全校集会が行われました。美術部は、緊迫した雰囲気を緩和しようと校則にユーモアをプラスしたポスターを校舎内に掲示するプロジェクトを実施しました（図8）。6月には、トイレでいじめによる事件が発生しました。学校は美術部に使用マナーについてのポスター制作を依頼しましたが拒否し、自分たちの考えを盛り込んだプロジェクトを独自に企画・実施しました。トイレの使用状況が悪くなる昼休みの時間帯に、風船200個を思い切り割ってもらうストレス発散プロジェクト（図9）です。7月には、教室内や校舎内外で紙屑が捨てられ、紙飛行機で飛ばされている事態にアート活動と七夕をジョイントさせ、生徒の願いを書いた紙を紙飛行機にして、校舎から空へ飛ばす企画を実施しました（図10・11）。このようにして美術部の生徒たちは、学校で起こる問題に対して、美術的に楽しいこと面白いことをきっかけに生徒同士が問題を認識し合う、「学校くすぐり」を実践して行ったのです。「くすぐり」に反応した生徒たちは、プロジェクトを通して、学校環境や人間関係の在り方に気づくのです。この生徒たちの行動は、さくらびで中平が仕掛けてきた美術教育の時限爆弾が爆発したものであり、中平の美術教育がものづくりから「ことづくり」へと移行する、最大の出来事と筆者は考えています。目の前の生徒たちが、自ら考え、美術を自らの生活の中で楽しみ、「使える美術」に変えて行く姿に、中平は、「生

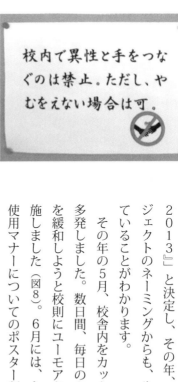

紙飛行機プロジェクト（図10）

紙飛行機プロジェクト校内展示風景（図11）

徒が自ら美術に求めた、1つの答え」に到達しました。「こちょ☆ぷろ」のような「こと」構造は、美術への基本概念の転換を意味している。中平が10年かけて求めた形は、学校の生徒全員が美術に参加できる、「こちょ☆ぷろ」にあるのではないかと思っています。

　中平ほど生徒が大好きな教師はいなかったでしょう。生徒と美術を楽しみ、生徒の考えに寄り添う。それは、数多くの中平のブログが物語っています。生徒のがんばりを社会に伝え、生徒がブログを読むことで活動の振り返りが出来ます。そして、家でも美術を話題にできるようにとブログを続けていたのでしょう。中平は、「1年間３６５日の中で、1日くらいはアートの話題を家庭に持ち込みたい。夕飯の話題をアートの話題にしてみたい。『今日見た作品すごかったよ』『変な作品見て、意味わかんない』など何でもいいのです。『とがびアート・プロジェクト』で、そういう話題を提供したいと考えていたのです」と語っていました。この言葉にも中平らしさが満ちています。教師として濃厚な羨ましい時間を過ごした中平の足跡は深い。

※1　とがびアート・プロジェクト　2009.8.29 投票美政見放送より

※2　総務省「平成25年版 情報通信白書」ＩＣＴの進化と「コトづくり」の広がり　3スマート革命がもたらす事業活動の変化　ア「コトづくり」の定義

※3　とがびアート・プロジェクト　2010.11.14 ブログ　さくらびレポート１８０〜11月12日・橋本光明信州大学教授講演より

とがび×マルビ＝カルビ

長野県上田染谷丘高等学校
斉藤篤史

とがび記憶の効能

できるだけ過去は語りたくない。大事なことは「今目の前で起きていること」——例えば、生徒の現在進行形で起きていることにしか興味がないだとか、過去を懐かしがっているヒマがないだとか、常に新人の心持ちで今ない価値観をつくりたいだとか——です。ゆえに、僕にとって「とがび」での7年間は単なる通過点。すでに記憶がおぼろげな「マルビ」（丸子修学館高校美術部の略称）での10年。そして今がベストの（つもり）町工場のような「カルビ」（軽井沢高校美術部の略称）で迎えた反骨の5年目。今もこれからもきっと、すべてがどこか遠くへとつづく旅路の半ばで起きたひとつの出来事であって、回顧だとか総決算だとかが苦手分野な理由はそこにあります。忘れて真っ白な状態で次をつくるとうまくいく公式を知っている「忘れる名人」になりたいとさえ思っています。

ただ、僕にとって「特別な効能」があったと感じているいくつかの通過点記憶がお守りのようにあります。忘れてしまう記憶なんてたいしたことはないんだと思いつつ、忘却していないいくつかの大切なことの中に「とがび」はあります。少しあやふやな記憶をたどってみます。

とがびの働きの中で僕らに感じさせてくれた1番の発見は「**美術で地域をつなげる**」こと

の愉快です。「心の底からみんな喜んでアートをおもしろがっていた」という記憶です。役に立たない、生産性もないアートを通して得るその喜びは、見事なばかりに強い伝染性をもって僕らの心に届きました。血も涙も笑いもありました。**「アートというのはこういう形で1つつぼにはまれば多くの人をこんなにも旅させてくれるものなのか」**と改めて感心しました。まるで人々が集う温泉のような「とがびの効能」は結局じわりとあとから効いてきて、部員の心のなにかを解放し、変わるきっかけをつくりました。僕自身も毎年どうなるか分からない感たっぷりに参加したとがびでの新鮮で貴重でクレイジーな体験と、静かに沸き出してくる深い共感の記憶が、どこかで今のカルビでの活動につながっている気がするからあなどれません。

温泉プール（2007）
サイズ可変　教室にペットボトル、糸、不織布、ボール

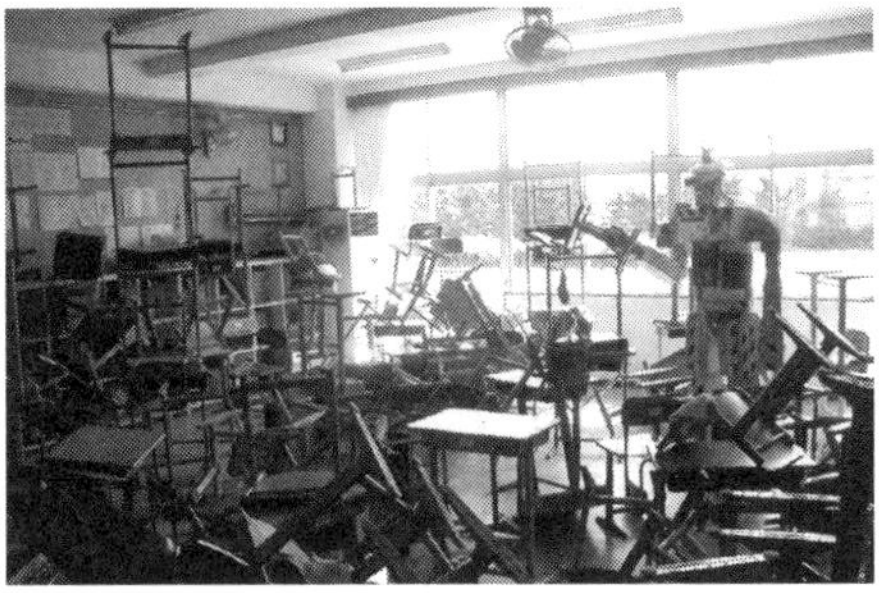

廃教（2008）
サイズ可変　教室に６部屋分の机と椅子、作品

小中高大の各学校や作家が一同に会し、１日だけ中学校が美術館になる企画に地域の高校美術部として７年参加。戸倉上山田中学校卒でマルビに入部した小林稜治君の紹介がきっかけ。写真は参加初期のマルビ作品。１年生の教室６部屋をギャラリーに見立て様々なインスタレーション作品を展開。その後「その場所（とがび）ならでは」のアート作品をつくりだすサイトスペシフィクな発想が生徒に広がっていくことになる。

想像の海 / 中学生だった自分へ　(2009)
サイズ可変 教室に展示、校庭でパフォーマンス

あめあがり（2010）
サイズ可変　教室に新聞紙にアクリル、針金、アルミホイル

ひらく「とがび」アート

7年間、2つの「高校の美術部」として参加した（2007〜2013年）。遊園地のように広大な中学校という舞台を「自由に使って表現できる場」だという強烈な印象が残っています。当時のマルビにとって、一番うれしかったのはその「場」の提供です。とがびキュレーターこと中平夫妻に「ご自由に」と言われ、「じゃぁ好きに楽しみます」という関係。地域に打って出る展覧会に部員は毎回できるかぎりの準備をして臨みました。参加者の多種多様さがおもしろさを加速させる現場と、本気の試合みたいな機会と縁の連続に感謝しっぱなしでした。だからというべきか「ただの媚びた娯楽アートと呼ばせないぞ」という気迫のようなものがこもっていました。現地中学生と県内外から訪れる人々の好意的な反応が大きな力になり、中学校という特別な磁場がある場所で、その日限定で出現する架空の美術展に参加できること自体がご褒美となっていました。同時に、中平千尋という一人の孤高な、そして誠実な中学校美術教師の敬意の発露としてはもちろん、多くを語らずとも作品や生徒を通して生まれた信頼関係は、一世一代の奇跡的な邂逅といってもさしつかえないでしょう。部員にとっても、僕にとってもそこは刺激的で、実験的で、心愉しい、そしてなにより妥協のない挑戦できる場（空間）となって「とがび」が知らず知らずに各人の心に食い込んで「そこになくてはならないもの」になっていきました。作品通して人の心を打つことの感動や地域の人たちとの交流は、アートってこんなにも「拓くんだ」と実感として感じとることができました。結果、表現する楽しさと、自身の心をもひらくアートに自信をもらう部員の成長をひっそりと、でも芳醇にありありと目撃することになるのです。

想像の海／中学生だった自分へ：マルビ展示作品を校庭に移動させ、演出を加えながら物語性のある火を使ったパフォーマンスを行う試み。

あめあがり：マルビ7作品中の1つ。この年は京都造形大学の福教授による「対話型観賞」をマルビ2作品で実施。「意識を持って見る」をキーワードに、約1時間の参加型観賞体験を来場者とともに味わう。

当時の部員が作成した新聞（報告書）を振り返ってみるとこう記されています。

「『今年もすごいね。来年もたのしみにしています』といううれしい言葉をたくさんの方からかけていただきました。新しいつながり、今までのつながり、多くの人とつながる〝４６５ビ〟を感じた瞬間、心があたたかくなりました。これからも社会とつながりながらヨロコビを届けていきたい、そう感じた展覧会でした。」〔２０１２年マルビ部員感想より〕

カフェ（2007－2013）
サイズ可変　昇降口ピロティに椅子と机、作品

モスグリーン（2012）
サイズ可変　教室に新聞紙、アクリル、パフォーマンス

マルビＯＢ展（2013）
サイズ　教室

スタートライフ（2012）
サイズ可変　教室に現地の草花、花瓶、水

特に印象に残るのはマルビ在籍最後となる２０１２年10月７日のとがび。たしか秋まっさかりのいくぶん肌寒い１日でした。「４６５ビ展」と題して、その年も１年生の校舎まるごと６部屋と生徒昇降口前ピロティを使用しての大規模な展覧会。市民オペラから依頼された舞台美術（20×７m）や、各教室で展開されるサイトスペシフィックな作品やパフォーマンス、個人作品等、何ものにも代えがたい独特の美質に富んだアートの醍醐味がそこには創りだされていました。ロックでパンクでファンクなアート表現の中にも、ぴりっと前向きなひたむきさがありました。圧倒的な手間ひまが来場者の心をゆさぶっていたのです。

仕事（とがび）はぜんぶ思い出づくり

部員の「その後」の成長っぷりにも驚かされました。翌年（２０１３年）のマルビ初の東京展（アーツ千代田３３３１）や国公立美大合格と、自信をつけた部員たちの活躍はめざましく、好奇心と闘争心と機会さえあれば地域の高校でも「やればできる」なんて当たり前のようなことを「ひらく美術の力」とともに改めて実感することになります。

７年間のこどもビーム全快の「とがび効能」はきっとこれからもとっても豊かな感動体験として立体的に僕らの心の中に残り続けるのでしょう。それらはなんのてらいもなく心に沁みこんでくるもので、その誠実さに時代の違いはありません。カルビのことを書くつもりで、結局忘れられない「とがび通過点記憶」のことばかり書いてしまったようです。

やれば、できる。
体調管理、自己管理。
自分の「OKライン」を上げよ。
楽しむ、楽しむ。
変わらないために、変わろう。

今しか使えない、自己紹介をする。

HOPE!　Do Create!

マルビtimes
Season 8
MARUKOSHUGAKUKAN ART CLUB MARUBI 2010 ©
NO COOL, NO ART!

117号
277日　日の出 5:38

Marubi All Stars 2010.　Monday 04 OCT 神無月 2010　天高し、初雁、釣瓶落とし、紅葉狩り。MARUBI Newspaper, Since 2003 €Not for Sale

Photos illustration : Mr.MARUBI design

一日限定、温泉街にある戸倉上山田中学校が、まるごと今年もアートな現代美術館＆ギャラリーに変身。
この秋最大のアートの祭典、全国アサヒアートフェスNプロジェクト、10/10(日)オープン！４年連続招待参加のクリエイティブ集団マルビの「楽しい」も、作家と小中高大地域のコラボも、DON'T MISS IT !だよ〜。

MARUBI × メガとがび

妥協しない。だからおもしろい。クリエイティブ集団マルビ2010が描いた夢。

2007

①記念すべきファーストアルバムにして心のベストテン1位！その後の伝説のはじまりのうた。

2008

②大ブレイクのマルビ2ndアルバム。土肝を抜いた「入れない部屋」等圧巻の超高校級アート作品。

2009

③マルビワールド集大成。思いの強さで、圧倒的存在感。パフォーマンスアートでその先の未来へ。

2010

④常に変化していく姿勢で新しいことへの挑戦をあきらめないマルビ、全てを捨てて、新作新生の4thアルバム。乞うご期待。

とがび展覧会情報
日時：10月10日(日) 9:00-17:00
場所：千曲市立戸倉上山田中学校
料金：入場無料
マルビ：「カラカラアゲ展〜最終章〜」

4年連続4度目のマルビ招待参加になります。高校生×とがびの道を切り開いたマルビは今年も中学校の教室6部屋(南校舎全て)とピロティをお借りして、文化祭でのマルビ展を3倍！のスケールにして「新作第2弾」と現役美大生(マルビ卒業生)とともにお届けする芸術の秋長野県最大のアートフェスティバル。

中学校が秋の3連休の1日間だけ、ちびっ子からお年寄りまで楽しめる「まるごと現代アート美術館」になります。

アサヒビール文化財団協賛で行われる全国的にも類を見ない学校を舞台にした大掛かりなフェスティバル。見慣れたはずの懐かしい中学校の各教室が、1日だけ架空の現代美術館に変身。まるごと体感できるアート作品や小中高大学生と作家と美術館のコラボ作品やキッズ学芸員が登場し、「楽しむ」アート作品にワクワクドキドキ。

芸術の秋、こどもビームを体感しに戸倉上山田中学校会場に足をお運びいただければ幸いです。

★アサヒアートNプロジェクトとは「市民の主体的な参加によるアートフェスティバル」というコンセプトのもと、アサヒビールと全国のアートNPOや市民グループが協賛して2002年にスタート。今年で9年目。夏から秋にかけて北海道から沖縄まで全国各地で30を超えるアートプロジェクトを展開している。『とがび』とは長野県で展開する唯一のアサヒアートフェスティバル(とぐらかみやまだびじゅつちゅうがっこうの略)。「中学生に美術を好きになってもらいたい」そんな想いを持つ戸倉上山田中学校の美術教諭が「中学校を美術館にしよう！」と、中学生学芸員が県内外のアーティストに呼び掛けて7年前始まった。今年で7回目。

メガとがび × カラカラアゲ展
アサアゲプロジェクト最終章
2010年10月10日(日) 9:00-17:00
マルビがアートで世の中の気分を上げてみせちゃうぜベイベー！

Gallery 1 「ポイズンパニックⅡ」
Gallery 2 「きもちのカタマリ」
Gallery 3 「あめあがり」
Gallery 4 「のびのびスライム Workshop」
Gallery 5.6 「マルビギャラリー」
Gallery 7 「ネイチャーラウンジカフェ」

全て新作

参加作家　MARUBI ALL STARS　24名＋ボランティアスタッフ
○主催：Nプロジェクト実行委員会
○協賛：アサヒビール株式会社
○助成：アサヒ芸術文化財団

2010.10 10

□ラストスマイルへ　団体制作風景。

☆ほぼマル会様！：マルビ保護者各位。
後期も、嬉しい悲鳴の依頼殺到でマルビ祝儀毎掲載のとおり、盛りだくさんの充実した郊外活動第2弾「メガとがび」が今年も開催されます。連日のお子さんの「いいものを作る」という気持ちのこもった姿勢で高校生活最高の思い出の一つになるであろうとがびへの制作準備が朝に夕に日々繰り広げられています。
例年のことながら「作品搬入やら、送り迎え」等遠方まで大変なご負担ご迷惑おかけしますが、よろしくお願い申し上げます。
マルビ保護者のみなさまの大応援おかげで、いつだってがんばれます。ありがとうございます。

マルビ新聞 顧問版 117号（2010）　サイズ A3

不定期発行のクラブ通信。生徒版と顧問版がある。各イベント毎に作成。クラブ活動を健全に批評・客観的視点で言語化。生徒自身が引き出しを増やしていていることが目に見え理解できる効果があり、結果、自信につながりました。また、保護者・校内廊下・職員・地域等で配布や掲示をすることでクラブとしての活動理解や広告にも役立ちました。（現在もカルビで継続中！）

● AAF café　20160319（Stu.）

座談会③
「とがび」とは何だったのか？
AAF Café「中平さんが問いかけ続けてきたこと、そして未来へ！」(2016.3.19)の記録
中平紀子×卒業生

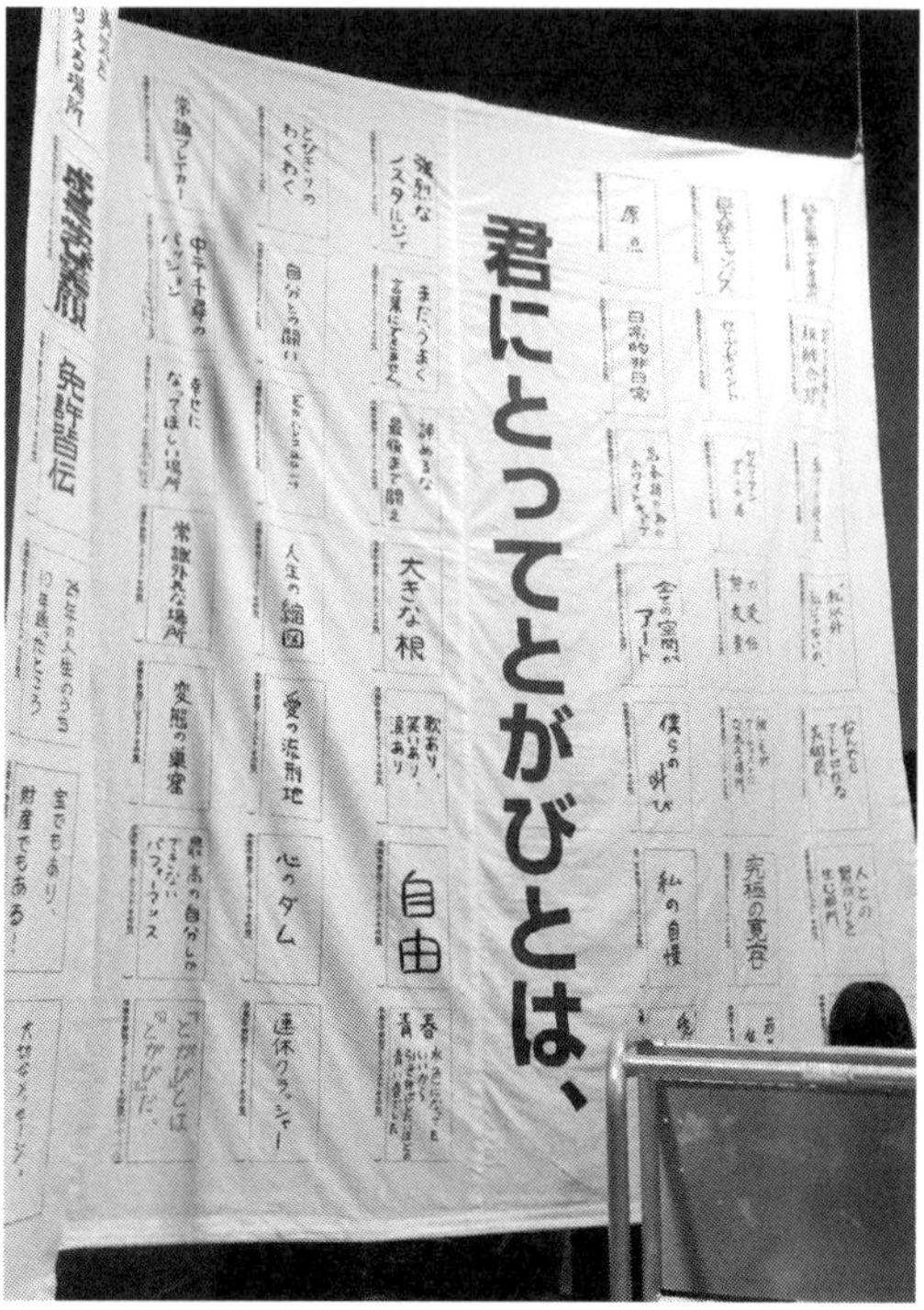

この座談会は、2016年3月19日（土）に、AAFネットワーク実行委員会主催で開催されたAAF Café vol.15「中平さんが問いかけ続けてきたこと、そして未来へ！」の中で、教え子の小林稜治、大久保みさ、小山莉紗、寺嶋美咲、青木華栄、余語真主美、滝沢宏至、橋本恵理香と教師・中平紀子が授業をするように対談した記録です。「とがび」は、2005年から9年間「アサヒ・アート・フェスティバル（AAF）」の助成金を受けて活動を展開しました。当日は、長野・戸倉上山田からとがびの卒業生やAAFに関わりや関心のある大勢の方々が全国から駆けつけ、盛会裏に開催されました。

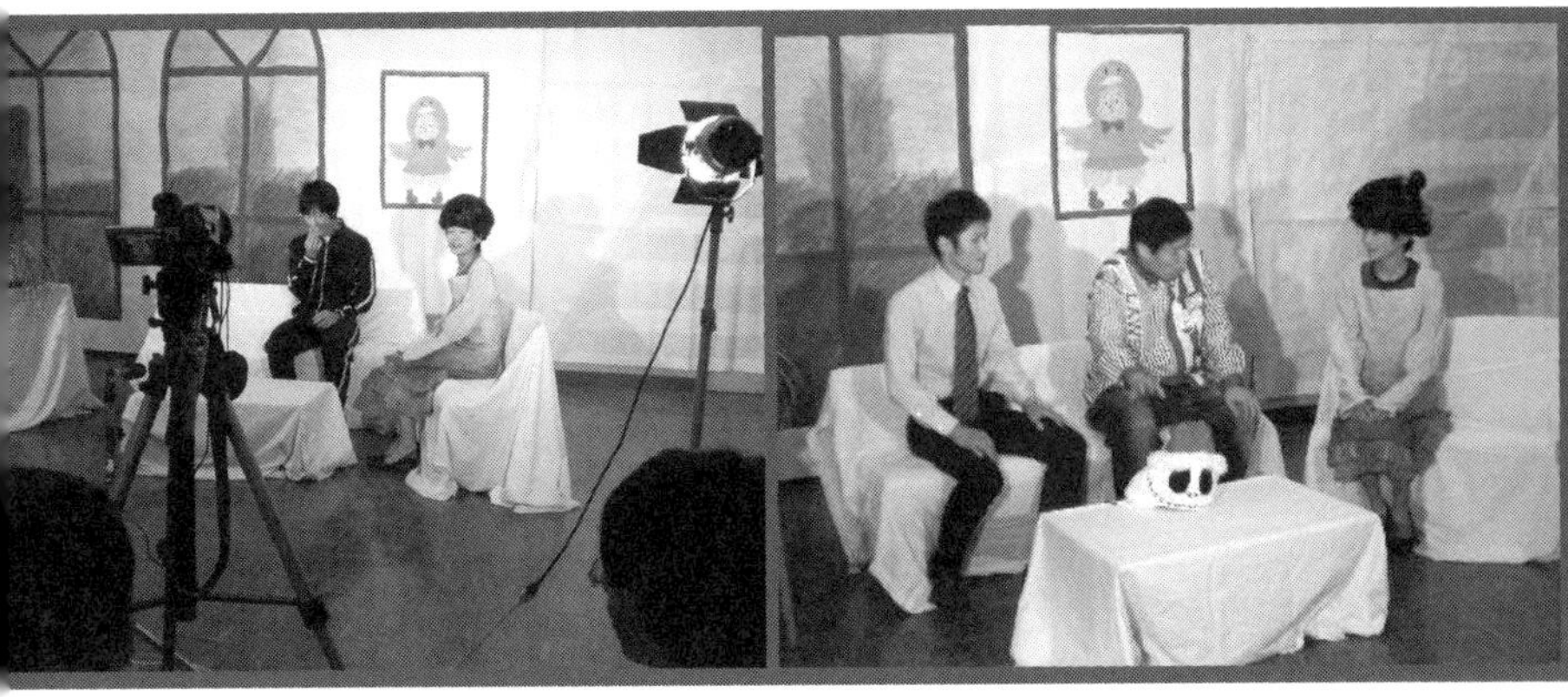

とがびの部屋
山本耕一郎×美術部２年生　２０１０年

中平紀子　今日は、とがびとはなんだったのかについて考えてみたいと思います。

実は今日集まったのはとがびに関わった年代も様々なので自己紹介をお願いします。

小林稜治　みなさんこんにちは小林稜治と言います。年齢は今24歳です。とがびが始まった２００４〜２００６年に中学生でした。今地元で編集の仕事をしています。

大久保みさ　私は武蔵野美術大学２年の大久保みさです。２００８年から高校３年生までとがびに参加していました。

小山莉紗　現在20歳で、大久保さんと同じく２００８年から高校３年までとがびに関わらせてもらってました。現在は東京で普通の文系大学に通っています。

寺嶋美咲　女子美術大学短期大学をこのあいだ卒業しました。20才です。自分も大久保さんと同じく２００８年から高校３年生まで関わっていました。

青木華栄　青木華栄です。２００９年から３年間とがびに参加していました。今は東京の専門学校で音響を勉強しています。

余語真主美　余語真主美19歳です。今は山梨県の短大に通っています。とかびには２００９年から３年間参加していました。

滝沢宏至　滝沢宏至です。自分も２００９年から３年間とがびに参加していました。今は地元で就職しています。

橋本恵理香　２００９年から３年間関わりました。今は地元の方で就職しています。

中平　自己紹介ありがとうございます。今日は客席にも卒業生がいるので後で話を聞きたいと思うのでよろしくお願いします。

それでは、「とがびとは何だったのか」についてですが、そこのタペストリーに色々と書いてありますが、一言では言えないと思うので、卒業生である皆さんは何をしたか話してもらえますか？　２００７年に関わっていた人は……橋本さんどうでしたか？

橋本　私は同じ学年でも色々なことをしていてそれらのサポートがメインで活動して

とがびの部屋
役所や温泉街へのリサーチ

いました。特に2年生の時にやってた「とがびの部屋」ですね。

滝沢　僕たちが2010年にやった「とがびの部屋」は「徹子の部屋」みたいな感じで、僕が黒柳徹子に扮し、地元の方の紹介、地域や温泉街とかのすばらしい所を紹介する映像を作りました。この時、一筋縄ではいかなくて、仲間同士で「これはこうだとか、できないーとか」喧嘩しあいながら、でも仲良く映像作品をつくりあげました。

中平　泣いてましたよね余語さん。あれ滝沢くんだったかな。監督というかディレクターをしていた余語さんどうだっけ？

余語　2人とも泣いてました（笑）

中平　あのプロジェクトは、全て生徒がやっていたんです。音響からカメラマン、会議室にセットも自分たちで作って、応接セット全部も応接室から机を自分たちで運んで、裏の話を言うと先生たちを説得するのも大変で、生徒も私も大変でした。

余語　とがびの部屋ではディレクターのようなことをしてました。何をしたらよいかわからなかったし、徹子の部屋もあんまり見たことがなかったので、過去の映像を見て調べました。黒柳徹子さんはしっかりした知識のある女性と思っていたのですが、割と雑な人だとわかったので、これだったら、滝沢くんも適当なところがあるから適役だなと（笑）

なんで喧嘩したか忘れたのですが、始めごろとか作品がグダグダで、私の指示した声が映像に入ってたりと情けない作品だったので大喧嘩したんだと思うのですが、でも楽しかったです。

滝沢　憶えてるのは。温泉街の朝市で組合みたいなのがあって、おかみさんたちに、温泉街のここがいいとか、ここをアピールしたいとかについて取材したと思います。

中平　実はアーティストとのコラボレーション作品だったんですけど、山本耕一郎さんにきっかけとして入ってもらって、後は生徒だけでやったんです。なんでこの作

あなたがアリスプロジェクト
ひさつねあゆみ×美術部2年生
2009年

品やろうと思ったの？

滝沢　地域活性化だったかな？　上山田の温泉街が寂しいと思ったから。寂しかった、もっと箱根みたいに賑やかになったらいいんじゃないかなと、当時の僕は（笑）

中平　ユニークな人やアピールしたい人がいたら紹介して欲しいと、地域の挨拶まわりとか、役場にも行ったよね。色々思い出してきました。卒業生のみんなも頭を昔にもどしてください。では、ちょっと年代を変えていきましょう。

大久保　2008年は1年生のみんなで学校の名物の130メートルの長さの廊下を水族館にしようというので、紙で大きな魚をつくっていっぱい展示しました。2009年はアーティストさんと2年生のみんなとのコラボで「あなたのアリスプロジェクト」をしました。アリスの世界観を教室につくって、アリスの登場人物の人形をつくってティーパーティーをした覚えがあります。教室の中に落ち葉を大量に持ち込んで森をつくりました。2010年はそれぞれで色々な作品をつくったのですが、私は教室の天井に色んな所で撮影した空の写真を大量に使用したインスタレーションをしました。卒業してからは高校の美術部でも参加してましたが、3年生ではとがびの卒業生を集めて10周年記念としてOB・OG展を行いました。

中平　アリスプロジェクトもね、すごいことをしまして、学校で伐採して捨ててあった木を教室に持ち込んで、本物の木で森にするためにすごい遅くまで作業していた記憶がありますね。これはなんでやろうと思った？

大久保　アリスが好きな時期ってあるじゃないですか。世代的に。アリスで何かやりたいっていうので始まったのだと思います。それでティーパーティをしました。

中平　本当の紅茶まで出したよね。で、片付けがめちゃくちゃ大変だった。落ち葉が。

どうして教室にアリスがあればよいと

「xSEED　タビコロモ～バンタン研究所と戸倉上山田中学校ファッションショー」

思ったのかな？

小山　たしか一番初めは、忘れ物になった傘をばらした時に、この生地がきれいだな。これで服つくれたら綺麗じゃない？って、とがびのはじめる前に学年でそういう話をしていて、そしたら中平先生がそういうのが得意なアーティストの方を紹介してくださって、気が付いたらアリスになっていた。始まりはそういうことだったはず。

中平　学校って置き傘が本当にたくさんあって、全部捨てるのはもったいないねって。その後、ファッションショーもやったよねみんなの世代は。バンタンデザイン研究所の人たちと。

小山　そこに触発されてたのかな。

中平　バンタンのファッションショーあれはすごい経験だったねぇ。最初は生地、傘から変身しようとして、服からアリスになったんだね。

小山　途中までは服という大テーマがあったはずですけど、最終的にこうなってしまったと（笑）

中平　でもすばらしい空間になったと。

では、次は小林稜治くん。

小林　年表見てもらうとわかるのだけど、2004年にとがびが始まってその時から中平千尋先生に直接指導してもらった世代で、僕が卒業生する年に千尋先生が異動になって、今日来ている卒業生、僕以外は紀子さんチルドレンになりますね。

僕らの時は総合学習の時間を使ってました。最初は千尋先生がやるぞ、と言った感じで、わけもわからず、いきなり信濃美術館の学芸員さんに会って、東山魁夷の作品借りるってなって、はぁって感じでした。

1年目はビデオ係で、裏方で、みんながアーティストと共同制作しているのをひたすら撮影していて、2年目からは僕も東山作品を借りるチームになったりして、正直なところ、とがびの特徴でアーティストと共同制作することをやってないんですよ。

共同制作というより美術館から借りるとか

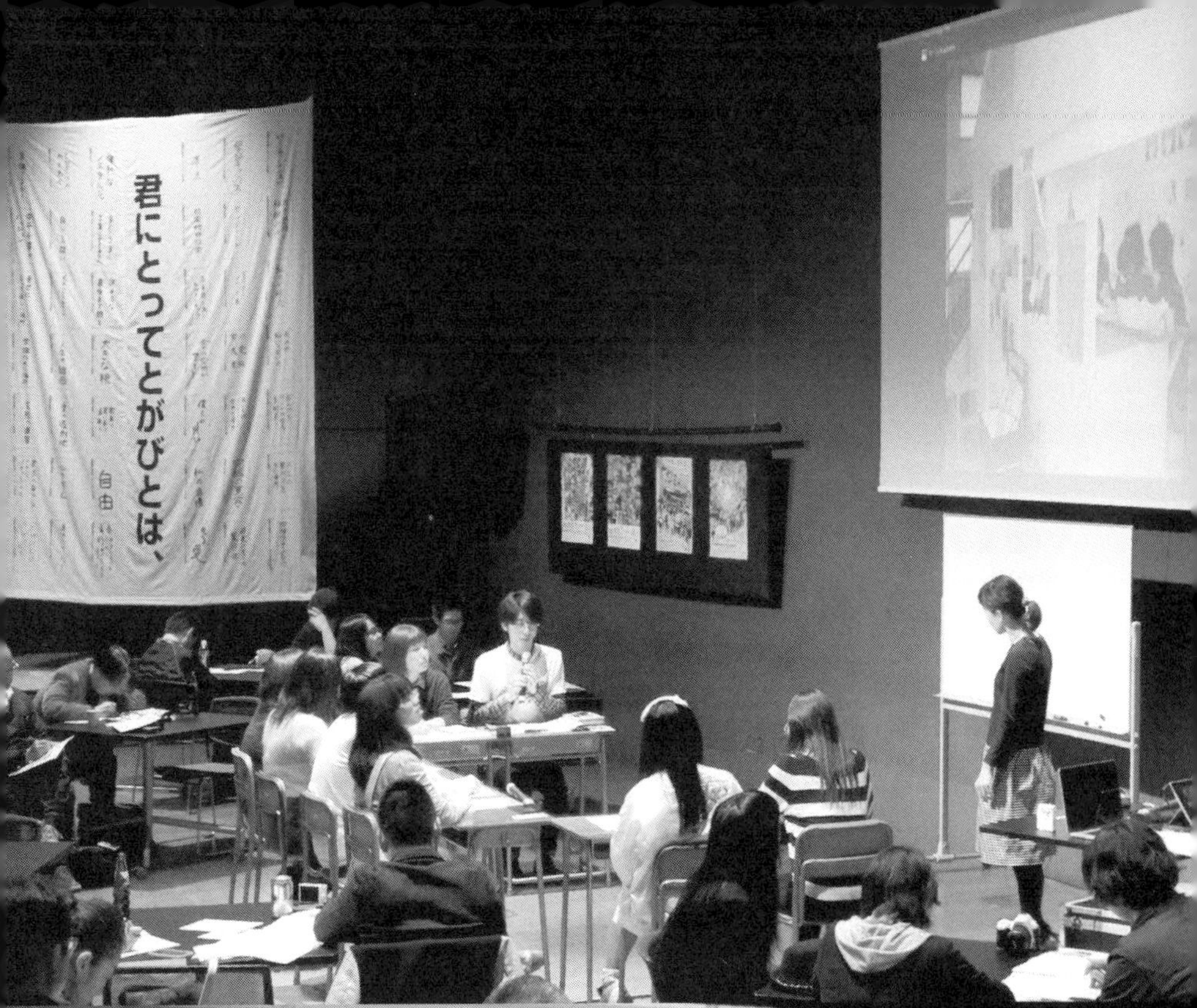
君にとってとがびとは、

小林稜治の高校時代のパフォーマンス

小林稜治が廊下アートセンターで行った
「にんげん研究所」

企画部分に関わっていました。

　卒業してからもまんまとハマってしまいまして、高校の美術部のみんなととがびに一緒に参加して、高校生作家みたいな感じで3年間参加した。で、まだ離れられずに大学行ってもとがびで色々と、美術鑑賞教育のプログラムをしていたのでそれをとがびに持ってきたりとか。

　大学出てからも離れられず、アーティストの住中さんが2010年学校の階段下に廊下アートセンターという普通の学校ではありえない空間をつくってくれてたので、そこに僕が入って、中学生と怪しいことをしたりしました。

＊　＊　＊

中平　なるほど、思い出を語ると色々と出てきますね。では、今日の本題ですが、「とがびとは何だったのか」というのを考えてもらいますが、とがびで何を学んだのか、何だったのかをみんなで話し合ってアクティブラーニングしてみましょう。小林くん司会お願いします。

小林　では、自分はアーティストと作ってないのでわからないから聞きたいけど、みんなは知らない変な大人の人が、学校に入ってきてどう捉えていたのですか？

滝沢　僕は、知らない大人の方が来て、中学生の頃の僕らには知らない世界を教えてくれた。2011年に「ど貴族ラジオ」をやったときも、自分の話し方は独特だけど、当時ラジオを聞いてて、あぁすごいなぁ、やりたいなぁこんなにかっこいい人になれたらいいなぁという希望が少しずつ芽生えてた。それを山本さんに話したら「おもしろそうだねぇ」と、自分の希望が形になっていくということがすごかった。

余語　私は滝沢くんとは違ってちょっと閉鎖的な人間だったので、正直知らない人、大人の人というか、アーティストという漠然とした職業の人が来て、胡散臭いなぁと思ってたんです始めは。それに、どうせ中

ど貴族ラジオ
山本耕一郎×美術部3年生　2011年

スクールフィルムプロジェクト
住中浩史×美術部2・3年生　2009年

学生相手に教えるって言っても、チョロっときて終わりと思っていた。けど、ちゃんと教えてくれるし、その通りやるとできるんですよ。だからとってもびっくりしました。私みたいな人間はアーティストみたいな人に関われてとってもよかった、成長したと思いました。

青木　私はとがびというくらいだから美術関係のことをやると思ったんですよ。絵を描いたりとか展示したりとか。アーティストの方が入ってきてテレビ番組とかラジオとかやってて、これからそういう人と関わらないとは思うけどすごくいい経験だった、人生におけるいい刺激になったなぁと。

小山　私は、美術部に入ってたけど、絵は上手ではなくて、とがびやってて絵を描くだけが美術じゃないっていうことを、形にして目の前にバーンって出されて、あぁこういうやり方もあっていいんだと。空間の展示とか中学生ではやらないじゃないですか。それこそ学校の美術でやるのは絵を描くとか何かつくるとか、中学生に空間をつくる、絵を描くとかだけじゃないという美術の表現に触れられたのは、人として貴重な経験ができたなと思っています。

寺嶋　ふりかえると私はアーティストの住中さんとほぼ活動をしてたんですけど、あの当時、本当にアーティストの方をアーティストだと思ってなかったんですよ。失礼ですけど中学生なんで、アーティストなんてわかんないじゃないですか。すごいもの知りな大人な人、私がわかんないことを聞けば答えてくれる人、道筋をなにかしら教えてくれる人っていうイメージだった。小学生の時から視界がすごい広がったのはすごく良かったなぁと思いました。

橋本　私はアーティストの人と企画の上であんまり関わるというのがなかったんですけど、とがびの部屋で、アーティストと関わって、なんだこの人って感じでした。青木さんといっしょなんですけど、1年の時は美術館の方から絵を借りて展示したりと

アーティストと打ち合わせをするキッズ学芸員

とがび当日の生徒の様子

かしたけど、2年になって美術は絵とか造形とかだけでなくて、こういうのも美術なんだって教えてもらいました。

小林　みなさんありがとうございます。寺嶋さんの本領発揮してきた感じですね。とがびってのは戸倉上山田美術館の略なんですけど、僕も美術があんまり得意な感じはしなかったのですけど、表現するというか表現の仕方を教えてくれたというか、そういう感じだったなぁと。僕はとがびにはまったというか、感動したのは、3年生の時の選択美術でつくった作品をとがびで展示をして、結構それは生意気な作品というか「教師と親と子供の関係を作品にしました」みたいな感じだったんですけど。その時参加してたアーティストが「これってどういうイメージ作ったの?」すごい沢山聞いてくれて、そこで何か単純に向かい合って話すだけじゃなくて、美術の作品を通して話せたことがかなり快感というか気持ちのよかった経験でした。

　作品制作過程の話を聞いてきたのだけど、とがび当日作品展示して、お客さんきましたっていう所で覚えていることありますか?

大久保　私は当日は人と関わるっていうのが毎回すごい楽しくて。今も勉強しているのはプロジェクトの企画など美大にいながらそういうことをしているんですけど、どがびが発端で、当日参加しているアーティストさんや高校生たちと直接対話したり、コミュニケーションとることができるのが好きです。

寺嶋　私すごい内気だったんですよ。すごい内気で全然しゃべれなくて、東山魁夷の絵の説明するキッズ学芸員やれって言われて、まじか何しゃべればいいんだって思って必死でしゃべっていたら、めっちゃくちゃしゃべれるようになったんですよ(笑)とがびの当日でしゃべれるようになったんです。大人の人としゃべる機会ないじゃないですか、とがびに来る大人って幅がある

とがびで女装の生徒とギャルになる生徒

オタクの部屋
生徒作品　2007年

じゃないですか、高校生から地元の人まで。とがびがコミュニケーション能力を上げてくれた。火事場の馬鹿力みたいに。

小山　私も寺嶋さんと一緒で内気だったので来た人とあんまりしゃべった記憶はないですね。でもとがびの時は、展示の形態もあって必ず作った人がその部屋にいるんですよね。アーティストさんだったり高校生だったり。それを遠くの方から見ながらこういう人たちが作ったんだ、どう思いながら、どういう手間をかけて作ってるのだろうと思いながら見ているのが好きでした。

滝沢　僕は、最初のころはそれこそまわりの人と話したことがなかったのですが、「ど貴族ラジオ」では当日来た知らない人と話す機会があったので、話したのですけど、自分でもしゃべれるんだなと思いました。それが自分を変えました。

小林　滝沢くんは「ど貴族ラジオ」ではかなりロココなフリフリな衣装を着ていて、とがびでは女装人口も多かったよね。変身したり、ギャルになったりとか。

中平　美術部じゃなくて参加していた人も今日この会場に来ているので、なんでとがびをやろうと思ったのかな、かなり参加していたよね。私が記憶しているのは部活をさぼって美術室にいた時からずっと関わってた人もいたよね。

山崎宣祥　友達に誘われたからですかね。誘われてやっているうちに美術って楽しいなって。部活の顧問にみつからないように隠れながらとがびをやってましたね。

中平　とがびは隠れ場所でもあった。避難場所みたいなね。住中さんとも遊んだりしてたよね。上野くんの家へご飯たべにいったり。アーティストってなんだろうね。とがびとはなんだろうね。

小林　「あなたにとってとがびとは?」は結構卒業生が書いてくれているのですが、「とがびとはとがび」です。

普通中学校って高校に行ったら帰ってこないじゃないですか。そういう所に高校に

桃蓮華鏡リサイタル
生徒作品　2009年

行っても大学生になっても帰ってきて、東京でもこういう機会があるとこれだけ集まるわけじゃないですか。中学校のモヤっとした部分に僕は救われた部分があって、女装だとか「ヲタクの部屋」っていう鬱屈した作品があって大評判になったけど先生に怒られたりとか、シャンソンを歌う名物生徒とか、今日は残念ながら来れなかったけど、中学生でシャンソン大好きですってことをクラスでは受け入れ難しいのをとがびだったらできる。セットや選曲からトークまで演出を全部自分でして、生徒でもちゃんと自分の場がある、つくることができる。さっき避難場所だったってのもあったけど、すごい窮屈な場所からすこし飛び出て自分の場所をつくれる場所だった。

中平　なるほど。では、とがびとはなんだったか、一言でそれぞれ言ってみてください。

大久保　とがびとは「原点」です。私にとっては一番の大本であって高校も大学もとがびがあったからこそ決めたこともあって、今美術とかプロジェクトに関わってるのもとがびがあったからです。

青木　とがびとは「一期一会」。

余語　とがびは「理想の自己表現」。中学生でまさかラジオとかテレビ番組とかアニメ作ったりなんてほとんどできないような経験ができたのは理想だったし、できて良かったです。

滝沢　とがびとは「表現の自由」。自分は結構好きなことばっかりやってきたので、中学生の時のモンモンとした気分を表現できるいい機会だったと思います。

小山　絵も描くのもやったし、ラジオもテレビも空間もやったし。やったことがありすぎてまとまらないっていうのがとがびの実態だと思います。中学校の時期って中2病とか黒歴史のど真ん中の世代で、だれもがもってるモヤモヤした気持ちとか漠然と何かやりたいっていう気持ちは、出し方を間違えちゃうと大人になって見れないもの

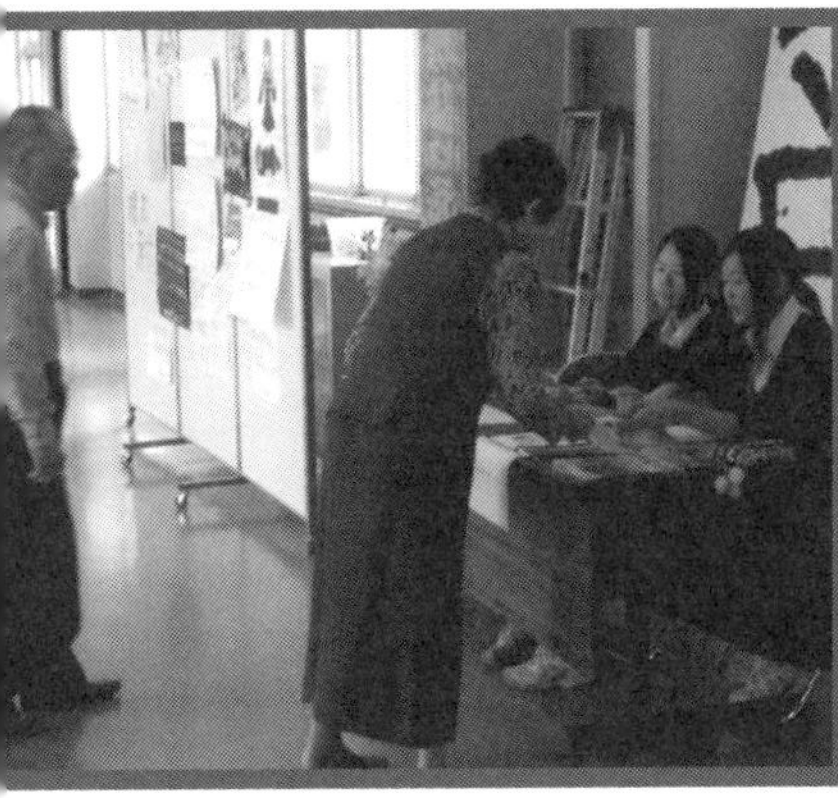

キッズ学芸員による受付

生徒によるインスタレーション

になるけど、とがびっていう期間があって、その中でなら何やっても「とがびだしいいや」っていう「許しの期間」であったかな。思い出すと若干きつい部分もありますけど、とがびだったから中学生の時の自分たちがやったことを、こういうことをしてたんだなって穏やかな目で見られるっていうシステムだったかと思います。

寺嶋　私にとってとがびは「トイレ」でした。全部汚いものを全部うけとめてくれる便器でした。中学生のときのモヤっとしたもの、気持ち悪い物を全部受け止めてくれる綺麗な便器でした。

橋本　自分にとっては本当に「表現の自由」といった感じですね。中学生は大人としても子どもとしても見られるし、色々な圧がかかっている。そんな色々な不満をちゃんと表現できるし、実現もできるよい機会だったと思います。

中平　はい、「とがびとは何か」を言ってもらいました。実は私がとがびとはって思っていたことを言われちゃいました。とがびは「許し」とずっと思っていました。私の側から君たちを許したいと思います。そして、当時、君たちを許していただくために苦労しました。それだけは言っておきます（笑）

君にとってとがびとは

卒業生
常識外れのミュージアム

卒業生
とんでもなくがんばれるびじゅつかん

卒業生
免許皆伝

卒業生
若き感情の核融合炉

卒業生
大きなことに挑戦できるチャレンジの場

卒業生
片付けまでがとがびです。

卒業生
24年の人生のうち10年通ったところ

卒業生
私の分岐点

卒業生
ブレる場所

参加アーティスト
変態の巣窟

卒業生
宝でもあり、財産でもある！

卒業生
同窓会であり出会いの場

卒業生
常識ブレイカー

卒業生
勇気をもらえる場所

卒業生
大切なメッセージ。

卒業生
なんでもアートになる美術展！

卒業生
原点

卒業生
成長学び笑顔

卒業生
好きな事ができる場所

参加アーティスト
人との繋がりを生む場所

その他（中平千尋の友人）
中学生そのもの

卒業生
セルリアンブルーの春

卒業生
思春期の為のホワイトキューブ

卒業生
強烈なノスタルジィ

卒業生
自由

卒業生
若気の至りの集合体

卒業生
セーブポイント

卒業生
全ての空間がアート

卒業生
常識外れな場所

卒業生
青春
水色になってもいいから引き伸ばしたいほどの青い春でした

卒業生
心のダム

卒業生
巨大なキャンバス

卒業生
僕らの叫び

卒業生
諦めるな最後まで闘え

卒業生
とびきりのわくわく

参加アーティスト
誰しもがアーティストになれる場所

その他（中平千尋の友人）
中平千尋のパッション

卒業生
私の自慢

卒業生
大きな根

その他（中平紀子）
幸せになってほしい場所

卒業生
最高の自分しかできないパフォーマンス

卒業生
日常的非日常

卒業生
愛だよ、愛。

卒業生
歌あり、笑いあり、涙あり

卒業生
まだ、うまく言葉にできません。

■とがびのその後へ

中平千尋が生んだ「カオスギャラリー」

――とがびとは違う日常的でカオスな表現空間と、その後の展開について

美術家 住中浩史

カオスギャラリーは中平千尋先生が赴任先の櫻ヶ丘中学校にて、とがびの廊下アートセンターから着想を得て「学校内に、生徒が誰でも自由に展示できるギャラリーがあったら」という思いから生まれました。スペースの広さは、会議用机一個分。「学校にはコスモス（秩序）だけではなく、カオス（混沌）も必要なのではないでしょうか。」という思いから「カオスギャラリー」の名前はつけられたのです。中は小さなホワイトキューブ。自分たちで作る美術館は、壁に色を塗り、直接絵を描くことも可能。釘を打っても良いし、内装や外装の変更は展示者自身の意向で変更できます。思いのままの個展。教師が作品を選抜せずに、生徒の個人の世界を展示できる空間です。

管理・運営（アートマネジメント）は先生だけでなく生徒も主体。学校という社会の中で、自由な表現をどのように行うか、自分たちで考える場でもあります。

カオスギャラリー

発案者、中平千尋先生のカオスギャラリーの実践

中平千尋先生の実践は最初から本当にパワフルでした。Nスパイラルで表現する下地が構築されていたと推測されますが、様々な生徒を巻き込で活動しました。カオスギャラリーの活動の詳細は、とがびのブログに199個もの記事が載っていますが、ここでは中平千尋先

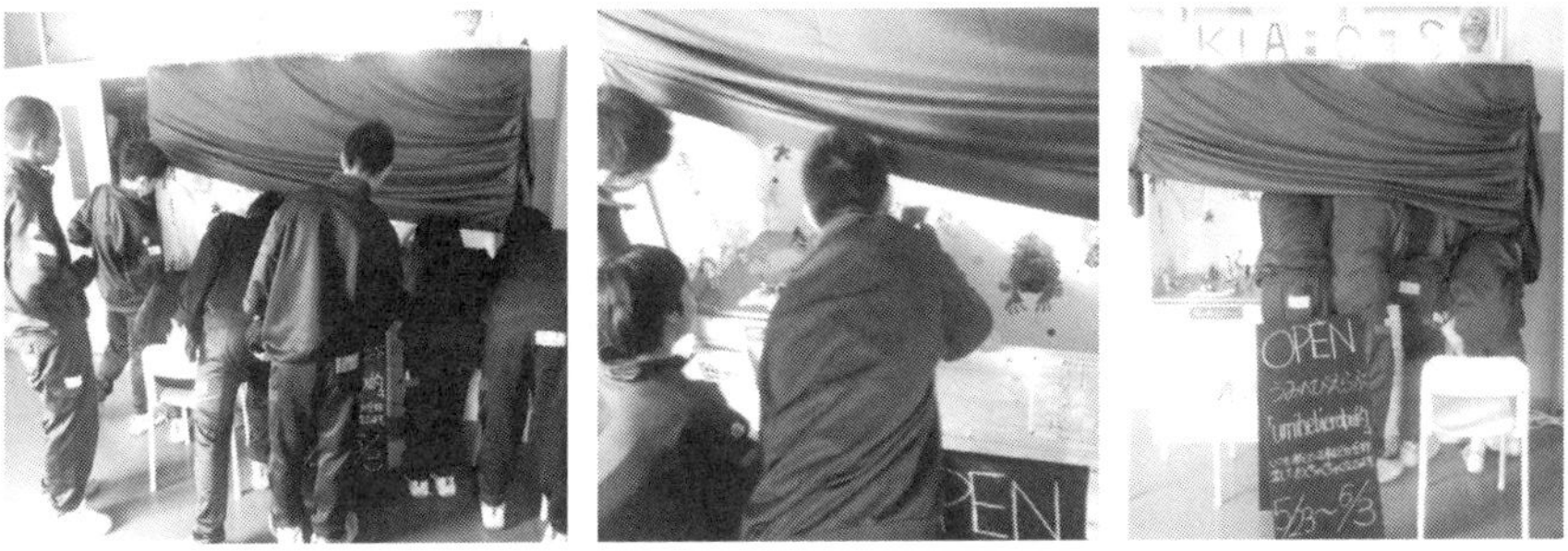

最初の個展「うみへびえらぶ」による個展「umihebierabu 的」

生の思いと熱意が少しでも伝わればと思い、ブログの中から抜粋して紹介します。

「カオス・ギャラリー」オープン　2011.5.23

櫻ヶ岡中学校の中平です。本日、櫻ヶ岡中学校５００番校舎3階・美術準備室前に、「カオス・ギャラリー」がオープンしました。カオス・ギャラリーは、誰でも自由に展示して良いアートスペースです。美術部以外の方々、保護者、地域の方、誰でも展示可能です。早速、今日から6月3日まで3年男子生徒作家「うみへびえらぶ」による個展「umihebierabu 的」が展示されています。

このギャラリーは、文字通り、中学校にカオス的表現空間を持ち込み、美術的雰囲気をより広く柔軟なものにし、美術に興味有るけど少し距離を置いている生徒を取り込むことを目的としています。

オープンと同時に、通りがかりの生徒がギャラリーをのぞき込んでいます。

「これ、誰でも展示できるんですか?」「おもしろい!」という声が飛び交い、上々の滑り出しです。

うみへびえらぶ氏の、作品は、二週間の時間をかけて制作されたもので、手の込んだ紙粘土フィギュアで埋め尽くされています。教頭先生も見て下さり「子どもの力ってすごいんだね」と驚いていました。

今後、作者である生徒に「アーティストインタビュー」をして記事にし、新聞を発行していきたいと思います。楽しくなってきました!!!

今日のカオス・ギャラリー～「これカオスっぽい!」　2011.5.26

櫻ヶ岡中学校の中平です。今日もカオス・ギャラリーの周辺は大賑わい。朝から訪れる人が続いていきます。休み時間に3年男子の集団が、「俺たちも出そうぜ。お前も出せよ」「いいよ」「じゃあ、5人で出すか」とその場で出品決定。アニメーションを作って出品するそうです。映像作品が出てくるとおもしろいですよね。表現の幅が広がります。さすが、3年生。

　授業中に面白かったこと。「これって、かなりカオスっぽい」「カオスになってきた」「カオスっていいですねえ!」と、制作中に「カオス」「カオス」を連発する生徒が増えたこと。いわゆる必修授業の中での自由な表現＝ちょっとはみ出しちゃった表現＝カオス・・?ということを表しているのか、内面のどろどろした表現の仕方を表す言葉として都合がいいと思いました。もっと定着すればいいと思います。

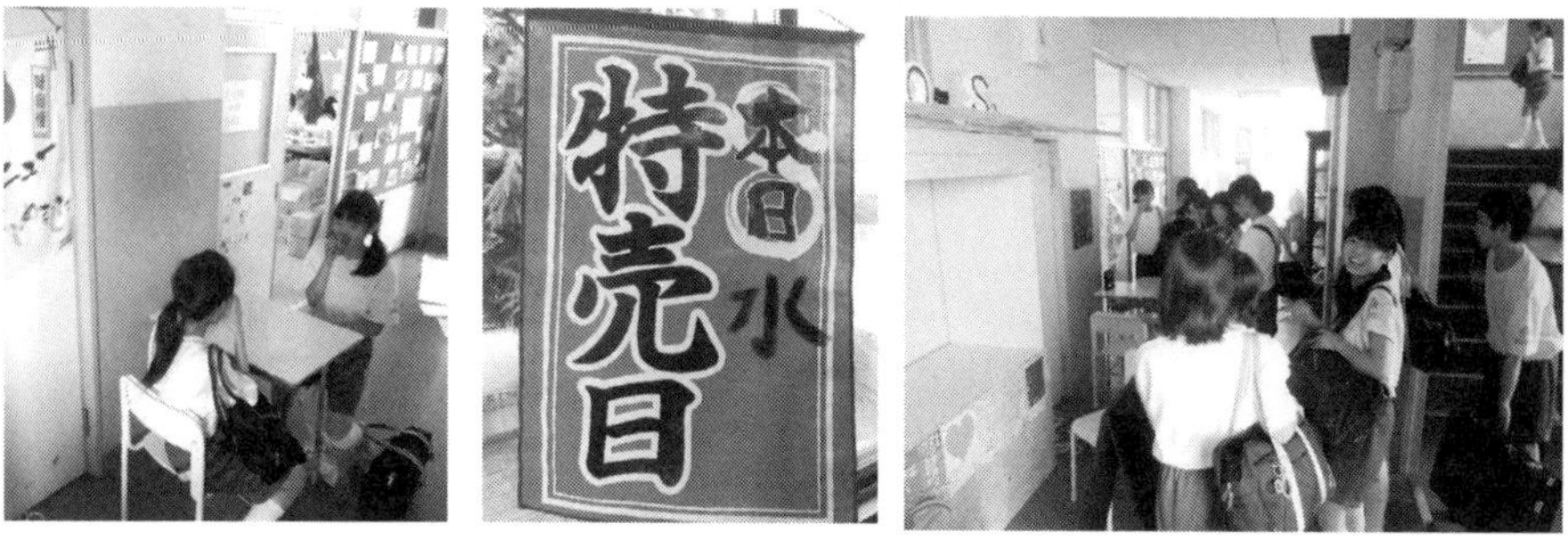

カオス・水バー開催時の様子

今日のカオス・ギャラリー：美術スイッチ・オン!!　2011.6.14

（前略）カオス・ギャラリーに行くと、美術に関わった話を生徒と多くすることが出来ます。ある二年生の女子「私は、こういうことやりたくない。めんどくさいから」といったその数分後、自分でノートに描いたイラストを大事そうにもってきて私に見せてくれました。美術スイッチは、人ぞれぞれ。

いつも来る男子二人@カオス・ギャラリー　2011.6.30

（前略）三年男子二人は、最近よく顔を出します。二人は、カオスギャラリーの前で、いろいろな話をしています。「これ一体何年生が作ったんだろう」という話から始まり「ここに、僕だったらビー球置いて、落ちながらくるくると移動していくようにするなあ」「おもしろいね」など、自分のこととして作品を鑑賞しています。部活のこととか、勉強のことの話題にもなっているようです。どうやら、彼らは、お話のきっかけとして、ギャラリー前の場所を選んでいるようです。「水道が近いからここで、水バーやったら面白いかなあ」とついつい私も会話に参加。「先生、それおもしろいですねえ!」と、ほめられちゃいました。今、学校の中に、こうした場所が必要なのかもしれません。

カオス水バー、オープン!@カオス・ギャラリー　2011.7.9

暑い!! ひたすら、暑い!!! 学校はクーラーがありません。まして、美術室は自然の風に期待するしかありません……。そこで、カオス・ギャラリー横に、お客様に水を無料でお出しする「カオス水バー」をオープンさせました!!!

いきなり何人ものお客様が訪れ、単なる水道水を味わっていかれました。風に揺れるのれん。水バーは、熱中症対策でもあり、美術作品を見ながら、カフェっぽくおしゃべりを楽しみながらアートへの思いを広げて欲しいという願いで作りました。休み時間のみ開店します。マスターのいない時や、授業中は閉店。がやがややっていると、たくさん人が集まってきました。

第6回個展「イミテーション」@カオス・ギャラリー　2011.7.18

（前略）今回、私も一緒に作者の意向に沿って制作させて頂きましたが、どきどきわくわくしながら作ることができました。はやる気持ちや慎重に制作しなければいけないという裏腹な気持ちで、頭の中がごちゃごちゃ

「イミテーション」鏡の世界のゴーレムが、イミテーションとして現れる姿がノゾキアナの中にあるという作品

「文々。新聞号外　東方日常記」を制作している女子生徒たち

になりながら、作者の姿に圧倒されて共同制作しました。すっきりした気持ちに、久しぶりになることができました。やっぱり、アートは、やりたいことをやる、これが一番です。今回、アルミホイルを使い、作者が一番楽しかったという「顔の型どり」。うでや顔を工夫しながら慎重に型どりしていました。「自分の作品は99点」と本人は満足そうでした。

カオス・ギャラリー第9弾「文々。新聞号外　東方日常記」@カオスギャラリー2011.9.4

（前略）この作者二名は、とても丁寧に絵を描き込んでいました。ゲーム「東方プロジェクト」の登場人物が、日常生活の中でやっていそうなことを空想し、それを一枚一枚丁寧にシャーペンや色鉛筆で描き込んでいます。登場人物が携帯電話を持っている手の形が気に食わず、何回も何回も書き直した、と作者が言っていました。ギャラリー正面の壁面に貼られた絵には、土器のような容れ物に入った芋焼酎が描かれています。「お酒が好きなキャラクターなので、時代的に古そうなイメージのする芋焼酎を描いた」と作者が言っているとおり、画面演出のために、小道具によって時代感覚を表現しています。その絵への想いやこだわりが、素晴らしいと思いました。

そういった発想や、絵へのアイデアや想い、が見る人に伝わればいいなあと思います。

このギャラリーをやっていて、ものすごく得をしているなあと感じることは、授業でのコミュニケーションと違い、日常感のある生徒の作品の中から、生徒の工夫点やこだわりにしているポイントなどを直接聞くことができるということです。

毎回、生徒へのインタビューを掲載した「カオス・ギャラリー・ニュース」を発行しています。そちらをご覧頂くと、生徒の考えていることを知ることができます。是非、ご覧下さい。

いつも毎朝必ずギャラリーに来る生徒@カオス・ギャラリー　2011.9.11

櫻ヶ岡中学校の中平です。カオス・ギャラリーの朝7時30分。私が行くと、もうすでにお客さんが一人います。いつも、必ず毎朝、一番最初に、カオスギャラリーのイスに座り、興味津々に作品に見入っています。毎朝、必ずです。ちなみに、この生徒は美術部員ではありません。

その生徒が最近、私にこう言うようになりました。「廊下に、石膏で型どりした脚が飛び出ていたら面白いですよね。やりたいんですけど」

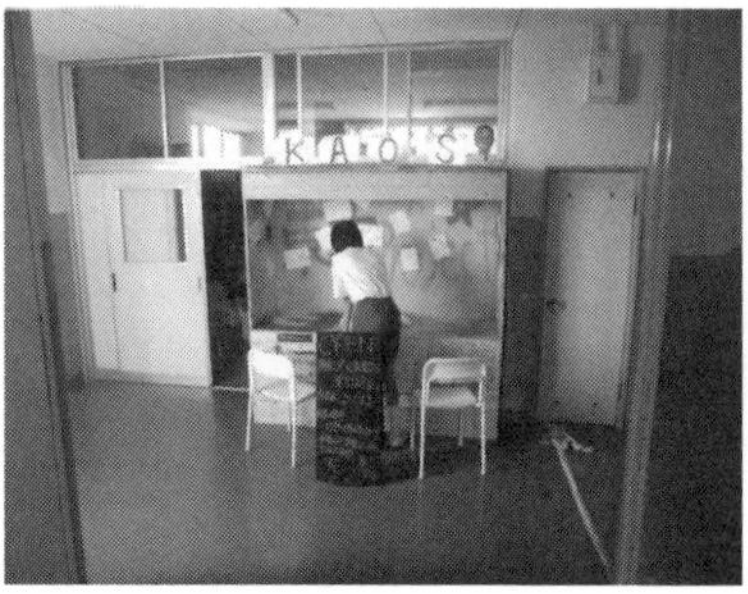

毎朝やって来る生徒

マジHONNE1000%　制作風景

おお!!生徒から「こうしたい、こんなのやってみたい」という声が出現しました!!
こういう瞬間、こういうクリエイティブな生徒を待っていました。カオス・ギャラリーは、確実に、生徒たちの（まだ一部ですが）「面白いことをやってみたい」という美術スイッチを刺激していたのです。

「マジHONNE1000%」@カオス・ギャラリー　2011.9.18

（前略）文字をひたすら書きまくる。それは、中学生誰もが一度はやってみたいと思うことでしょう。それを、作者である女子3名が、思い切ってやってしまいました。作者の生徒がこの作品で叫びたかったこと、それは「みんな、もっと自由になろうぜ！」ということだそうです。

自分の趣味や考えていることを、もっと言ったらいいのに。みんないろいろ思っているでしょう。本音を言い合おう。それが、この作品の主張であり、表現したかったことなんだそうです。

「自由をわれらに」

作品の中央にマジックで殴り書きのように大きく描かれています。中学生の言いたいことは、もしかすると、もっといろいろあり、全然違う種類のものもあると思います。言い切れなかったことも、あるでしょう。主張のある作品です。

ブログはこの後も多数の生徒作品とそこで起きていたドラマを書き残しています。もし興味を持たれた方はぜひ全文を読んでみて下さい。

中平千尋先生は、生徒たちの表現を引き出す（先生の言い方だと「美術スイッチを入れる」）ため、様々な取り組みを自ら行います。生徒との共同制作をはじめとして、前頁の「カオス・水バー」、文化祭から始まり、生徒が自主的に動いたラジオ放送「FMカオス」、指を入浴剤の入ったお湯につける「加尾須温泉ゆびゆ」、マイクで生徒の叫びを記録した「中学生諸君2：叫べ！」、生徒たちの良い所を表彰する「賞状授与式」、記録した生徒の叫びを叫ぶ「叫べ！ライブ」など、様々な取り組みを熱意を持ち実施しました。その熱意が明確に記されていたブログ記事があったので、ここに載せて活動報告のまとめとします。

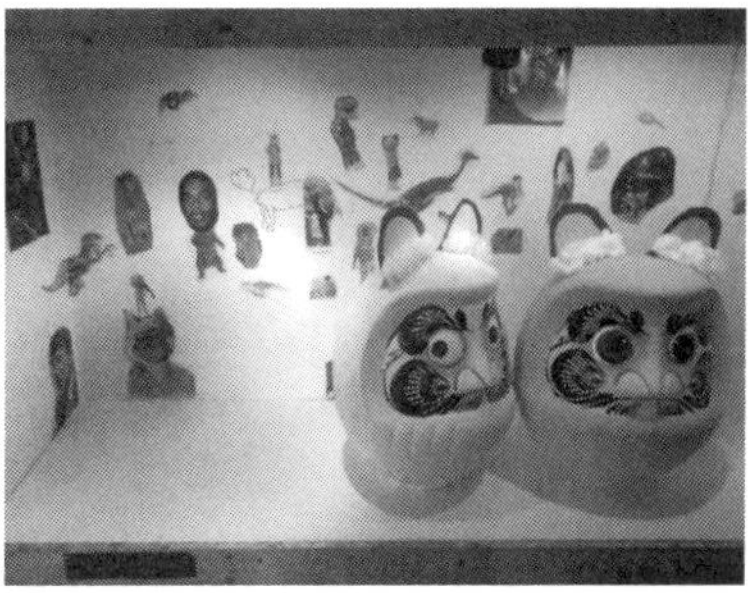

おもしろ動物園

ひょうきんイエロー、やさしさグリーン、フェロモンピンクが暴走中！

平成23年度長野上水内教育会・一般研究報告書「カオス・ギャラリー」　2012.1.6

平成23年度　一般研究報告書

■　研究テーマ

生徒の作品を見せる展示スペースを設置することを通して日常的な美術制作意欲を高める
～誰でも自由に作品展示できるアートスペース「カオス・ギャラリー」の実践から～

1　テーマ設定の理由

本校美術科では、３年間１１５時間の必修授業を、鑑賞と制作両面で構成し、生徒が主体的に表現テーマを決定して自ら試行錯誤していくことができる力を付けるために、「Nスパイラル」という3年間授業カリキュラムを独自に作り、実践している。生徒は概ね、美術の授業が好きで意欲的に取り組んでいる。しかし、必修授業であるため、どうしても受動的な表現になり、教師の想定を超えるような本当の意味での独創的な作品や、自分のこだわりを持って本当にはまりこんで制作する態度を、なかなか見ることができないのが現状である。つまり、技能的にはそんなに高くはないけれども、主張や言いたいことが言葉ではなく作品のイメージやパワーで伝わってくるような「中学生期でしかできない表現の作品」が少なくなり、どこか正解を求めている「良い子の作品」をイメージさせる、枠にはまった表現が多くなっている。

中学生の表現が、言い方を変えると「おとなしく」なっている原因の一つは、発展的授業を可能にしていた選択教科の廃止などの環境的理由により、様々な材料に触れて、自分で自由にテーマを設定するような体験が授業の中で減ってきているからではないかと考える。そのため、校舎内のあるスペースに、中学生が制作した、いわゆる「カオス」をテーマとした中学生にとって共感できる身近で「リアル」なメッセージを持った作品を展示する環境を作り、２週間交代で作品がチェンジしていく本プロジェクトを立ち上げた。この、中学生が誰でも自由に作品を展示できるアートスペース「カオス・ギャラリー」を設置することにより、多くの生徒が様々な材料を様々な方法で扱う作品を鑑賞し、美術表現について考える時間が授業以外にも広がり、生徒たちの美術作品制作への意欲が高まるのではないかと考え、このテーマを設定した。

無限回のアイ・ラブ・ユー

巨大櫻中女子日本襲来図

2　研究の内容（具体的に行ったこと）

（1）カオス・ギャラリーの概要とねらい

① 注目する

日常の身近な場所に「異空間」を作って生徒に注目させることをねらった。美術室がある500番校舎3階の廊下に、会議用大机の大きさで設置。この場所は、美術の授業へ来た生徒だけでなく、4階にある音楽室へ行く生徒も作品を鑑賞することをねらっている。一日5時間授業が、美術または音楽があった場合、単純計算で毎日200人以上がギャラリーを見る計算となる。重要なことは、展示替えになったことを展示開始初日から多くの生徒が発見でき、作品の情報が口コミで広がり、作品が注目されるということである。

② 作る

できるだけ多くの生徒に表現させたいと考え、作品替えのペースを一週間または2週間とした。5月のギャラリーオープン時に作品出品者を募集したところ、応募者が殺到し、24年3月の卒業式前日まで25作品を展示する盛況となった。参加生徒は1、2、3年生でのべ40人以上であり、昨年、選択美術の授業を通年で行った場合の受講生徒とほぼ同じ人数ということとなった。

③ 見る・気づく

できるだけ多様な材料を用いて多様な表現をさせ、鑑賞する生徒に素材の多様性を気づかせたいと考えた。具体的に作品に使用された主な素材は、下記の通りである。

テレビを使った動画、絵画（ペンキ、鉛筆、蛍光塗料、マジックなど）、紙粘土、トレーシングペーパー、アルミホイル、鏡、落ち葉、写真、空き缶、練り消しゴム、木片

必修授業で扱うことができないような素材の扱い方に気づく機会ができたためか、必修授業で応用する生徒が現れたり、全く想像もしなかった素材を扱って表現しようとする生徒が現れている。

④ 考える

カオスギャラリーニュースを発行し、鑑賞者に作者の意図などを考えさせた。作品展示の際、必ず、教師が作者に制作意図などをインタビューし、新聞として印刷して発行している。作者の制作意図や考えたこと、

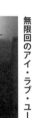

ぼくのフリースペース

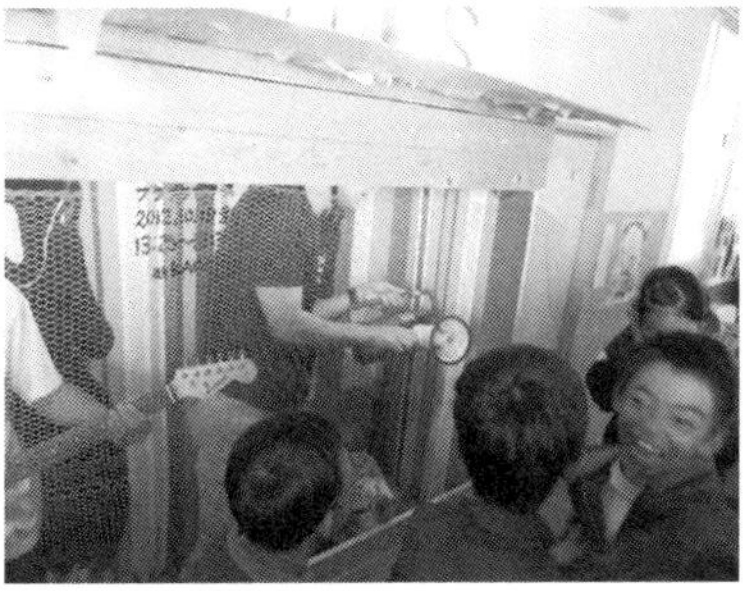

叫べ!ライブ　フューチャリング・ブラブラブラザーズ@カオスギャラリー

制作のきっかけなどを鑑賞者へ伝えることができ、視覚的鑑賞だけではなく、作品を読み解くことにつながっている。

⑤ 広がる

平行したイベント企画を教師が時々行い、表現の可能性を広げた。カオスギャラリーの通常展示だけでは、中学生の表現範疇の中にあるため美術の幅は広がりにくい。教師が様々なアートの形を生徒に提示する場を持つことにより、更に表現の面白さが伝わるだろうと考え、ギャラリー横のスペースに、年数回イベント展示を行った。夏の「水バー」、秋の「FMカオス」、冬の「加尾須温泉ゆびゆ」である。このスペースは、ちょっとした発想で生活自体が少し楽しくなったりおもしろくなったりすることを体験するスペースであり、必修授業の生徒の表現に影響が今後出てくるものと考えられる。

(2) カオス・ギャラリーの作品例と生徒の様子

(3) 生徒への意識調査から見る研究の成果

作品出品生徒にアンケートを取り、意識調査をした。「カオスギャラリーが存在することにより学校に影響を与えているでしょうか?」という質問に対し、「どこか一時の清涼飲料になっている。いい作品を見るとワクワクする。」「みんながしょっちゅう美術室横へ行くようになった。話題に上ることが多くなった。」美術の幅を広げたり、面白そうだと感じたりする刺激を与えていることがわかる。また、授業以外でも話題になっているということから、美術を日常化することに貢献しているようだ。

(4) 今後の課題

一定の成果は見られたが、生徒の制作の様子を観察すると、まだいわゆる美術の表現にまとまっているように感じる。どうすれば中学生の創造性やモチベーションを高められるか。中学生の興味関心に重点を置きつつ、「おもしろい空間」に美術室周辺がなるよう、更に工夫していきたい。

千葉市みつわ台中学校の「カオスギャラリーM」と門脇郁美先生

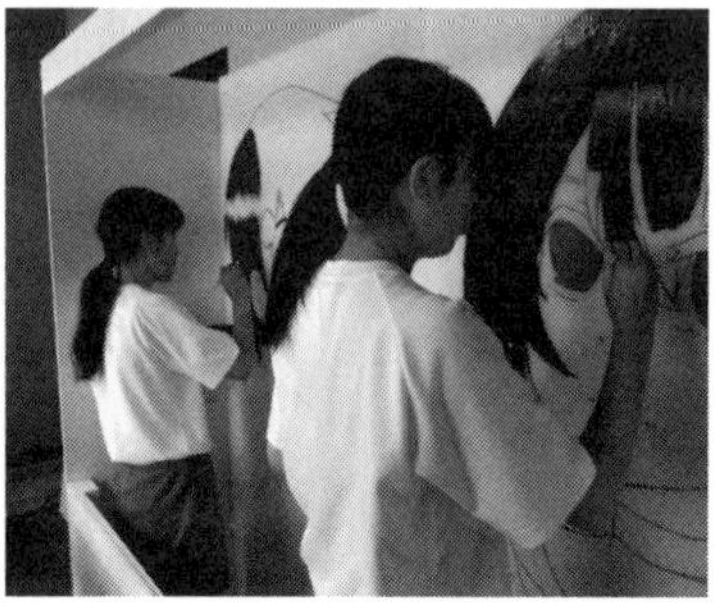
とがび展で広瀬川美術館内に作られたカオスギャラリー。美術部の中学生に絵を描いてもらった。

カオスギャラリーの展開について

中平千尋が生んだ表現空間「カオスギャラリー」は住中浩史の手により、少しずつですが展開を始めて今も続けています。そして、今後もこの本やカオスギャラリー作り方などを参考にさらなる広がりを見せることを期待しています。

千葉でのカオスギャラリー（2013〜）

大学生時代にとがびを視察にも来たことのある美術教員の門脇郁美先生が、自分の中学校にもカオスな表現空間をつくりたいと住中に依頼してきました。そこで中平千尋に相談し、カオスギャラリーの名前を使わせてもらえることに。学校の使用していない棚をリフォームし少しアレンジしたカオスギャラリーを制作し活用されました。

その後、門脇先生は学校を転任されましたが、転任先でもカオスギャラリーを制作し活用が行われています。

カオスギャラリーの作り方（2015〜）

中平千尋先生の急逝後、住中はカオスギャラリーの活動を残し広げたいと中平紀子に相談しました。そこで、カオスギャラリーをオープンソースとするために出来上がったのが「カオスギャラリーの作り方」です。カオスギャラリーの説明と、制作のための設計図を載せてあります。巻末にはホームセンターに持参すれば材料をカットしてもらえる「木材カット図」もあるので、電動ドリル一台あればカオスギャラリーが制作可能です。

前橋市立第六中学校のカオスギャラリー

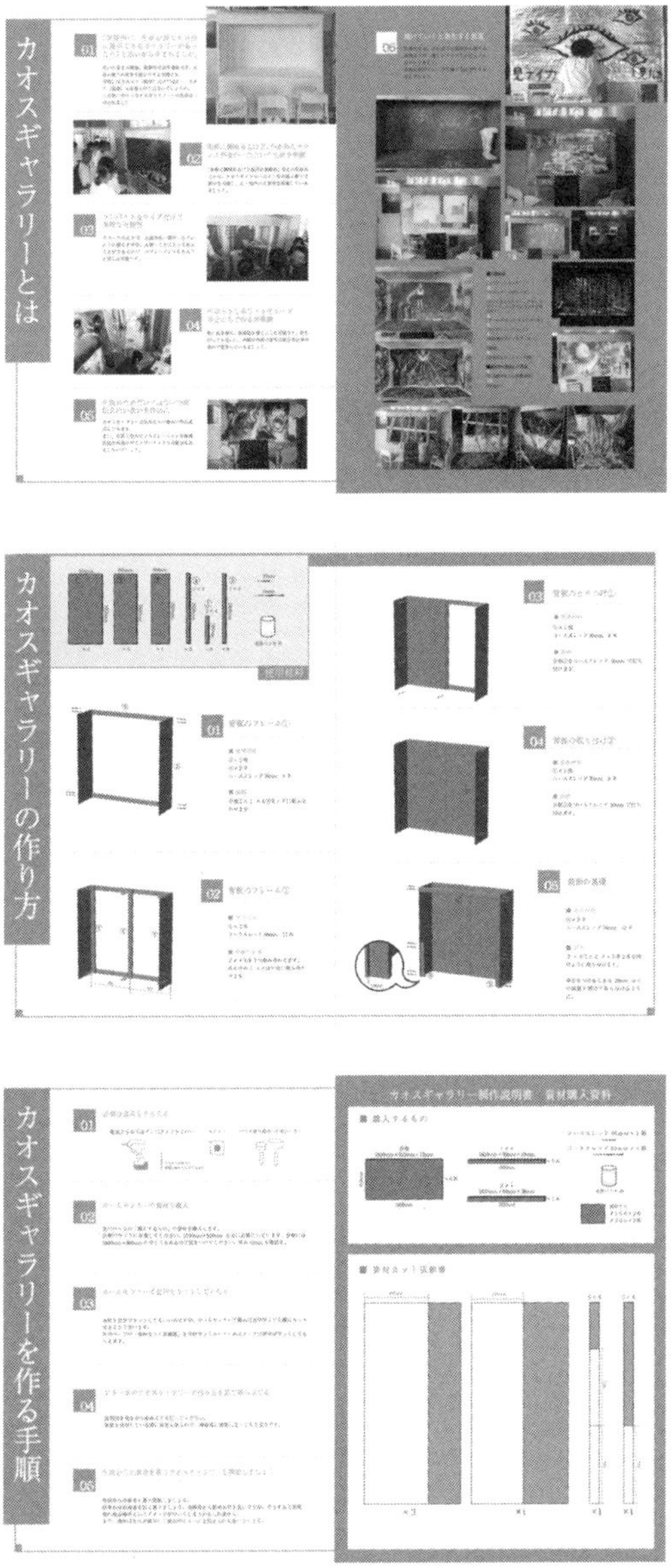

カオスギャラリーの作り方

とがび展＠まえばし未来アトリエでのカオスギャラリー（２０１６）

「まえばしアートスクール計画」は市民対象のアートマネジメントの実践講座。その中で「とがびアートプロジェクト」の記録や作品を紹介した展示を行いました。その中にカオスギャラリーも制作、中学生によって実際に作品も行われました。

アーツ六中でのカオスギャラリー（２０１７〜）

アーツ前橋のアーティスト・イン・スクール事業「アーツ六中プロジェクト」は前橋市立第六中学校の中に様々な表現を行える部屋「アーツ六中」を生徒と共に制作するプロジェクト。プロジェクト内で、美術室横にカオスギャラリーも設置し活用が始まりました。

「カオスギャラリーの作り方」
ＰＤＦ形式でダウンロードできます
住中浩史ホームページ
www.suminaka.net

わたしとせんせいととがび　てらしまみさき　第四話

終 章〔増補〕

未来をつくるアート／教育

――主体的に社会的に自我形成を

終章〔増補〕の趣旨

アート／教育における自由の問題を考える

茂木一司

本書（『とがびアートプロジェクト』）の出版から2年が過ぎ、新版改訂にあたって、この出版から見えてきたアート／教育がなすべき課題について、セルフエデュケーションやインプロを通してアートや教育について深く考え、実践してきたふたりの研究者・活動家に自身の営みに照らし、あらためて「とがび」を検証してもらうことにしました。

東日本大震災から10年、あの時人々の「絆」が必要以上に強調されましたが、この1年は新型コロナウィルスによって逆につながり、特に人間の自由そのものが大きく制限され続けています。ネットやSNSが引き起こす問題はつながり過ぎによると指摘され、制限と葛藤の中で、より根源的な民主主義自体の限界や終焉が叫ばれてもいます。自由主義経済に支えられている民主主義そのものの限界が見え、その基盤をつくる経済主義に洗脳された教育システムがいわゆる格差社会の要因になっていることをみんな気づきはじめています。一方で情報化・グローバル化が進み、人々は多様性（人種・民族、ジェンダー・LGBT等）の尊重がそれに抗う唯一の方法だということもわかってきました。

現在という時代に中平のとがびを読み直す意味とは、教育が本質的に持つ不易と流行を「忘れない」だけでなく、アート／教育による営みが「自由」とそれを支える創造性を巡る戦いだということを示すことです。

補遺にあたる本章では、２０１９年２月の出版記念を兼ねた「とがびって何？アートの学びを通した教育における自由について考える」の理念に基づき、熊倉敬聡、高尾隆両氏が本書から得たインスピレーションを伺い、最後に熊倉＋高尾に、編集の茂木＋中平＋住中で「アートと教育における自由の問題」についての座談会で総括します。

■特別寄稿　その1

教育における「自由」の問題をめぐって

芸術文化観光専門職大学教授
熊倉敬聡

もうずいぶん前のことだが、私は母校の中学校に招かれて、生徒たちを前に一時間弱のレクチャーをしたことがある。たしかタイトルは「ラグビーから文学へ」というような題で、しかし最も伝えたかったテーマは、「自由とは何か？」だった。

タイトルに「ラグビー」が入っていたせいか、ラグビー部の後輩が何人か出席していた。だが、彼らの期待を裏切るかのように、私はラグビー部に所属していたが、実はラグビーが好きではなく、本当は（当時の大方の少年のように）野球がやりたかった。にもかかわらず、野球部に入らず、ラグビー部に入ったのは、親がそう望んでいてその親の希望に「従った」からだった。だから、ラグビーは自分がやっているようで、実は「やらされていた」にすぎない。ラグビー以外に、野球を含めて数多くのスポーツから自分が好きなスポーツを自由に選べたのに、私は親の敷いたレールに素直に従って、好きでもないラグビーを3年間ずっとやっていた。もしかすると、君たちの中にも私と同じ境遇の人がいるかもしれないが、本当は自分自身が好きなスポーツを自由に選んでやってもいいんだよ、と語りかけた。

さらに私は続けた――今、私が話している「自由」は、何もスポーツに限ったことではない。基本的には、君たちが瞬間瞬間行う行動すべてについても言える。例えば、今日授業が終われば、いつもの道を通って駅に向かい、自宅に帰る人がほとんどだろう。でも、その時、本当にその一つの選択しかないのだろうか。実は、校門を出るとき、もし自分が望めば、駅に向かう代わりに他の道に歩み出し、自宅に帰る代わりに、まったく違うこともできるのではないか。つまり、校門を出るときには無限の可能性があり、その中から自分の好きなことを「自由に」選び、実現することができるのではないか。私が人生で初めて、親の選択に従うのではなく、自分の本当にしたいことを自由に選び、それを実現したのが（もちろん親とは長い辛い葛藤があったが）ようやく大学院に入ってからで、それが「文学」だった。

中平千尋もまた、彼の教育において「自由とは何か?」を生徒たちに、そして自らに問いかけつづけ、そこに究極的な〈学び〉が生まれることに賭けていた、と私は思う。そして、その問いかけが最も裸で現れる教科が「美術」であると見ていたと思う。「中学生もそうなのだが、人間にとって最も難しい課題は、『我慢』ではなく、『自由にやっていい』という課題であると考えている。〔…〕しかし、美術は、自分で目標を決め、自分でやり方を決めて進んでいくしかない。自分の行為の責任は全て自分にある。言ってみれば将来誰もが体験しなければならない『自由』の苦しさ楽しさを体験できる教科が美術なのである。」（本書28頁）

だが、彼はこの主張にすぐ付言する――これだけでは単に「個人中心主義」でしかない。その「自由」が他人からどのように「見られ」、それによって自分の「自由」への見方も変化していき、他人の「自由」も見ることができる。そこにこそ、「みる＝みられる＝みせる」というサイクルをもつ鑑賞教育の重要性があるのではないか。さらに、美術においては「自由」が許されるかもしれないが、その「自由」を裏づけ、基礎づける考え方や技術が前もって自分ごととして学ばれていなければ、その「自由」はしょせん社会的な説得力をもたない独りよがりな行為にすぎなくなる。だからこそ、中平は、非常に限られた授業時間から逆転発想し、「Nスパイラル」という独自の美術教育のカリキュラムを作り上げたのではな

美学特殊C・京島編集室（2002年10月〜11月）

かったか。そして、そのカリキュラムの仕上げが、「夢」であり「自由」であったのではなかったか。

しかし、「自由にしていいよ」と教師から言われ、すぐに生徒たちは「自由に」行動できるのだろうか。もちろん、そんなことは不可能だ。校則やカリキュラムで雁字搦めに縛られ、学校の外でも社会の慣習や規則に拘束され、しかもこの国の国民性として、共同体の中でも同調圧力に無意識に従い、「個」の主張や表現などに全く慣れていない生徒たちに、ただ口先だけで「自由」を唱えても、彼らが己れを実存の真底から動かす「力」に気づくこともなく、ましてやそれを表現することなど到底無理な望みであろう。では、これら「不自由な」生徒たちを前にして、自らの「自由」に気づかせ、行動に移すよう促すには、教師はどうすればいいのか。それにはまず何よりも、教師自身が「自由」であらねばならない。「自由」を〝体現〟していなくてはならない。その〝体現〟している姿を見せなくてならない。そうして初めて、教師の「やってみようよ」という一言が、彼らの「自由」への真の後押しになる。教師の「自由」が、生徒たちの「自由」の後押しになる。

でも、教師は「後押し」するだけで事足りるのか。生徒たちに真の「自由」を体験させることができるのか。いや、生徒たちは「怖い」のである。今までしたことのないことをする、未知な何かへと踏み込んでいかなくてはならないから、躊躇い、怯え、苦しみ、場合によってはせっかくの「自由」への機会を逃してしまうのである。だからこそ、教師はそれを「見守る」、全身全霊で「見守る」。できるかぎり手や口を出さず、でも「見守り」つづける。「こんなことまでやっていいんだろうか」と怯みそうになっても、とにかく失敗してもいいからとりあえず「やってみようよ」とだけアドバイスする。でも、独力では彼（女）の「自由」がどうしても実現しそうにないなら、それが実現するよう、できれば「陰」で、でも体

■伊藤キムによるゲリラ的パフォーマンス「ケイオウ☆パンチ」より（2000年12月）

を張って、環境を調えてあげる。てらしまみさきが「わたしとせんせいととがび」の第三話で描いた、先生の「見守る手」は、まさにそれを表しているのではないだろうか。

私もまた、多くの大学生たちの「自由」を「見守って」きた。大学という、本来多種多様な潜在力をもつ人々が集まり出会うことにより、いたるところで知的・感覚的創造が生まれるはずの場が、やはり組織的・カリキュラム的・社会的な構造的硬直化によって、そうした可能性の芽を育てるどころか摘みとってしまう。私もまた、いつしか、そのどうにも「不自由な」状況に耐えがたくなっていた。そして、大学での学びを真の「自由」へと開く賭けに出た。そうして、学生たちと協働して、伊藤キムというダンサーをキャンパスに放し飼いにするゲリラ・パフォーマンスを行なったり（「ケイオウ☆パンチ」）、ある文学部の通年授業を丸ごと（机や椅子の配置から、授業時間・場所、テーマ・形式、さらには成績評価方法にいたるまで）学生たち自らが協力してデザインし、授業を一つの「作品」のように作り上げていく「セルフ・エデュケーション」的試みを行ったりした（「美学特殊C」※1）。さらには、キャンパス内では自分たちの「自由」を実現するのに、大学当局との交渉に多大なエネルギーと時間を要することから、もっと気軽に誰でもやりたい人がやりたいことを自由にできる、学びをゼロから立ち上げ直す場所＝家を、キャンパスから目と鼻の先に作り上げた（「三田の家」※2）。その十数年に及ぶ過程の中で、学生たちは「自

美学特殊C・萬来喫茶イサム（2002年10月〜12月）

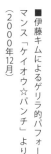

ケイオウ☆パンチ（2000年12月）
コンテンポラリー・ダンサーであり振付家である伊藤キムを、慶應義塾大学三田キャンパスに半日間「放し飼い」にし神出鬼没、ゲリラ的にパフォーマンスしてもらう自主企画。ゼミの学生たちの発案により、数ヶ月の準備、大学当局との交渉を経て、実現した。

美学特殊C・B（2002年4月〜2004年3月）
慶應義塾大学文学部美学美術史学専攻の同題の授業を、教員がプログラムするのではなく、学生たち自らがデザインし、実現していく「セルフ・エデュケーション」を目指した。教室の使い方から、授業時間・場所、ひいては成績評価方法までを学生たちが話し合い、計画し、実行した。東京の下町の元商店に〝素で〟住み、何が起こるかを体験し記録する「京島編集室」。イサム・ノグチと谷口吉郎がコラボレーションした通称「新萬来舎」を、特異な交歓・共演の場へと変貌させた「萬来喫茶イサム」など、稀有な企画が誕生した。

由」の多様な可能性、質感、苦しさ、そして何よりも悦びを学んだのだった。しかも、彼らの学びに、数しれぬ教員、職員、地域住民、そして大学にも地域にも関係のない多種多様な人たちが自ら望んで巻き込まれ、一つの「生き物」のように社会の中で生きていった。

中平もまた、とがびについて全く同じようなことを書いている。「とがび。はじめは自分の思いで突っ走った10年間だった。しかし、振り返ると、中学生が主体的にとがびを動かし始め、アーティストや地域の方々を巻き込み続け、今では生き物のように地域の文化へと成長した。」（本書、xiii頁）

そうなのだ。中平も初めはもしかすると「不自由な」学校にあって、「美術」というますますマイナー扱いされる教科を逆転し、その起爆力＝「自由」を炸裂させ、局所的・瞬間的にしろ、生徒たちに「自由」の香りを嗅いでもらいたかっただけかもしれない。だが、それでは単に「個人」ならぬ「美術中心主義」でしかないだろう。中平のさらなる願いは、その「自由」が「美術」から出て、学校の学び全体を変革する力となり、学校全体が、さらには地域社会までもが「とがび」と化すことではなかったか。中平は、ある研究論文でとがびを振り返りながら書いている。「この実践研究は、現在の学校教育の『学び』全体をプロジェクト型の美術教育の導入によって創造性を基盤とした生徒の主体性のある学びにしたいという意図がある。」（※3）

それはまさに、生徒の一人が「とがびとは、中学が中学でなくなる日」と書いているが、その「非日常」が願わくば学校の「日常」となることを、中平は何よりも望んでいたのではなかったか。

さらなる、とがびの「アート・プロジェクト」としての特異性。——とがびの「自由」はしまいには「アート」からも「自由」になろうとしていたのではないか。第9回のメガとが

三田の家（２００６年９月〜２０１３年10月）

「21世紀的学生街の創出」を掲げ、大学他有志と地元商店街が協働して作り出した「あらゆるものになりうるがなにものでもない」オルタネティヴで「無目的な」学びの場。数知れない人たちが出入りし、即興的に社交しながら、東京のど真ん中に特異な時空間を生み出した。そこから、さらに「芝の家」、「ご近所ラボ新橋」などが誕生。

三田の家の外観

びでは、ある美術部員が「アーティストは必要ない」と発言し、「もはや『美術』や『アート』という言葉で規定される枠は解体されており、自然にこの場に集ったみんなで作り上げる、『与えられるものではなく、表現したい人が自分たちで作り出すというメッセージを発する作品』で埋め尽くされました。」（本書、44頁、春原史寛「『とがびアート・プロジェクト』の展開」）

そう、中平、そしてとがびは、この時点で「美術」や「アート」すらも一つの「不自由」になりうることを感じ始めていたのではなかったか。「自由に創る」ことは、この何百年かある種の人々が信じてきたように、「美術」や「アート」の特権ではなく、もしかすると「美術」や「アート」の知識や技量をもたない人でも「自由に創る」ことが可能なのではないか。それこそ、とがびの中学生たちが気づき始め、中平もまた彼（女）とともに自問し、実践に移そうとしていたことではなかったか。

私は今回、この原稿を書くにあたり、中平（夫妻）の、そして生徒たちの発言を読んだ。読むにつけ、（おこがましいかもしれないが）まるで自分（たち）が書いている、あるいは自分（たち）のことが書かれていると錯覚するほど、強く共振する言葉に満ちていた。生前なぜかお会いする機会がなかったが、もしお会いしていれば、すぐさま意気投合していたにちがいない。

※1　熊倉敬聡『美学特殊C』、慶應義塾大学出版会、２００３年。川俣正、ニコラス・ペーリー、熊倉敬聡編『Practica 1: セルフ・エデュケーション時代』、フィルムアート社、２００１年。

※2　熊倉敬聡、望月良一、長田進、坂倉杏介、岡原正幸、手塚千鶴子、武山正直『黒板とワイン――もう一つの学び場「三田の家」』、慶應義塾大学出版会、２０１０年。

※3　中平千尋「とがびアート・プロジェクト10年の歴史――とがびアート・プロジェクト第1期：借り物アート期（２００１年〜２００４年）」『美術教育学』、第35号、２０１４年3月、３６９頁。

■特別寄稿　その2

子どもの芸術――とがびアートプロジェクトから触発されたこと

東京学芸大学　高尾　隆

学びたいという願いを、子どもはみな持っているんですね。しかしそれに答えるものを学校教育は与えていない。私がよく言うように、パンを求めている子どもに石を与えているのがいまの学校教育です。そこでの優等生なんかは、石でも、うまい、うまい、というような顔をして食べてみせるわけですね。ところが、「石なんか食えるか」と言ってそれをはねつける者、拒む者は切り捨てられるのです。（※1）

――林竹二

人はいろいろなやり方でつながる。しかし、暖や保護のために群れて集まったり、外へ行動するのに単に効率的な手立てだからというのではない、本当に人間的なつながりの形は、コミュニケーションによって引きおこされる意味と良さに参加することだけである。芸術をかたちづくる表現は純粋で無垢な形のコミュニケーションである。芸術は通常のつながりでは穴を空けられない、人と人とを分かつ壁を突破してくれる。（※2）

――ジョン・デューイ

詩がおもしろいのは、誰もがすばらしい詩人になろうとするからではなく、誰もがすばらしい詩人になれて、誰もが詩を楽しむことができるからです。この開かれていて、近づきやすいことが、詩を人々の言語にしています。詩は壁の言語であったことはなく、つねに橋の言語でした。そして、このつなげることが、詩を力強いものにするだけでなく、政治的にしました。（※3）

林竹二（1906―1985）哲学者、教育者。東北大学教授としてソクラテスを中心としたギリシャ哲学、田中正造などの日本思想を研究する。宮城教育大学学長に就任してからは、大学改革を進めるとともに、教師教育や授業研究に力を注ぎ、「人間について」「開国」といったテーマで自ら全国各地の学校で授業をして回り、子どもたちの感想文の深い読み取りから、子どもの持つ学びへの意思と渇望を明らかにした。著書に『学ぶということ』『教えるということ』『問いつづけて』など。

ジョン・デューイ（1859―1952）アメリカ合衆国の哲学者。シカゴ大学、コロンビア大学などで教授を務めながら、プラグマティズムの哲学を探究した。その思想は、経験主義、二元論克服のための連続性の主張、民主主義への志向などを特徴とする。シカゴ大学時代には実験学校の運営にもあたる。著書に『学校と社会』『思考の方法』『民主主義と教育』『経験と自然』『確実性の探求』『経験としての芸術』『論理学』など多数。

アマンダ・ゴーマン（1998－）アメリカ合衆国の詩人、活動家。ハーバード大学で社会学を学ぶ。2017年にアメリカ合衆国で初めて創設された全国青年桂冠詩人に第一回受賞者として選ばれる。機会を得られない青少年のためにライティング教育とリーダーシップ教育の機会を提供する非営利組織であるワン・ペン・ワン・ページの創設者でもある。2021年のバイデン新大統領の就任式で自作の詩「私たちがのぼる丘（The Hill We Climb）」を朗読し、世界中に注目された。絵本『Change Sings』も出版する。

ミハイル・バフチン（1895－1975）ロシアの思想家、文芸学者。初期には「バフチン・サークル」と呼ばれる研究サークルで活動を展開し、のちに哲学、美学、文芸研究といった領域で探究を深めて行った。彼の対話論、ポリフォニー論、カーニバル論は

――アマンダ・ゴーマン

カーニバルとは、過去数千年にわたる偉大な全民衆的世界感覚なのである。恐怖から解放し、世界と人間を、人間と人間を最大限接近させる（すべてが自由気ままで無遠慮な接触関係の中に引き込まれる）、交代の喜びと陽気な相対性を伴ったこの世界感覚が対立するのは、恐怖によって生み出され、教条主義的で、生成と交代に敵対的な、存在と社会体制の現状を絶対化しようとする、一面的で眉をひそめた公式な真面目さに他ならない。まさしくそうした真面目さからこそ、カーニバルの世界感覚は解放してくれたのである。（※4）

――ミハイル・バフチン

○○力の育成。学校教育で教育目標としてよく使われる言葉である。これまでずっと言われてきているのがコミュニケーション能力や自己肯定感の育成であるし、もっと最近だったら非認知能力の育成であろう。少し前ならば個性であり、さらに前ならば国際力だろうか。教育目標は流行り廃りで移り変わっているように見えるが、しかし一段階メタの視点で見ると、たとえそこに学習方法としてアクティブ・ラーニングを導入しようとも、○○力を育成しようとするその前提構造は何も変わっていないことがわかる。○○力に代入するものが変わっているだけなのだ。この学校教育の前提構造をさらに細かく見てみる。第一に、子どもたちには何かの能力が欠けているという見方だ。大人から何かの能力が欠けているものが子どもであり、だから子どもは大人と同じような自律した行動はできないと考える。第二に、大人は子どもを変えてもいいという考え方だ。大人は子どもを変えてもいいが、子どもは大人を変えてはいけない。なぜなら、大人は完全であるが、子どもは不完全だと考えるからだ。第三に、子ども期は大人になるための準備期間であるという考え方だ。本当の人生は大人に

なって始まる。子どもの時間はそれに向けて成長するための時間だと考える。どれも、大人が子どもを下にみなして、一方向的に操作しようとする見方である。

　この前提にもとづいて、大人は子どもに能力を付けさせてやれると考える。学校教育でおこなわれていることは、手を変え品を変え、子どもに能力を付けさせようとすることだ。学校教育はその機能に特化してつくられた近代的なシステムである。あらゆる学校での活動はすべて能力を付けさせるための手段である。活動自体に意味があるのではなく、それが能力を付けさせるから意味がある。学校というコミュニティも、能力を付けさせるための手段であり、それができないならば存在する意味はないことになる。

　そこでいくつか疑問が湧き上がる。子どもたちは本当に大人たちが持つ能力を欠いているのか。子どもたちは能力がないために大人と同じような行動をすることができないのか。大人たちが子どもたちに能力を付けさせることなどできるのか。学校での活動はそれ自体に意味はないのか。学校というコミュニティはそれ自体に意味はないのか。能力が足りないのは子どもなのではなく、むしろ大人の方が能力が足りないこともあるのではないか。

　以前、私はイギリス、ロンドンのロイヤル・コート・シアターで、劇場がおこなう「若手劇作家プログラム」について担当者に話を聞いたことがある（※5）。このプログラムでは、劇作に興味を持つ若者をプロの劇作家が真剣に個別指導し、そこからすばらしい戯曲が生まれたなら、それをプロの演出家とプロの俳優が作品化して上演する。担当者は、「これは教育目的のプログラムではない」とはっきり言っていた。公共劇場の舞台にはすべての人たちの作品がかけられるべきである。しかし現実にはすべての人たちの作品がかけられてはいない。そこで排除されているのは、移民たちの作品であり、女性たちの作品であり、そして子どもたちの作品である。子どもも市民であるのに、その作品を劇場が排除しているのはおか

文芸研究に留まらず広く影響を与えた。著書に『ドストエフスキーの詩学』『フランソワ・ラブレーの作品と中世・ルネッサンスの民衆文化』『小説の言葉』など。

アクティブ・ラーニング　文部科学省は「能力、教養、知識、経験を含めた汎用的能力の育成を図る。発見学習、問題解決学習、体験学習、調査学習等が含まれるが、教室内でのグループ・ディスカッション、ディベート、グループ・ワーク等も有効なアクティブ・ラーニングの方法である。」と定義している（「新たな未来を築くための大学教育の質的転換に向けて――生涯学び続け、主体的に考える力を育成する大学へ（答申）」２０１２年）。

ロイヤル・コート・シアター　イギリス、ロンドンのスローン・スクエアにある劇場。１８７０年開場。１９５６年からは演出家ジョージ・デヴィーンらによって結成されたイングリッシュ・ステージ・カンパニーの本拠地となり、新しい劇作家の発掘・育成が積極的におこなわれ、オズボーン『怒りをこめてふりかえれ』など、実験的、挑戦的な作品も数々上演されるなど、現代演劇に多大な影響を及ぼしてきた。アーノルド・ウェスカー、ジョン・

アーデン、アン・ジェリコー、エドワード・ボンド、サラ・ケイン、マーク・レイブンヒルなどの劇作家、トニー・リチャードソン、ジョン・デクスター、ウィリアム・ギャスキル、キース・ジョンストンなどの演出家が活躍した。

しい。子どもたちは劇作品をつくることができるのに、それができないと思われているし、思わされている。そのために子どもたちは劇作のトレーニングを受けることがない。だから、エンパワーメントのためにこのプログラムが生まれたのだと。

子どもたちに○○力がない。だから○○力を付けさせなければならない。そのためにこの活動をさせなければならない。そう学校で言っている大人たちは、子どもたちが社会で行動し表現する機会を奪っているのだ。そしてその剝奪を教育の名の下に正当化しているのだ。そして、学校で子どもたちがさせられる活動は、本物（authentic）ではない偽物のつまらない活動になる。たとえるならば、レジ打ちに興味を持った子どもに、レジ打ちはさせずに、レジのおもちゃを与えているようなものだ。

芸術が社会において価値があるのは、リスクを取れるからだ。政治や会社経営なら、失敗すれば多くの人たちに損害が及ぶ。だから誰にでも政治や会社経営の舵取りをさせるわけにはいかない。しかし、芸術で失敗したとしても、仮に映画が一本失敗しようが、絵を一枚失敗しようが、その損害はたかが知れている。だから芸術では高いリスクが取れて、何でもやってみることができる。芸術領域では思いつきのアイデアからさまざまな高リスクの実験がおこなわれる。その多くは失敗するけれども、失敗することは織り込み済みである。その中にわずかでも光り輝く何かが創造されることがあるから、それでいいのだ。それが社会に還元される。芸術は社会の中でそのような役割を果たしている。もし芸術がリスクを取らず、無難なことだけするのなら、芸術に何の意味があるというのだろうか。

子どもが社会の中で何かを試みるのに、子どもたちの経験が不十分で（能力が不十分だとは私は思わない）、あるいは失敗の責任を取ることがむずかしくても、芸術だったら失敗してもかまわない。子どもたちは芸術では失敗が許される状況で本物の活動をすることができるの

進化生態学　生物がある構造を持ったり、ある行動をしたりするのは、その構造や行動が生存や繁殖に有利なものであったという適応進化の結果であると仮定し、自然選択や性選択によって固定化していった生物の構造や行動の適応的意義を明らかにすることを目的とした研究。

だ。

自分で何かを決めてやるのは楽しい。進化生態学の文献を読んでいると、これは進化的な理由によってそなわった感覚であるように思われる。人間はそもそも生物としてはとても弱い存在である。なのになぜこれだけ繁栄することができたのか。それは、好奇心があっていろいろなことに興味を向ける、そこから想像する、考えてみたことをやってみる、やってみたことから何かを学ぶ、そしてできるまでやってみようとする、といった性向があったからである。進化の過程でこの性向を持ったものが生き残った。それが私たちの祖先なのである。そして、これらの私たちが生き残る上で必要だったことは、それを無意識にでもさせるために快の感情と結びついている。だから自分で興味を持ち、何かを思いつき、それをやってみることはとても楽しい。

そして、本物の活動ではその過程でかならずさまざまな問題が発生する。しかし、人間の知的能力は問題に直面すると発揮される。人間の知性の大きな特徴の一つは、今の状況をより良い状況へと変えようとする問題解決能力であることを、アメリカの哲学者、ジョン・デューイも強調している。問題に直面すれば、人間は自らの問題解決能力を発揮して、その問題を乗り越えようとする。そして人間はそのときに、苦しいけれども、興奮してとても楽しくなる。そして、経験を蓄積し、自らの問題解決能力を伸ばしていく。

でも、このような問題解決能力が発揮されるのは、それが本物の（卑近な言葉で言い換えれば「ガチ」の）問題だからだ。「やらせ」の問題では、つまり誰かが整えて与えた、解決できてもできなくてもどうということのない問題ならば、問題を解決する気など失せてしまう。これはある意味、逆説的である。教育用につくられた問題の学習効果は薄い。しかし、教育用ではない問題の学習効果はものすごく高いのだ。

もうひとつ、人間が進化の過程で残した特徴はコミュニケーションを取り、協力することである。ひとりで何かをやることは人間の乏しい能力では限界がある。けれども、私たちはコミュニケーションを取り、協力することができたから、狩猟採集期からひとりではできない大きなことを成し遂げて、生き延びてこれたのだ。人と関わり合い、コミュニケーションを取ることは生き延びる上で不可欠であったことだ。だから当然、協力することや、関わり合い、コミュニケーションを取ることも快の感情と結びついている。人と関わり、コミュニケーションを取ることは楽しい。自分がしたことで、他の人が喜んでいるのを見るとうれしい。そして、もっとそれをしたくなる。人は生まれ持って、利他的で、互恵的なのだ。

人が芸術を愛好するのは、人間にとって問題解決やコミュニケーションが不可欠であったこととも関係していると思う。人類学者のグレゴリー・ベイトソンは、コミュニケーションにおいて、人は言語による暗号（メッセージ）と、非言語によるその暗号を解く鍵（メタメッセージ）を同時に送っていると言う。人は言葉を理解できても、それがどういう文脈で伝えられているかを理解できなければ、その意味を正確に理解できない。たとえば「あなたが好き」という言葉も、それがどのような口調で、どのような表情で、どのような身振りで言われたのかがわからなければ、それは愛の告白か、友情の表現か、冗談でからかっているのか、脅しているのか、まったくわからない。この非言語コミュニケーションを使って意味を伝え合う「遊び」が芸術である。そして、それを楽しむことによって人は自然に問題解決やコミュニケーションのトレーニングをしている。人間にとって不可欠なことだから、このトレーニング、つまり芸術にも快の感情が結びついているのだ。

学習科学者の上田信行は学びが一人ですること（learning1.0）から、他者と関わってすること（learning2.0）へ、そして、舞台で観客を喜ばせようとパフォーマンスすること（learning3.0）

利他　他人に利益となるように図ること。自分のことよりも他人の幸福を願うこと。（デジタル大辞泉）

互恵　互いに特別の便宜や利益を与え合うこと。（デジタル大辞泉）

グレゴリー・ベイトソン（１９０４－１９８０）アメリカ合衆国の思想家。人類学者として研究をはじめ、初期のサイバネティクスを発展させ、精神医学領域ではダブルバインド理論を提唱して統合失調症発症のコミュニケーションの側面から説明した。後年はイルカなどの動物の学習やコミュニケーション、生物の進化や発生に関心を示し探究した。その幅広い思索は精神の生態学という体系にまとめあげられた。著書に『精神の生態学』『精神と自然』『精神のコミュニケーション』（ロイシュとの共著）など。

上田信行（1950－）　同志社女子大学名誉教授。教育工学者として学習環境デザインとメディア教育についての実践的研究をおこなっている。テレビ番組「セサミストリート」に触発されてアメリカに渡り、ハーバード大学で博士号を取得。1990年代、日本のワークショップの草創期から先進的なワークショップをおこなってきた、日本のワークショップの第一人者である。奈良県にネオミュージアムを創設し、実験的なワークショップを重ねている。著書に『プレイフル・シンキング』『プレイフル・ラーニング』（中原淳との共著）など。

へと移行していくという。そしてその先には他者との出会いによって自分が破壊され揺らいでいく学びであるlearning4.0も想定されている。

そういった特徴がもともと人間が持っているものだとすると、学校教育はそこからどれだけ離れたところに来てしまったのだろうか。学校で何かを自分で決めてやることはほとんど不可能である。もし「自分で決められる風」の活動があったとしても、それはやらせであるとわかっていて、楽しくない。本当に自分で解決したい問題もない。正確に言うと、解決しようとしても大人が圧倒的な権力で妨害することをとっくの前に知ってしまっていて、そんなことはとうの昔にあきらめてしまっていて、あきらめたことすら忘れている。「問題を解決する風」の活動も、本当は答えが決まっていて、大人はその答えを持っていることを知っている。だから、子どもたちは、問題を解決することではなく、大人が隠し持っている答えが何かを探ることに専念する。協力も、楽しいことではなくて、道徳、倫理、義務、規則によってさせられることに変質してしまっている。子どもたちは、自分たちが協力性に欠けた存在であると大人たちに認識されていると知り、やがてそれを内面化させていく。大人たちよりもよっぽど人を思いやり、人に想像をめぐらし、さまざまなメディアですばらしい表現をする現代の子どもたちが「私にはコミュ力（コミュニケーション力）がない」と言っているのをどれだけ見てきたことか。

中平千尋がとがびプロジェクトでやってきたことと、その中で考えてきたことを読み、触発されて、そんなことが私の頭の中に浮かんできた。デューイが言うように、芸術が純粋無垢なコミュニケーションであり、通常では越えられない壁に穴を開けて人のつながりをつくるものだとすれば、中学生、アーティスト、美術館の人々、地域の人々と直につながり、通常つながるはずのないこれらの人々の間に直のつながりを次々につくり出していった中平は

河合隼雄（1928－2007） 臨床心理学者。京都大学教授としてユング派心理学を研究し、日本に紹介した。また、子どもや教育についても幅広く研究、発信し、日本に臨床教育学を打ち立てた一人でもある。さらに日本の文学や神話から日本文化の構造についても研究し、晩年には文化庁長官も務めた。著書に『ユング心理学入門』『無意識の構造』『子どもの宇宙』『子どもと学校』『臨床教育学入門』など多数。

バールーフ・デ・スピノザ（1632－1677） オランダの哲学者。聖書研究に取り組み、哲学、自然科学、政治学など幅広く思索を深めた。「神即自然」という言葉で表される彼の汎神論は、当時無神論と見なされ非難された。神、精神、感情、自由などについての彼の思想は、その後現在に至るまで、多くの哲学者、思想家に影響を与えている。著書に『エチカ』『神学・政治論』『知性改善論』など。

まさにアーティストであった。そしてさらに子どもをアーティストとして扱い、アートの世界にいざなった。

中平はきっと自分の感覚に素直に、当たり前のことをやっていたのだろう。しかし、そのことで、周囲の大人たちにたくさんの違和感を与え、たくさん衝突もしただろう。心理学者の河合隼雄は、子どもの問題行動は、その社会の問題を浮かび上がらせると言った。中平の「問題行動」は、きっと学校教育の問題をたくさん浮かび上がらせた。もしとがびプロジェクトで救われた気持ちがした中学生がいたのなら、それは自分を息苦しくさせている見えない学校教育の抑圧が、問題として姿形をあらわしたことと、中平をこれが問題だとわかっている数少ない信じられる大人だと感じることができたからだろう。

最後に自由、祝祭性について考えたことについても書いておきたい。

自由について、私は17世紀オランダの哲学者スピノザの考え方が好きである。スピノザの自由とは、制約がないことではなく、与えられている条件のもとで自分の力をうまく発揮できることである。そして、自由であるとは能動であること、つまり自分が行為の原因であることである。そして、それができるようになるには自分の身体と精神の条件を自分の心身を使って実験しながら学んでいく必要がある。（※6）

とがびアートプロジェクトで中学生たちは、何をやりたいのか問われ続けた。それは始めは苦しい時間だっただろう。自由に思い切りやれと言われても、やりたいことが思いつかない。自由になろうとすると、自分の能力に限界があること、実現を妨げるさまざまな障壁があること、自分が外からの抑圧に無意識に縛られエネルギーを吸い取られていること、いざやろうと思っても勇気や自信がないことに気づいてしまう。しかしそれでもそこでもがいて、考えたり、話したり、手を動かしたり、ぶつかったりしていると、自分の心と身体の限界がはっきりしてくるとともに、むしろその限界ぎりぎりまではやってしまってもいいんだなと、限界を可能性と捉えて開き直れるようになっていく。一つ二つとアイデアを思いつくようになり、そのアイデアを自分の身体や心をどう使えば実現できそうかもわかってくる。自分一人ではできなさそうなら誰にどう頼ればいいか知恵も付いてくる。その少しずつの「できた」という経験が勇気や自信につながっていって、自分から生まれたものを表現にしていけるようになる。達成感という快の感情で報われ、もっともっと自由に表現したくなる。自分が行為の原因となる能動的な活動を求められ、芸術活動を通して自分を心身で数多くの実験をし、自分の力をうまく表現できるやり方を探る。中学生たちはまさにスピノザ的自由に向かっていた。そして、とがびアートプロジェクトは少しずつ自由になるために安心してもがける環境を準備してくれていた。

祝祭性について、とがびアートプロジェクトの記録を読みながら、ロシアの思想家ミハイル・バフチンのカーニバル論を思い浮かべていた。バフチンはラブレーやドストエフスキーの文学をカーニバルの文学と捉える。広場で繰り広げられる役者と観客の区別のない全員が主役の見せ物であるカーニバル。その特徴としてバフチンは、常軌の逸脱、あべこべの世界、自由で無遠慮な人間同士の接触、ちぐはぐな組み合わせ、卑俗化、戴冠と奪還、交代と変化、死と再生のパトス、陽気な相対性、パロディー、不謹慎、場違いさとスキャンダル性、哄笑などを挙げる。(※7)

中学生が美術館副館長に直に借用交渉する。中学生がアーティストを選びコラボレーションをする。男子が貴族の女装をし、女子はギャルに変身する。「徹子の部屋」や選挙のパロディーをやる。廊下にバーカウンターができ、そこに学外者であるアーティストがマスターとして居座る。突如オタク達に脚光が当たり一躍中心人物となる。真面目にふざける。人を見て笑い、自分を見て笑い、みんなで大笑いする。日常のルール、禁止、制限、ヒエラルキーの堅苦しさが死に、創造的再生が起こる。とがびアートプロジェクトは、学校の日常の裂け目に、ある種グロテスクでもあるそんな擾乱の時空間をつくり出していたのではないか。実際にとがびアートプロジェクトを見ることができなかった私はそんな姿を夢想した。

※１　林竹二『問いつづけて——教育とは何だろうか』径書房、１９８１年、１０３頁。

※２　Dewey, John. *Art as Experience*. Tarcher Perigee, 2005 (original 1934). pp.253-254. 筆者訳。

※３　Gorman, Amanda "TED-Ed Weekend: Using your voice is a political choice" https: //www.ted.com/talks/amanda_gorman_using_your_voice_is_a_political_choice（最終確認日２０２１年1月31日）

※４　ミハイル・バフチン（望月哲男、鈴木淳一訳）『ドストエフスキーの詩学』ちくま学芸文庫、１９９５年、３２１頁。

※５　ロイヤル・コート・シアター若手劇作家プログラムは、２０１１年に高松宮殿下記念世界文化賞の第15回若手芸術家奨励制度奨励対象に選ばれている。https://www.praemiumimperiale.org/ja/grantforyoungartist/allrecipients（最終確認日２０２１年1月31日）

※６　以下の文献をもとにまとめた。國分功一郎『はじめてのスピノザ』講談社現代新書、２０２０年。

※７　バフチン、前掲書。

座談会④
熊倉敬聡×高尾隆×中平紀子×住中浩史×茂木一司
オンライン対談　2021.3.13（Sat.）

「アートがつくる学びと自由」

●熊倉敬聡（くまくら たかあき）　芸術文化観光専門職大学教授
●高尾　隆（たかおたかし）　東京学芸大学准教授
●中平紀子（なかだいらのりこ）　千曲市立屋代中学校教諭
●住中浩史（すみなかひろし）　美術家
●茂木一司（もぎかずじ）　跡見学園女子大学教授

熊倉敬聡と高尾隆はもちろんそれぞれの活動について明確でないが知っていたが、実際はこの座談会が初対面であった。２人の現代芸術論と演劇（インプロ）教育という一般的な専門性の違いはむしろ共鳴し、理念（理論）的にも実践的にも共通の土台に乗って、心地よいゆらぎを持ちながら、議論が中心に向かってまっすぐ進んでいったような印象を受けた。その共通性はもちろん『とがびアートプロジェクト』を読んだ体験を基礎にしているからであるが、今回の対話がまるでこの日に決まっていたような質の高さと内容の濃さを持っていた。中学校美術教師という中平紀子の存在感や住中浩史の芸術家／教師的な立ち位置もこの場には欠かせないと感じられた。議論が空中を舞う頃を見計らったように、（教育の）現実が現れ、（アートの）想像力の世界へ導かれることがしばしば起こり、私たちは遠方を旅したり、肩寄せ合って、熱の場をつくり出す振る舞いを自然にくり返していた。人間としての共通性があたたかくいい時間をつくることをこの時心が感じていた。そう、「とがび」・中平千尋はここにいっしょにいることを。

茂木一司　本日はお集まりいただきましてありがとうございます。

『とがびアートプロジェクト』の出版から2年あまり、スピードと効率（生産性）に支配された近代社会は益々断片化を進め、生きにくさを増しています。とがびはローカルな地域の小さな教育実践に過ぎませんが、この不自由な世界に「自由とは何か」という問いをを突きつけた重要な実践です。出版記念シンポジウムで議論した「アートの学びを通した教育における自由について考える」は何度でも再考し、訴え続ける必要があるテーマです。子どもたちの貧困は部分的な問題ではありません。人間の生の全体性が崩れかかっている兆候を示しています。アート／教育に何ができるのか、というより私達は今何をすべきか考えていきたいと思います。では、最初に各自の自己紹介からお願いします。

中平紀子　自己紹介は、とがびと（の概要と）授業について考えてきたことをお話します。

中学生はやってはいけないことほどやりたくなります。でも、「やってもいいよ」という場面が少ないのが最近の学校、「やってもいいよ」という言葉で爆発的な意欲とか発想力が生まれてきます。とがびではアーティストとスプレーで学校の机に塗装したり、普通の女子中学生がギャルに変身して雑誌の表紙を飾ってみたり、オタクの部屋など禁止されているほど爆発性がありました。

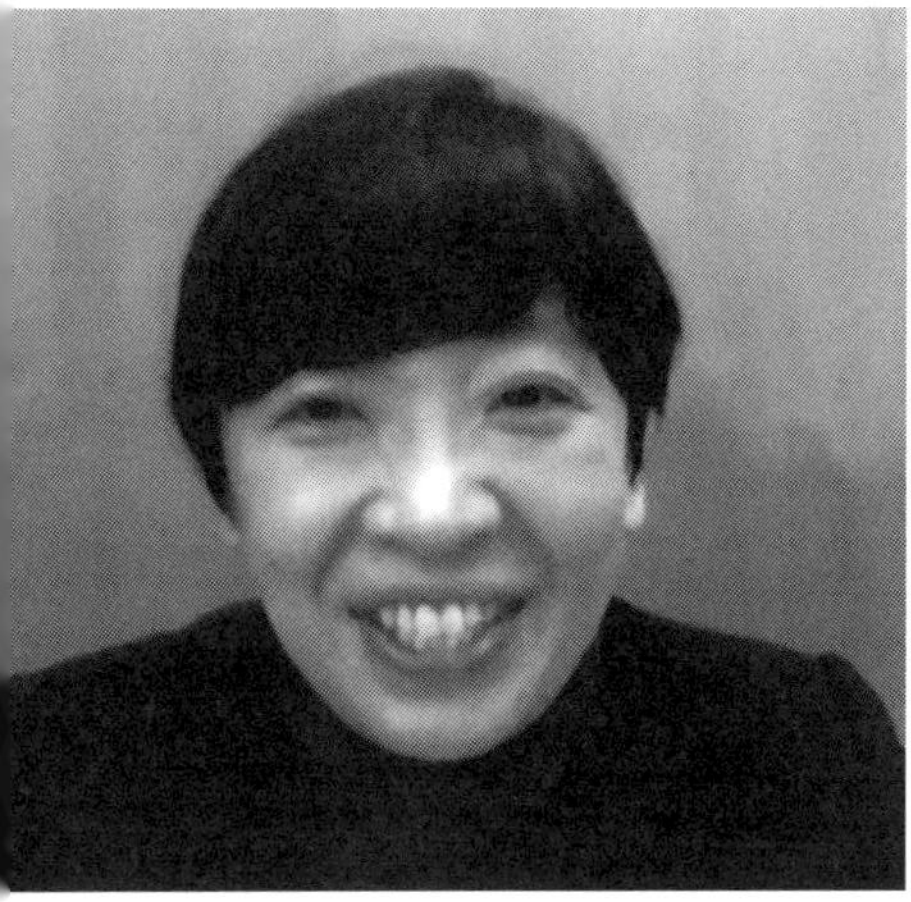

「○○してはいけない」は実は安全に守られていると言えます。「やってもいいよ」は自分たちで判断しないといけない。ここまではいいけど、ここまではダメだなというのは生徒たちが見えてくる。それをとがびから感じました。「やってもいいよ」は自立の一歩。自分で決め自分で解決方法を考えることで、自由の難しさがわかっていきます。

今の中学校は三年間で１１５時間しか美術の時間はありません。しかし、私達のNスパイラルでは三年かけて自由な表現ができるようにしています。

「自由って何でしょう？　義務教育の最後で自由について感じられたらいいなあ」これは千尋のブログの言葉ですが、今もこのことを考えながら授業を作っていますし、とかびもやってきました。

熊倉敬聡　まず自分が学びという分野でやってきたことの事例紹介をします。自

分の軸は「学びにおける自由」だったとあらためて思います。別の言葉でいうと「セルフエデュケーション」。学生たちが本当に学びたいものを学べるような環境をいかにつくれるか、それに対して全身全霊でサポートするような学びをつくれないかを考えてきました。

　慶應大学に1992年に着任後、数年は普通のやり方で外国語や専門の授業をしていました。しかしやがて硬直化した大学における学びを抜本的に考え直したいと思うようになりました。

　2000年〜01年にかけて、ゼミにいた女子学生3人の発案で、コンテンポラリーダンサーで振付家の伊藤キムさんと「ケイオウ☆パンチ」という企画を行いました。普通に授業をやっている大学の「日常」に、キムさんを「放し飼い」にし、キャンパスのあちこちでゲリラ的に踊ってもらうという前代未聞の企画でした。こうした前例のない企画を実現するため、半年かけて大学当局と交渉しました。「根回し」を十分していたつもりだったのですが、やはり十分でなかったらしく、キムさんが屋根の上で踊り出した途端、教務課の人たちがやってきて「何しているんだ」と怒られ、僕が収拾にあたるという場面から「パフォーマンス」が始まりました。

　「美学特殊C」（2002年〜03年）という授業ではセルフエデュケーションに則り、学生たちが一年間の授業を、机や椅子の使い方から、成績評価方法にいたるまで、一つの作品のように「作る」という実験を行いました。僕は、その学びが自主的に立ち上がり、「作られていく」過程を全身全霊で見守り、学生たちだけではどうしようもないときにだけアドバイスしたり動いたりするサポーターでした。生まれたプロジェクトをいくつか紹介しましょう。

　「京島編集室」は、墨田区の京島という関東大震災や第二次世界大戦で焼けなかった木造長屋が残る地域で、元米屋を借りて三か月住み込むというプロジェクトでした。コンセプトとしてはあえてワークショップやイベントなどを企画せず、「素で」住んでみて、何がおこるかを記録するというものでした。おもしろかったのは、これがはたして「授業」なのか「生活」なのか、どちらでもありどちらでもないという状況が生まれ、そこから「大学」とは何か？「生活」とは何か?など根本的な問いが発せられたことでした。

　また、「萬来喫茶イサム」というキャンパス内に戦後イサム・ノグチと谷口吉郎がコラボレーションして作ったが、大学当局が有効活用していなかった空間「新萬来舎」を新たな「カフェ的空間」として創出し、アーティストたちを招いて交歓するという企画など、学生たちは多種多様な学びの場を作り出しました。

　でも、こうした前例のないことをしようとすると、大学当局との交渉に莫大な時間とエネルギーを費やさねばならず、だったらいっそのこと、キャンパスの外で、自分たちのやりたいことをやりたいようにできる「場」を作ってしまおうということで、キャンパスから二分くらいのところに家を借り、自分たちで内装し、「三田の家」を始めました。２００６年から２０１３年までの７年間、地域の商店街と協働して、オルタナティブな学びの空間であると同時にまちづくりの拠点でもあるような場、「あらゆるものになりうるが、なにものでもない」無目的な場所を作り出し、運営しました。ここは誰にでも開かれている場なので、突然誰が入ってくるかわからない。だから、この場に関わる人たちは、たえず即興的な社交力が試される。そんな普通の日本人が一番苦手とするようなコミュニケーションの空間、それが「三田の家」でした。

　「三田の家」はかなり極端な試みでしたが、そして人によってその捉え方も様々でしたが、僕はあくまで「学び」の延長として捉えていて、この場で、どのような「学び」が生まれるのか、あるいは生まれないのか、いわば「学び」の〝０度〟から「学び」を捉えなおす、そんな思いで関わっていました。

高尾隆　自分の活動と学びの自由について話したいと思います。普段は東京学芸大学で教員をしています。学芸大学は基本的に教員養成の大学で、八割は教員養成で、後の二割ほどは教育支援といって生涯学習、ソーシャルワークやカウンセリングなど学校を周辺的に支援するコースがあり、そこで表現教育を教えています。具体的には演劇教育やワークショップファシリテーションなどを教えています。個人としてはインプロ（即興演劇）をテーマにしていて、役者として舞台で即興演劇のパフォーマンスをしていますし、学校や企業などで一般の人たちに向けた

インプロのワークショップも行います。

今回、とがびの本を読んで、インプロの考え方と共通する部分があり、共感することが多くありました。

まず「自由」に関してインプロの考え方を紹介します。インプロをする前提として、参加者に創造力、表現力、コミュニケーション力が「ない」から、その人たちにインプロをつかって「能力をつける」という発想をしないということです。

そもそも生まれながらにして人はクリエイティブで、表現し、人と関わることも好き。その証拠に小さい子どもはテレビを真似て踊ったり、替え歌をつくって歌ったり、ごっこ遊びをしたりしますよね。それが小学校三、四年生ぐらいで変化が訪れる。今まで人目を気にせず絵を描いていた子が手で隠しながら絵を描くようになったり、「踊ってよ」と言っても、「もう踊らない」と言ったりします。

ここで起きているのは、インプロでは「自己検閲」という言い方をしますが、自分の中にもう一人の自分が育ってきて、二つの自分がぶつかりあい葛藤する状況です。自分の中に子どものように好奇心をもつ「やりたい」自分と、大人のように他者を意識して「やるな」という自分ができてきます。原因は、一つは自我の発達に伴って自意識が芽生え、その過程で社会性が生まれる。自分が言ったことで他者は私について判断するのだなという想像が働くようになる。その瞬間にこれまで自分が自由にやっていたことが怖くなってきます。

もう一つは残念ながら学校教育だと思います。自由に歌っていたのに、音楽の授業で正しいリズムや正しい音程があると言われた瞬間に、歌にはどうやら正しいものと間違ったものがあるということを知るようになる。そうすると、間違ったことを歌いたくないという気持ちが出てきて、今までのように自由に歌うことが難しくなってきます。

インプロについて考える時は、自己検閲とその原因となる恐怖について考えることが大きなトピックになります。表現力、創造力やコミュニケーション能力をつけさせるのでなく、すでにそれらを備えているのに、すごく強い検閲というブレーキをかけている。それを少しでも緩めていけるかということを考えています。

それゆえにインプロでは表現をする安全な場をどうやって確保するかを考えます。その場で「自然に生まれてきたこと」をそのまま出せることが自然な表現であると考えます。そういう考え方で仕事をしている私はとがびの生徒たちの自由な表現をするときの周りの大人の関わり方に共感する所がありました。

住中浩史　自分は日常をおくる人たちが、自らを主役にするかにはどういう状況が必要か考え続けています。そして、そのための場づくりをすることが自分の活動

の中心です。地域の中で長時間滞在しながら活動を行っていくのですが、そこで決めているのは、目的や活動が明確で断定的な場を作らないことです。なぜなら、明確ではないからこそ、その場にいる人それぞれに主役性を生み出せるとからだと考えています。その活動の中では、熊倉先生のおっしゃるような日常なのか、非日常なのかわからない瞬間があり、そこにこそ強い意味を感じてきました、見る角度を変えるとそこに各自の「学び」が生まれてきていたように思います。

自由と自己検閲

茂木　今からの社会の中でアートに何ができるのかをテーマにしています。個人が自由になるために準備をする12年間の学校教育。自由を生きるためには本当の自由を知らなければなりません。その中でアートが果たす役割は大きいと思っています。

社会（世界）が分断され、格差が広がっています。しかしこれは必然的なことで、科学的な思考は物質的な豊かさの代償に、その成功体験（思考方法）を捨てられなくさせる。個人の自由を基盤とするモダニズムが一方で多様性を保証しようし、更なる混乱を引き起こす。この分断と多様性がせめぎ合う社会そのものが、私達教育やアートに関わる人にとって根本的な問題なのではないでしょうか。

現在すでに、千尋さんがやったことは歴史になってしまった。スピードが加速しています。その中で何を引き継いでいくべきかを絶えず確認する必要があります。彼がやったことの普遍的な意味（すなわち教育における自由）を伝える必要があると思って出版したけれどすでに本の売れ行きの停滞が示すように、美術教育の内側にも危機感はない。今、図工美術の本の中で売れるのはやり方を教える本です。簡単にできる方法があるという考え方ですね。僕はそれが一番だめだと思っている。それできないから我々は苦しみ、それを楽しみ、できたときに喜ぶということではないか。世の中が考えない、考えさせないようになってきている。「考えさせない人間」を大量に生みだすのが学校教育になっている。学校は（明治以降変わらず）経済を回すための兵隊や労働力の生産工場です。そこにある程度

くさびを打ち込む必要がある。多様性とは、非常に面倒くさい人たちが増える意味ですが、そこに豊かさも生まれる。それを支えるのは我々アートや教育に関わる者の役割です。

ただ、教育とは個人的なもので、自分の経験したものしか相手に伝えることができない。そこが良いところですけど、それゆえ一般化しにくいし、少しでも外れていると理解されない。千尋さんが手渡しで行ったことは、手渡された者にとっては強く伝わるが、外にまでは…。美術教育の専門家の中でも彼の活動が高く評価されていない理由です。僕はすごく問題だなと思っていて、美術教育の内側の意識の低さは勉強不足だとさえ思っています。美術、アートの言語化できない曖昧さを払拭し、アカデミックな意味での正当化や（この分野の）ステイタスの向上をしたいという欲求は否定しないけど、それだけが美術教育の価値じゃないと言い続けないといけない。

自由とは難しい言葉ですよね。（創造主義美術教育が放任と批判されたように）勝手にやるということではない。僕は自由を以前から意識して活動してきた。というのも大学院時代からルドルフ・シュタイナーの考え方に従って生きてきたからですが、シュタイナー教育は「自由への教育」と呼ばれ、何物にもとらわれないステージの高い人間像をめざすのですが、なかなかその自由の本当の意味を理解し、それ以上に実践は難しいのが正直な所です。

ただ、今の時代は個人が自分の意志で自由で在ることを守っていくという認識をきちんともつ必要があると思います。（香港やミャンマーの問題は他人事ではなく）自由は簡単に脅かされることを特にコロナ過の中でいやいうほど体験してます。つまり、どんな状況になっても自分を自由な環境における人間、武器として「自由」を考えることのできる人間をを学校教育の中で伝えるべきだと思うのですが、逆に学校は社会の規範を押しつける場所になってしまっている。学校の先生たちはその矛盾の中で職務にあたっている。生徒たちには自由にさせたいが、学校の役割＝社会の規範との板挟みになっている。現状では最終的に教員は責任をとれないので、自由を巡っては生徒の自己責任にしてしまっている。

　さて、すでに熊倉先生、高尾先生が自分の活動と「とがび」の共通点を探求し、（コロナ禍で教育が非接触・オンライン化する）現在の状況を踏まえ、これからアートや美術教育ができることについて話をつなげていきたい。

紀子　話を聞いていて小中学校の学校教育ってその後の人生に影響を与えているのかなと感じました。大人になってから「じゃあ自由にする」ってことは難しい。先ほど高尾先生がおっしゃった自然にもっているものを自然に出せるような教育をしなくてはと改めて思いました。

　熊倉先生の大学生や、大人の方の活動を聞くとそういうことが必要だなと感じるので、やはり学校教育に責任があるなぁと思います。

　学校教育とは規律と自由の狭間で往復するのが仕事ですけど、教員は規律よりの人が多いのは事実です。学校の先生になる人がそもそも規律よりなので仕方がない部分はある。

けど、自由を考えさせるのは必要。美術の授業だけでなく「やっていいよ」という中でいかに出来るかという力を持って欲しいと思いました。

　今年の前半のリモート学習では家庭学習になった。規律がない社会の中でどう生活しているかは心配だった。一人になって、友達もいない。そこで一人でちゃんと開放できるものを持っているのかなぁと。実際は、一人で「自分を解放し、自然にやりたいことをする」ことができない子が多くいる。一人でも出来ることも教えたい。美術は一人でもできる。

茂木　熊倉先生はいかがですか

熊倉　学生に自由にしていいよと言ってもそう簡単に自由にできない。だからまず教員の僕自身がいかに自由にできるかを示すことで、「こんなことまでしていんだ」と学生たちの意識が自由になる。そして、じゃあやりたいことをやってみようかという感じになる。

　アーティストが学びの場に入っていくことがいかに重要なことか感じた事例があります。

　ちょうど小学校で総合的な学習が始まる直前に「芸術家と子どもたち」というＮＰＯの立ち上げに関わったのですが、その最初の実験授業を音楽家の野村誠さんにお願いしました。教室の真ん中で野村さんが打楽器を叩き、小学生たちはその音に合わせて絵を描くという授業だったのですが、ほとんどの生徒は最初アンパンマンなどのアニメのキャラクターを描くんですよ。ところが、それを何回も繰り返すと、みんなの描く絵が、キャラクターからだんだんと野村さんのリズムを表す線描になっていった。こうした「授業」はなかなか普通の先生ではできないと思った。

　また、アーティストは社会の常識を突き抜けた人が多いので、子どもにとって「こんなことまでやっていいのか」という「見本」になって、自己検閲とか意識の縛りが外れていく。そうした意味でもアーティストはいいきっかけを生み出すのではないかと思う。

　学校の先生が自由に授業をつくろうと思っても既存の制度の中ではなかなかできない。だから「異人」としてのアーティストをある意味利用して、普段できない授業を「アーティストといっしょだから」できる、そうした実験授業をNPOは試みていました。

茂木　高尾先生はいかがですか

高尾　三つあります。

　一つ目は現在の社会状況との関連です。先ほど、自己検閲の話をしましたが、年齢の発達段階で自己検閲が強くなるのに加え、社会全体が自己検閲を強くする方向に動いていると思っています。

　自己検閲の原因となる恐怖の一つが「失敗の恐怖」ですが、今は失敗に対する許容度が本当に下がっています。例えば失言をしてもそのあと謝って許してもらえたり、意見がぶつかって気分を害したとしてもその後に折り合っていく中で関係が改善していくことが望みにくくなっています。一度関係が悪くなったり、この人の言っていることはおかしいと思われたらアウト。そんな一発レッドカードの環境で生きています。そうすると、当然、何事も慎重に恐れながらするようになる。言い換えると、社会が安全に失敗できない状況になってきています。だからたとえ一時の非日常的空間だとしても安全に失敗できる空間を芸術が準備できていることと、そこで彼らが今までにやったことのないやりかたでチャレンジできることには大きな意義があります。

　二つ目は自由と自己の問題です。

　自由について考えることは自分について考えることと繋がります。自己検閲の話でいうと自分の中に二つの自分がいて、自己検閲が強くなっている段階で、自由にしなさいと言われるとかえって自意識が強められてしまう。そうすると注意深い大人の自分が「こう見られたい」という虚像を出そうとします。あるいは無難な自分の姿を出していきます。自意識が強まると自分をどうプレゼンテーションするかという話になっていきます。とがびの本を読むと中学生たちの個性を強く感じる一方、過剰な自意識は感じませんでした。自分がやりたいことをみつけて一生懸命になり、自意識を忘れたフロー状態になって、結果として自分でも思いも寄らないものができてくる。そのできたものから、自分ってこうだったのかもしれないと、自分を発見していく。この様なプロセスがあったと思います。

もちろん制作の過程で自分がこういうものになりたいというアイデアを出していくこともあるとは思います。ただ、子どもは自由にアイデアを出せている時には自意識が出てこない。とがびは子どもの自分がもっている好奇心や興味が上手く出てくる仕掛けになっていて自意識が働かないようになっている。

三つ目は教師の問題です。当たり前ですが、学校や教師が不自由なのに生徒だけ自由ということはないでしょう。生徒は敏感なので学校や教師が持っている雰囲気を写しとってしまいます。

とがびの本の中で中平千尋さんが教員になった理由のところで「教師になると自分しかできないおもしろい仕事ができる予感がした」と書いてあります。今これから教師になる人がどれだけこう思えるか。今、この様に考えている学生は教師になる選択をしないと思うのです。千尋さんはデザイン事務所ではできなかったことも、教師になればできると考えた。逆に今の学生は教師以外の方ができると思っている。それくらい教師は学生には不自由なものと映っている。そうするとますます面白いことやりたい、ちょっとかわったことをやりたい、熊倉先生の言う所の前例のない実験的なことでも子どもたちとやってみたいと思う学生が教師からますます遠ざかっていくという問題があると感じました。

茂木　ありがとうございました。高尾先生にはきれいにまとめてもらいました。僕も教員養成が39年目になるのですけど、一度として上手くいったと思ったことがない、難しい仕事ですね。人を育てる、人材育成という言葉はあるあるけど、人材育成という言葉自体に矛盾がある。人材は育成されるものではなく、自から育つしかない。教員養成も、何をがやろうとしているか自分自身が自覚的にならないと教師というものになれない。学生は教えるから教師だと思っているが、むしろ逆です。それがわかるには時間がかかるし、最初から教員を目指そうとすると学びが全部教育といに必要かそうでない

かで選別されて、創造性が失われる。。(周知のように)教員は職業であって職業でないような所があって、みんなが先生であり同時に生徒であるような在り方をわかる必要があります。

もう一つ、演劇的なものは日本の教育に欠けているので、高尾先生の役割は本当に大きい。僕はフィリピンのPETAワークショップで、アーニーさんから「子どもになって表現する。それを大人になって振り返る。そこに言葉がある」と教わった。やってみるのは身体で、振り返るのは言葉なのですね。すごく上手な言い方だなと聞いていて思った。大人の自分と子どもの自分はどちらも本当の自分で、両方を行き来する多面的な身体を持つ。このことを教えてくれる場は今の日本にはない。演劇とは遊戯会の練習で「セリフを覚えること」と思っている。そうではなくて、そこにいる自分というのが何かになってみることで世界と関わるという体験が大切で、それは相手を通して自分をわかるとか、全体の中でどこにいるかを理解できる。今までお話ししたことは全部繋がっていて、それをわかるための「自由への教育」(R. Steiner)だと考えています。

また、メディア社会は感情＝アートの時代でもあります。アートは頭と四肢を心でつなぐ活動です。メディア社会を生き抜くためには、アートで少し楽観的に創造的に世界と向き合っていく必要があります。そういう意味で、アート教育は学校の全体でもあり部分でもある教育なのです。

学びとカオス

茂木　住中さんはアーティストとしてはいかがですか?

住中　アーティストとしてというわけではないですが、熊倉先生の話を聞いていて思いついたことを語りたいと思います。

「学び」とは状況が理解できない状態で強く生まれるのではと思いました。人は状況を理解してしまうとその中での振る舞いを探してしまいます。状況を理解できない時こそ人はより深い思考を始めると思います。

元々動物は「今この状況は安全なのか」「目の前の相手は敵なのか」と考えないといけません。しかし、安心して生きていくためには周囲の状況を理解したくなる。そういう風に生物は状況を理解したい、安心したいという欲が生まれつきあるとは思います。しかし、合理的に一見仕上がっている現代社会の中で、安心を求めて安易に理解すると、すごく簡単に思考が止まってしまうのではないでしょうか。それは危険だと思います。

それゆえ、不合理な状況こそが「学び」については必要なのではないでしょうか。その不合理な状況とはただ曖昧な状況ではなく、状況が矛盾している状況であるべきだと思います。これは例えば、「曖昧だけどなんとなく美術の授業かな?」というくらいだと、生徒は勝手に「美術の授業」と枠を設定し、そしてその中での振る舞いが始まります。伊藤キムさんが大学で踊る企画は「大学の中における曖昧な状態」でした。だから教務係の人が「大学」として設定できるから怒るという振る舞いができた。しかし、三田の家だと大学なのか、授業なのか、商店街なのか、日常なのか、全てが矛盾するような状態なので、教員も地域の長老も誰も「怒る」ということは難しくなる。そのような矛盾する状況にこそ「学び」の機会があると思います。

ただ、難しいなと思うのは、どんなに矛盾していても、人はいずれそこに名前をつけて理解しやすい状況にしてしまいます。とがびも、最後のころは生徒たちが「とがびだから」という枠でまるっと理解していて、悩むことが少なく楽しんでいたようにも思います。

このような状況を他の例でいうと、YouTubeが似た感じがしています。最初は何をしていいか分からず多様な動画表現があったのが、「ユーチューバー」という文化が形成されてきて、今度はその枠内での表現というか、振る舞いの差異になってきています。そこでは表現に対しての思考はどんどん停止していっているのではないでしょうか。

茂木　なるほど、熊倉先生いかがでしょうか。

熊倉　少し論点を変えますが、以前は僕自身もアートの世界で作品を作ったり踊ったりしていました。１９９８年から２０００年にかけてニューヨークに住む機会があったのですが、このコンテンポラリーアートやダンスのメッカで、逆にそれらに関心がなくなってしまったんです。当時は、トランプ大統領の元顧問弁

護士でもあったルドルフ・ジュリアーニがニューヨーク市長で、彼のジェントリフィケーション政策で、ニューヨークの治安はかなりよくなった反面、あらゆる「やばい」ものが一掃されてしまい、「やばい」アートも排除されてしまったんです。代わりにアートがすごく商業化されて、そのマーケットに日本の多くのアーティストが惹きつけられて、自分を売り込みにきていた。だから、ニューヨークが非常につまらない都市に見えた。しかも、ニューヨークに行く前から、ヨーロッパ近代が〝作った〟「アート」はもう歴史的に限界を迎えていると思っていたので、余計に「コンテンポラリー・アート」がつまらなく見えた。

それでニューヨークで決定的に現代アートに興味がなくなって、日本に帰ってきた後、「アート」の世界から徐々に離れていった。むしろ「アート」でないところでいかに創造できるか、今や人類の創造性は「アート」以外のところで発揮されるのではないかと思い、いろんな領域で試行錯誤していた。特に「教育」の現場で、それをいかに創造的なものにするか腐心していた。その実験が、「美学特殊C」であり、「三田の家」だった。

「アート」という文脈を入れると社会的に普段できないことが出来るようになることがあるけれど、じゃあ「アート」という文脈に頼らないで、その外でも自由に創造できないのか。その問いには、創造性とアートをめぐるすごく重要な問題が孕まれていると思います。学校でもアートの授業以外でも自由になれるのか。学校全体、学び自体が（アートみたいに）自由になったほうが本当はいいのではないか。だけれども、現実にはなかなかそうならない。この辺について教員を養成する大学で教えられている高尾先生はどうお考えですか？

高尾　とかくアートと教育は対立的にとらえられているけれども、おそらくアーティストも同じ罠にとらわれやすいのではないでしょうか。アーティストも容易に安定するし保守化する。住中さんの言う矛盾したもの、理解できないカオスなものにずっと熱中してチャレンジし続けられるかというと、そうでないアーティストも沢山いる。一方、教育者の中でもわからないものにチャレンジしている人もいる。だからアーティストと教育者を

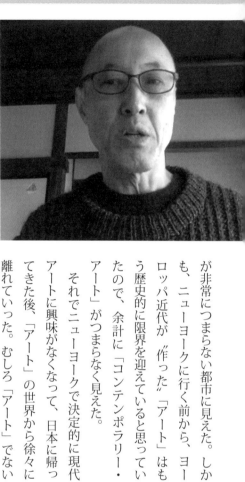

二項対立的にとらえるのではなくて、教育の中でカオス的なものに興味がある人と、アートの中でカオスに興味がある人が繋がることが大切だと思います。

熊倉　なるほど。茂木先生はどう思いますか。

茂木　現代美術のアーティストが、ただ現代美術を守るような動きや活動をすること往々にしてあります。そんな自分たちのメリットを求めているアーティストに、現代美術とはそもそも何なのかと聞きたくなることはありますね。

アートはアーティストのものか?

熊倉　そのことと関係するかわかりませんが、千尋先生がＡＡＦで挑発的な発言をけっこうされていたといいますが、それは今僕が言ったアートにまつわる「特権」に関することでしょうか?

紀子　彼は「アーティストは何をしているのか?」「自分で作品をつくって満足しているだけじゃないか?」などの挑発はしていました。

熊倉　それはアーティストが行儀よくなっているとか、カオスに立ち向かわない人が多くなっているということですか。

紀子　そうですね。とがびも初期のころはアーティストに協力してもらいたい気持ちもあったと思いますけど。後半は違っていました。

茂木　それはさっき住中さんが指摘した問題に集約されるかと思います。

千尋さんは中学生が普通にやっていることの方が面白い。それを特別に「アート」にする必要があるのか?　この意味で言う「アート」は本当にアートなのか?と。

熊倉　これはアートに関わる人にとっても根本的な問題を突きつけているように思います。

アーティストとして活動している人にとってそこを突かれると一番痛い。千尋さんはそこまで行っていた人ではないか。

茂木　千尋さんは「自分の活動はアートプロジェクトと呼びたくない」とも言っていました。ただ、そのために自身の活動が続けにくくなったというのはあるでしょうね。自己矛盾に陥った部分はあるかもしれません。

住中　自分の覚えている千尋先生の挑発は「アーティストって必要なんのですか?」「アートはアーティストしかできないのですか?」と言っていたことです。千尋先生はアートという名前でやると別の先生が手伝ってくれないから櫻ケ丘中学校では「こちょぷろ」っていう企画でやっていましたよね。しかし、アートと枠をつけるから他のアートと絡んで発信力が生まれる。オリジナルジャンルでは外部に伝わり難しい。

茂木　同じようなことが別のことでもありますよね。障がい者だから公的支援が受けられ、その制度の中で生きていけるけど、でも実際に障がいって何?と考えると誰でも障がいを持っているともいえる。それと同じですね。

学びとアート的感性

熊倉　今、博報堂とUniversity of Creativityをやっているのですけど、そのコンセプトもこの話と重なります。

これからの時代は芸術という分野だけではなくて、その他のあらゆる分野で「クリエイティヴ」たりえる。新しい経済システムを作る、新しい学びの場を作ることこそが創造行為なのではないか。今、センスある若い人は美大で現代美術なんてやらなくて、むしろ違うフィールドで自分の創造性を発揮している。僕はそれでいいと思うし、そうした人たちをどんどん後押ししていきたい。でも、そうした創造性を発揮する場面でもやはりアート的な感性は必要だと思います。新しい経済システムを金儲けに使うのか、新たなコミュニケーションの媒体とするのか、そこにある種のアート的な感性は必要だと思う。

慶應時代、僕が同僚と、大学教育を変革しようとしていた時に、王立カナダ芸術アカデミーの人たちを招いたことがあったのですが、彼（女）らは例えば天文学をダンスで学ぶ、と言うようなことをやっているんです。自分たちが木星や土星になって太陽系の動きを表現してみてそこから天文を学ぶ。そんなワークショップをやりました。高尾先生はこのような授業をどうお考えですか?

高尾　私はまさにそういう授業の開発をしています。多様な専攻の学生が集まる講義で、演劇的手法を使った授業をつくることをしています。そこでは自分の専攻以外の授業をつくるようにしています。自分の専攻だとすごく視野が狭くなってしまうので。理科の学生が美術の授業をつくったり音楽の学生が数学をつくったりすると、とても面白い授業をつくっていく。演劇的手法は国語の文学の読み解

きのようなものに使えると思われがちですけれども、理数系は相当面白いです。天文の話がありましたが、理数系は実は想像の中で成り立っていることが多く、それを実際に身体を使いながら学ぶとものすごくよくわかる。とても有効性が高いと感じています。

熊倉　とがびでは他の先生とコラボレーションはあったのですか？

紀子　とがびでは理科の先生とのコラボレーションはありました。ただ、学校教育のカリキュラムの中では中々なくて、今で言うと総合的な学習の中ではありますが。教科を他教科から学ぶということを教師は意識していても生徒は意識できていないのではと思います。

熊倉　学習指導要領が足かせになっているんですか？

紀子　総合的な学習の時間には、積極できにやろうということになっています。

茂木　当然ですけど世界はどんどん専門化し細分化している。けど、一方で総合化の流れもある。この二つがせめぎ合っていると最近強く感じます。だけど全体的には分析的で客観的な専門性の方が優位です。専門家が優位な環境では、普通の人が普通に感じている違和感を反論として語ることは難しい。そういうことにくさびを打ち込んでいく必要がある。自分の意見をちゃんと持って、ちゃんと言えるという人を育てるのが大事です。そのためには頭だけではなくて、身体全体で考えることは今一番大事なことだだと思う。

まとめ

茂木　そろそろ、まとめとして一言ずつ。紀子先生から。

紀子　矛盾する環境とか、枠をつくらないとかが響きました。教員は矛盾する社会の中で生きながら子どもたちと話しているということを再確認しました。これからもこの様なことを忘れないように、丁寧に人に伝わるように発信できたらいいと思います。

熊倉　千尋先生が生きていたらお会いしたかったです。矛盾、リスク、わからない状況などといった話がありましたが、学ぶとはまさしくそういうことを体験することだと思います。高尾先生の文章のなかに上田信行さんの言葉「自分が壊れて学ぶ」というのがありましたが、これはまさしく学びの根本だと思います。

　例えば、泳ぎを学ぶときだって自分が危機的な状況に陥って、それを必死に克服しようとすることで学ぶ。旅をすると

きも、違う文化、価値観にぶつかって、それまでの自分の価値観、自我が部分的に崩れて、でも必死になんとかしようと問題解決するときに学びが生まれる。僕が日本で出会う、本当に面白いと思う人は大抵一年二年くらい海外でバックパッカーしていて、その経験・学びを糧に日本ではこれまで誰もやったことがなかったプロジェクトを立ち上げることが多い。しかし、何も海外に行くことだけが旅ではない。国内でも、学校の中でもできます。「旅する学校」なんてあったらいいなと思います。千尋さんが行っていたのはそういうことだったのではないか。例えば宮沢賢治もそんな「旅する学校」をしていた。

高尾　最後に思ったのは劇作家の如月小春さんが、「私が教育するんじゃない、演劇が教育するんだ」と言っていて、おそらく千尋さんも同じような信念をもっていたのではないかということです。「私が教育するんじゃなくて、アートが教育するんだ」と。そのために環境をつくっていた。それくらいアートに絶対的な信頼があったと思います。私が関心を持ったNスパイラルは、こういう風にアートを学んでいけばきっと子どもたちのクリエイティビティやコミュニケーションの力になるはずだと信じていたから生まれたと思います。アートを本当に信じていた。だからそういうものを生み出せていないアーティストに対して言いたいことが沢山あったのではと思います。

住中　今日の対談を通じて、美術は「自由」という言葉でなく「主役」という言葉を使うのが良いかと思うようになりました。美術は「主役」になれると。ここでいう「主役」とは自分の身体と感覚をもって他者の前に立ち表現することだと思います。これはただ無条件に自由ということではないですよね。そして、主役性を持って表現した結果として自己の感覚を信じられるようになるのではないで

しょうか。このような意味で美術を教育として行う価値があると思います。そしてそれを推し進めるのがカオス的な環境ではないでしょうか。状況から生まれる振る舞いでなく、自らの身体感覚だけで進むしかない状況は主役性をより強く生み出します。とがびはこのことを体現していました。カオスな環境の中で、中学生たちは全力で「主役」でした。

また、これは美術だけでなく学び全般にも通じると思います。カオス的な状況下で主役性をもつ体験をすること、これは個人の学びとしてより強いものとなるでしょう。

茂木 今日、カオスという言葉は強く出てきませんでしたが、その言葉はとがびのキーワードになっています。熊倉先生は「ゆるい」という言葉を使っていましたが、ゆるいとかカオスという言葉は現代社会を批判的にとらえるときのキーワードになる。そして、今を生きにくいと感じる多くの人にとってカオスの中にこそ居場所がある。整った居場所をつくってもらうのでなく、雑然とした場所の中にこそ居場所がある。そこにアートの役割がある。自分もそんなことをしていていい人なんだ。何か特別に役にたつのでもなくても、自分がそこにいていいよという感覚は、カオスの中に存在していることで得られる。こういう場が学校教育の中にあってもいい。とがびはそれを目に見える形で仕掛けた。今、生徒が心や（できれば）身体を避難できる場所が学校にあっていい。カオスな場をアートが作れれば、生徒だけでなく先生も楽になって、力を出せるのでは。

まとめるとすれば、生きること自体がアート＝リビングアートを僕たちはやっていかなければならない。それは教育だけでなくて、福祉や医療の場でもできるし、普通の生活する場でアートというものが生き方自体に含まれるというのが、美術教育の本葉の意味（存在価値）だと思う。

千尋さんのとがびは当時としては先鋭的過ぎたかもしれないけれど、アートができる最大の価値をつくった一つのモデルでした。それを今後も伝えていければと思います。

本日はありがとうございました。

アートの学びを通した教育における自由の問題
――広がる分断と多様性との戦いの中で、アート／教育はどうしていったらいいのか？

このテキストは、２０１９年2月24日（日）に実施した『とがびアートプロジェクト』出版を記念して開催したシンポジウム・祝賀会の記録を基に、今教育を含めて世界を覆う新しい抑圧や不自由さについて、私たち芸術教育に携わるものに何ができるかを考えた考察です。本稿は『教育美術』誌（２０１９年6月号）に掲載した原稿に加筆修正しています。

茂木一司

本書の出版から2年あまり、中平千尋がこの世を去って8年になろうとしています。この間に学習指導要領が改訂され、主体的で深い学びいわゆるアクティブラーニングが示され、教育を学びという言い方に変える改革が動きはじめました。私はとがびアートプロジェクトの果たした役割を、近代を支えてきたスピードと効率を学ぶ知識工場としての学校（教育制度）そのものを内側から改革しようし、ある程度の実現をみた「アートによる社会改革」だと特色づけました。その理由は、中学生たちが本当に自分たちのやりたいこと／やるべきことをアーティストと協働し、アートの力によって、真に主体的で自由な学びを実現できた実践だったからです。その意味では、今進められている「主体的対話的で深い学び」は学校を（「資質・能力」と呼ぶ）個人の能力を伸ばすために学校を利用する（基礎）学力論から脱しきれておらず、、子どもたちの主体性は結局国やその経済優先主義の枠の中の自由に過ぎないのではないか。。つまり、今必要なのは、現代（近代）という時代が、個人の自由な意志で学び生きていく社会であること、そのことは同調圧力を排する（他者と同じでなくていいということ）アートが本質的に持っている「自由」によってが明示されるという考えです。すなわち、「とがび」を中平という特殊な人間がやった特別な出来事ではなく、中学生という時代が持つ可能性を信じ、彼らが自分たちの能力を最大限に引きだすことに成功した「見事な普通の美術による教育実践」であったと捉え直すことです。本書の出版はとがびをアーカイブし、その実践の卓説性を紹介することではなく、美術教育が美術教育のため（だけ）にあるのではなく、学校や社会を批判的に捉える対抗的な文化力を持つ学びであることを活字化によって明示し、少なくとも、（美術教育の）仲間に美術教育の持つ本当の意味に気づいほしいということでした。

2019年2月の出版記念シンポジウムは、とがびを総括するキーとして、「アートの学びを通した教育における自由について考える」をテーマとしました。最初に吉田奈穂子（筑波大学助教）のシュタイナー教育における自由について、次に中平紀子の「やってもいいよ」から生まれる自由と責任について、三澤一実（武蔵野美術大学）の稲荷山養護学校の実践（VTR）、最後に茂木を司会として、大坪圭輔（武蔵野美術大学）、神野真吾（千葉大学）、住中浩史（アーティスト）、塩川岳（同）らのコメントが続きます。吉田は、シュタイナー哲学のおける自由の意味を「あくまで自分自身の中から生じてくるもので……自らが自分自身に与える規則に従って行為する人間を育てなければならない」と述べ、シュタイナー教育の自立した個人を育てる「自由への教育」に言及しました。中平紀子は、千尋のブログの言葉「自由って何でしょう？義務教育の最後で自由について感じられたらいいなあ」に思いを巡らせ、（教育というよりは）生徒たちへの愛のあるメッセージとして「やってもいいよ」が巻き起こすアーティスティックな出来事を紹介しました。彼女の「やってもいいよ」の言葉は生徒たちに自己決定力を迫り、さらに自分たちなりの解決力をも要求する、いわば「自由」の実現を迫るハードな要求でした。この要求は一見無謀に見えますが、「Nスパイラル」によって最終的に自由な表現ができる、つまり3年間（115時間）一環カリキュラムによる基礎の裏付けがあってのものでした。

他にも、出版記念の場で明らかになった大事なことがありました。2013年「とがび」（千曲市）は文化庁長官表彰（文化芸術創造都市部門）を受け、その受賞理由には「公立中学校の教育現場が自ら生み出し継続している取組であり、中学生が自らやりたいことを決定し表現する過程において社会性やコミュニケーション力を身につけ、勇気や自信に満ちた姿を発信するこの活動は、アートの強みを活かした実践的学びの場であり、将来の創造性豊かな地域づくりに繋がる重要な活動と言える」という評価が記されています。しかし、そんな外向きの理由づけを中平本人は気にもとめず、

「中学生っておもしろいんだよ！　それを伝えたいんだ。だけど、なぜか中学生は無視されているんだ」と千尋はいつも言っていました。出版記念会で、卒業生Tさんは「小学校や高校の図工美術のつまらなさに較べて、とがびの中学校は本当に面白かった。私はとがびのためだけに学校に行っていた」と祝賀会で言いいました。体や心が大きく変化する中学生が現実の中で感じる葛藤や違和感はむしろこれからの創造の基礎になる。そういう心の中身を彼女は吐露していたのです。この言葉のリアルさが示すのはアート教育が存在する本当の意味であることを私たちはもっときちんと受けとめる必要があると感じました。

私は、「中平千尋は生きている――中学校美術教育は死なない」と本書のまえがきに書きました。それは、「とがび」を次代を担い、未来をつくっていく若者たちに、より窮屈になっていく社会に対して、アートがつくる自由に生きることの大切さを受け継ぎ、さらに新しい運動へつなげてほしいという、中平の気持ちを引き継いでいくことを伝えたかったからです。

「美術教育の授業時間数が減っていく中で、中学生という時代にこそ表現活動を思いっきりさせてあげたい、そして彼らを抑圧から解放し、自由に生きることの大切さを学ばせたいという中平千尋の思いを、わたしたちは感傷的な思い出として語るわけにはいきません。彼は、少ない授業時数を活かし補うために、Nスパイラルという独自のカリキュラムを考案し、必修授業で学んだことが有機的に他教科や教科外活動を含めた中学校教育全体を美術教育がつなげる、インクルーシブなカリキュラムデザインを実践しました。それは、見えない不自由さ、いわば教育の檻の中で生きにくさを抱えた中学生がアートの表現やコミュニケーション力によって、自己の存在を確認し、他者に対する思いやりを学ぶ場として機能しました。子どもと大人の両面を持った中学生の力をビジュアル化し、彼らと美術との出会い方に新たな可能性を拓き、また教室から社会に飛び出し、その接面で起こるさまざまな問題や葛藤をともに経験しながら、真に生きて働く力を獲得し、成長していったのです。それは社会に拓かれた新しい美術教育のあり方を示しただけでなく、（中）学校教育の存在自体への問いかけになった大きなプロジェクトでもありました。」

最後に、本書の刊行で伝えたかったことをあらためてまとめます。

一つは、美術がアートと呼ばれ、既存の価値観を破壊・再構築し、社会の問題をビジュアル化するだけでなく、問題解決の糸口にさえなろうとしていることに対して、美術科教育（教育美術）は作品づくりから抜け出せないで、現実のアート世界と乖離してしまっていることを示し、少しでも両者の距離を縮めたいと思ったことです。従来の作品＝ものから、つくるプロセスやさらに協働することによる「関係性」の問題へ美術／教育は否応なく関わってきました。そのことはもともとアートとは見えないものであり、自分たちがわからないものでも受容する／できることの大切さを理解すること、そしてそれは他者への寛容さや多様性の理解へとつながるのです。

二つは、美術科教育の方法論をプロジェクト型にし、アーカイブ化を図って、重層的にしていくことです。とがびの生資料は中平千尋のブログ（http://www.voluntary.jp/weblog/RedirectServlet?npoURL=togabi）でリアルに読めるほか、本人の論考もたくさんあります（本書巻末文献参照）。したがって、本書は学校にアーティストを呼びたい先生や地域でアートプロジェクトをやりたい人などにアートの持つ多様性を受容しつなぐコミュニケーション力、同時に合意形成を図りながら、たくさんの答えを出していくプロジェクト型の協同的な学びをリアルに具体的に伝えるファーストブックになってほしいという想いで編集しました。

三つめは、教師の役割の変化です、中平自身も教師だけでなく、資金面も管理するディレクターやマネージャー、活動ではファシリテータや学習環境デザイナーなどをこなし、同様に生徒たちもそれらの社会的役割に巻き込んでいく。まさに「社会に拓かれた学び」の実践者です。ここで大事なのは、教師が子どもたちを信じ任せるが、最後の責任は教師がとるという姿勢です。これがなければ中学生が自由になれるはずはなく、そのことは彼らがとがびを「究極の寛容」と言い表した言葉に集約されています。

最近自分はアート／教育と、and/or の意味でスラッシュを使用することがあります。それは、アートの学びを狭い教科教育にしてしまわないで、アートが（学校卒業後の）さまざまな社会・世界と接続し、関係性の再構築やザラザラした接面のインターフェイスになってほしいという希望です。

２０２０年１月から始まる新型コロナウイルス感染症はあっという間に世界を一変させ、現在（２０２１年５月）まで緊急事態宣言という名の下に飲食や移動などの人間の根源的な生の営みそのものが制限され、まさに「自由」を奪われています。コロナ渦では公益性（安全）と個人の自由がさまざまな場面で衝突し、悪い意味での「エゴイスティックな個」が自分だけは生き延びようともがいている感じが強くなっています。ジェンダーギャップが批判され、ＬＧＢＴが当然受容されるべきと一見多様性が勢いづいているようにみえて、他者と違うことに極端に敏感になり、目立たないように防衛本能を働かせ、個の時代のはずなのに、みんなの空気を以前より読んで生きなければならない。今こそ多様性と個を対立的に捉える二元論的な思考や態度を批判し、部分と全体性が照応するように調和を学ぶ必要があります。コロナ渦では今をどう捉え、何をすべきかがわからないので、みんなが闇の中で苦しみもがいています。しかし、このような先の見えない闇の中でも、頭（知識）と四肢（活動）を感情（心）によってコントロールするアートとその教育がより大切にされる必要があるのではないでしょうか。とがびの中学生がやったように、正解がなくても辛抱強く挑戦し、試行錯誤を楽しみ、光を求めて前に進む。弱い自分を認め、ひとりではできなかったことでもみんなならできることを喜び合う。見えないウイルスとの戦いは自分の外側の敵との戦いではもはやなく、自分の内側にある見えない何物かとの戦いになっています。すぐに解決できない問題ならどのように持ち続けられるのかが、今私たちは試されています。

『とがびアートプロジェクト』出版記念シンポジウム＆祝賀会集合写真（2019.2.24、於武蔵野美術大学三鷹ルーム）

初版のあとがき

茂木一司

中平さんと「とがび」の本をつくろうと約束してから、4年が過ぎようとしています。その間いつも、この約束のことが頭にありました。とがびを体験した生徒たち、アーティスト、AAFなどの協力者のみなさんの原稿を読みながら、涙もろくなったり、（社会のだらしなさや現状の美術教育の有り様などのもろもろを思い）怒りを新たにしたり……、また「とがび」の生資料からいくつもの新しい発見をしたり、感情が揺れ動かされる編集体験をしています。

はじめて中平さんと会ったときこと。日本美術教育連合主催の「中学校美術教育の危機」というフォーラム（2008・12・24）で、「アートプロジェクトで美術教育の危機を突破する　生徒＋作家＋地域＝∞」という題名で5年分のとがびについて語っていた、大きなからだと少し気の小さそうでやさしく強い姿勢。「美術館等でやっているワークショップなどが小学生や一般に偏っていて、なぜ中学生は無視されているのか！」いろいろな場面で中学生にだけアートが届けられていない問題点を訴え、どこでもやらないのなら、自分が学校でやってやるという気持ちで「とがび」をはじめたこと。それが5年を経た今、興味をもつ人たちが拡大し、地域の作家や協力者、そして現役の生徒だけでなく、小学生、特別支援学校、専門学校、美術大学を巻き込む「メガとがび」になったことなどが語られました。その頃のわたしは作品展で見られるパターン化した題材や学生の実習先で出会う古びた指導によって、中学校美術教育を諦めていた風がありました。しかし、この発表は自分に中学生の表現はそんなもんじゃないと、ふたたび心を奮い立たせてくれました。

「私の考える中学校美術教育の危機は、『美術教育以前にアートとか美術に必要性や興味を感じていない中学生』と『アートを中学生に届けようとしない美術関係者』の2つが危機だと考えている。…例えば、今日リストカットをしている子どもに対してアートはどうするのだろうか。今日自殺したいと思っている中学生にアートは関わらないのだろうか。いじめられている生徒にアートは何もしていない。あるいは何も届いていない。そのようなことに、とても苛立ちを感じ、不快に感じる。…」

こんな調子のことばにとても共感し、特に、いわゆるアートプロジェクトの中で「中学生は作家のお手伝いじゃない。作家がお手伝い」というフレーズには心震えました。彼の発表は「場ときっかけさえあれば、中学生は何でもできる」ことを実践を通じて実感し、「おまえらにもできるんだからやってみろよ」というアジテーションだったと思います。その後、一度だけ生とがびを体験（２０１１）し、色彩教育本部研修会（２０１２）に講師としてお招きしたり、関係がちょっとできたのでした。「とがび」は10年続きました。10年という時間は、山本鼎の自由画教育や戦後の創造美育運動のはじまりから衰退の時間と同じです。彼は、自分の実践をまとめるため、また次のステージを考えて、２０１４年から自分の研究室（群馬大学教育学研究科）で学ぶことになりました。たった5か月足らずでしたが、思い出は尽きません。アーツ前橋でのサポーター育成講座や教育普及事業のアイデア出し、群馬県立近代美術館と群馬大学教育学部美術教育講座がはじめて連携した「Ｇの杜プロジェクト」のリーダー、ＩｎＳＥＡ（国際美術教育学会）メルボルン大会への参加などなど……、本当に寝る時間を惜しんで勉強していました。その間にした多くの仕事（論文・発表など）を通して、気づかされたことがありました。それは、「とがび」のような実践が案外美術教育関係者（内側）には評価されないという現実です。それには、いくつかの意味があり、ひとつはそもそも学校の授業以外に余計なことをするなという批判です。これらは論外ですが、声に出さないものも含めれば予想以上に多いのではと感じています。もうひとつは、「とがび」のような魂のある実践がアカデミックな美術教育学のシステムになじまず、彼の学会誌への投稿論文に対する論評がことごとく的外れであったことです。これは、美術教育（学）とは何かを考えさせられる出来事でした。

おわりに、「とがび」の最大の貢献は、生きにくく弱い人たちに「普通じゃなくていい」というメッセージを発信したことです。多くの若者たちが苦しむ「普通」というトラウマをアートの多様性＝カオスが包み込んでくれました。こんな風に「とがび」はわたしたちにさらなる課題を次々に課しつづけてくれる、そのことに本当に感謝しています。

わたしたち全員が待ち望んだ「とがび」を記録し、この表現を世に問う今回の出版は、「こういう取り組みこそ大事！」と言ってくださった東信堂の下田勝司社長の英断がなければ実現しませんでした。関係者を代表して感謝いたします。

新版増補のあとがき

茂木一司

下田社長から初版が完売しそうなのでどうしますかというお電話をいただき、ほっとしている間もなくと、ページを追加して新版にしてみませんかという提案にその時はどうしたものかと思いましたが、こうしてまた新たな執筆者を得て、リニューアルができたことは、自分にとっていろいろな意味で新しい成果でした。一つは、美術教育の外側の人を少し巻き込んで、アート／教育のよさをアピールできたこと。つまり、とがびの共感者＝仲間が増えたことです。とがびの世界観を共有できる人がいることは自分にとって何よりの励ましになりました。当初はとがびを他領域（芸術学・教育学）から批評し、冷静にふり返りたいと考えて、２人に相談してみようというつもりでした。この勝手なお願いがプロセスを経て、こんなに豊かな出来事になるとは……。座談会の中で、私は「教育は手渡しなので直接渡された者にしか伝わりにくい」と話しましたが、世界には魂の共有できる人間が複数いることを今回強く感じ取っています。自分の気持ちの中では、初版の出版で中平千尋との約束を果たせた安堵感で満足してしまったところがありましたが、視点や活動の違いによって、新しい創造力がわき出てくることを学び直しています。

熊倉さんとは自分が人文社会科学プロジェクトで前橋でコミュニティカフェの実験をしたときに、京都でウィークエンドカフェを実施していた小山田徹さん（京都市立芸術大学）といっしょに招聘し、コミュニケーションの場としてのカフェが持つ「ゆるく柔らかい」空間のもつ社会批判力や教育力を教授いただきました。

高尾さんとは、ワークショップの歴史や理論研究の資料収集で通った、世田谷パブリックシアターの演劇ワークショップの講座などでお目にかかり、身体系ワークショップの学びの持つ即興性が現代的な問題群に対して、大きな駆動力になることを実践も交えて教授いただきました。今回、二人のパワーアップした知性と感性に助けられ、身体性とテキスト、理論と実践など、対立しがちな事柄について、周辺と中心の関係性が整理され全体性がよく見えるようになった感じがしています。とがびの特色は、特に美術が得意な子や好きな子が目立って活躍したたというよりも、何となく生きづらさを抱えていたり、普段はまったくおとなしくしゃべらない子や体育系部活で活躍する子などが思った以上の働きをし、自己実現を図っていたのですが、それは芸術が持つ感情表現を自己中心的に使うのではなく、自分の内側から発せられる衝動に素直に従った結果、逆に芸術の普遍的な世界観に触れることになったしまったという、周辺と中心の逆転が起きていたような感じです。とがびの最終段階で、「アーティストさえ不要になった」中学生たちとは、中学校という抑圧された環境に対応するために過度な自己表現やコミュニケーションをとっていたが、外側にあると思っていた壁が実は自分自身の中にあることに気づいたに過ぎなかったのかもしれません。

出版後、長野市でとがびの展示と大同窓会（2019・8・11、ガレリア表参道）が開催され、中平紀子、住中、茂木と多くの卒業性たちが参加しました。千尋さんがおもしろいといっていた中学生たちの生データの声を聞けました。体験者である彼らにとってとがびが標準だという幸せな声たちです（会場風景と中平千尋・紀子夫妻の写真）。

今回のリニューアルもまた、東信堂の下田勝司社長の強い後押しで実現しました。メールでのやり取りで、「（とがびが）とっくの昔に主体的学びをしていたことなのですから、かつ生徒や学生はいろいろな意味で主体的に生きえない、抑圧を感じている（大人もそうです）がその解放のためには解放の後のことも想定しつつ、主体を軸に他との合意的協働が不可欠ですね。災害に襲われたときは助け合いますが、コロナはそうした人間活動も閉じ込めてしまう。となると異常気候も含め総合的・俯瞰的な視野の共有が不可欠であることを教えてくれたと思います。ただし総合的な見方は現在のところ不在です。」とアドバイスしていただいていました。編集を代表し、あらためて感謝いたします。

資料編

- 活動年表
- 関連文献
- 執筆者紹介

とがび関連　活動年譜

制作　住中浩史

年	とがび関連
1966	長野県下伊那郡松川町上片桐に生まれる　中平千尋（C）
1974	長野県長野市に生まれる　中平紀子（N）
1991	武蔵野美術大学造形学部視覚伝達デザイン学科卒業（C） グラフィックデザイナーとして勤務（C）
1992	グラフィックテザイナーを辞して、帰郷して教員を目指す（C）
1996	長野県稲荷山養護学校に赴任、シュレッターへのダイブや、トイレットペーパーの撒き散らしが体感出来る「造形週間」を実施（C） 東京家政大学服飾美術学科卒業（N） 戸倉上山田中学校に講師として赴任する。千曲市内で教諭をしていた千尋と出会う（N）
1997	長野県諏訪養護学校に赴任（N）
1998	諏訪市立諏訪南中学校に赴任（C） 結婚（C・N）
2001	千曲市立戸倉上山田中学校に赴任（C） 長野市立東部中学校に赴任（N）
2002	暗闇美術館開催（C・N） Nスパイラル授業を展開（C・N）
2003	者開美術館開催・夜の屋根裏美術館（長野県信濃美術館）（C・N）

社会・教育・アートの動き

IZUMIWAKUプロジェクト（1994-1996 杉並区立和泉中学校）杉並区立和泉中学校の美術教諭であった村上タカシが、学校で夏休みの間に開催した現代美術展。「学校を美術館に」という構想で1994年と1996年の回開催。

阪神・淡路大震災（1995）

京都議定書（1997）

学習指導要領の改訂（1998）ゆとり教育と「生きる力」、「総合的な学習の時間」の新設、小学校図画工作科・中学校美術科の時間削減

特定非営利活動促進法（NPO法）成立（1998）

学校が美術館（1999、2000愛知県千種台中学校）

「ASIAS」（1990）アーティストを小学校等へ派遣しワークショップ型授業を実践する活動を開始。2001年NPO法人化に「NPO法人芸術家と子どもたち」（堤康彦）設立

9・11アメリカ同時多発テロ（2001）

「総合的な学習の時間」が全国の小・中学校で実施（2000〜）

ゆとり教育の実質的開始（2002）

大地の芸術祭越後妻有アートトリエンナーレ（2000）新潟県越後妻有地域（十日町市・津南町）の広大な土地を美術館に見立てた国際美術展。地域アートプロジェクト隆盛のきっかけとなる。総合

2004

とがび第一期　借り物アート

第1回　とがび開催

- 実施日10月9日、10日
- 参加生徒 1年1組・2組計80名
- 3学年選択美術生徒60名（10作品）
- 保護者ボランティア8名
- 総入場者数 1131名

特徴

- とりあえずやってみたという経験としての1回目
- 長野県信濃美術館・東山魁夷館から東山魁夷、池田満寿夫のリトグラフ作品借用
- 中学生作品よりもアーティスト作品を多数展示
- 「学校が美術館になった日・とがびプロジェクトまとめ展」開催（2005年1月8日～25日　於：長野県信濃美術館）
- とがびについてのアンケートを実施したところ「楽しかった」と「つまらなかった」が半数ずつ

参加アーティスト

アラフマヤーニ
カトウチカ
粕尾待子
門脇篤
鎌田真由美
菊池剛
黒柳博之
佐々木啓成
佐藤謙介
塩川岳
鈴木貴美子
switchman
関野宏子
田中為吉
高須健市
竹中広明
ナカムラユミ
幅佳織
浜田真由美
増山士郎
宮沢真
山元ゆりこ
結城愛
吉岡紳行
長野県信濃美術館
東山魁夷館
卒業生4名

横浜トリエンナーレ……イブ―新たな総合に向けて―　横浜で都市型トリエンナーレ開催

アサヒアートフェスティバル（AAF）（2002～2016）アサヒビールと全国のアートNPOや市民グループと協働して行うアートプロジェクトネットワーク。「とがび」は2006～2013に参加

千葉アートネットワークプロジェクトWiCAN（2002～　千葉）

【2004】

トヨタ「子どもとアーティストの出会い」（2004～2106）子どもたちのいる現場に、様々な視点・方法を持つアーティストが出向き、感性を刺激するアートプログラムを実施

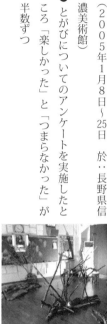

2005

とがび第二期　キッズ学芸員　覚醒

第2回　とがび開催

●実施日：10月8日、9日
●参加生徒：2年生55名、3年選択美術71名（17作品）計128名
●高校生参加者：9名
●入場者数700人

特徴

●キッズ学芸員として、生徒が自らアーティストを選出
●「総合的な学習の時間」が選択制となり、2学年全体から希望する生徒が集まる。
●キッズ学芸員が来場者を案内しながら校内を回る「ギャラリートークツアー」実施
●協力：長野県信濃美術館・東山魁夷館
寺島デザイン事務所　社団法人信濃教育会　戸倉上山田温泉観光協会　アートネットワーク信州ながのアート万博
●後援：千曲市教育委員会
●特別企画として信濃教育会所蔵児童絵画展「なつかし絵画展」を実施
●10月15日、16日アンコール展開催
（於：千曲市総合観光会館）

参加アーティスト

326
天明屋尚
奈良美智
結城愛
室木おすし
関野宏子
吉岡紳行
斎藤秀幸
佐藤謙介
門脇篤
圓井義典
山元ゆり子
もりやゆき
ユミソン
近藤武彦
長野県信濃美術館東山魁夷館
卒業生

トラップ・インスタレーション
山元ゆり子

【2005】
愛知県で「愛・地球博」開催
耐震強度偽装問題発生
JR福知山線の脱線事故発生
日本の人口が1899年の統計開始以来初の自然減へ
クール・ビズ推進開始
「食育基本法」施行
サスティナブル・アートプロジェクト・ヒミング（2005～　富山県氷見市）
BEPPU PROJECT（2005～　大分県別府市）
横浜トリエンナーレ2005
アートサーカス［日常からの跳躍］（横浜市）

2006

第3回　とがび開催

●実施日：10月8日、9日
●3年総合選択：77名、3年選択美術生徒数：33名（作品数18点）
計110名
●卒業生参加者数：7名
●総入場者数：800人
●共催：長野県美術教育研究会　更埴美術教育研究会
●助成：アサヒビール芸術文化財団
長野市芸術文化振興助成金　財団法人朝日新聞文化財団
●後援：長野県信濃美術館・東山魁夷館　千曲市社会福祉協議会　杏の里板画館

参加アーティスト

イイダミカ
太田伸幸
門脇篤
木村仁
圓井義典
斎藤秀幸
塩川岳
白幡淳弘
杉山早紀
鈴木貴美子
都梨恵
三木サチコ
もりやゆき
宮沢真
山元ゆり子
ユミソン
長野県信濃美術館東山魁夷館

特徴

●総合的な学習の時間選択講座制
●キッズ学芸員のよる「とがびまるいごとツアー」実施
●生徒主体の地域を対象にした企画出現「とがびまとめ展」「いろいろ作品展」「Kaii de　リゾート展」「温泉プロジェクト」など
●特別企画：「ニアイコール天明屋尚上映会」実施
●開催テーマを「戸倉上山田」とし、「温泉」や「千曲川」など地域にまつわる内容を展示作品にも取り入れた。
●作品の見せ方について企画書を作成するなど、「見られる」ことを意識した作品が増える
●AAFに初参加（以降、2013まで継続参加）
●ポスター、パンフレット制作をデザイン事務所に全面依頼
●本年度をもって中平千尋、長野市の中学校へ転勤

【2006】
日本の65歳以上の人口率が世界最高、15歳以下の人口率が世界最低になる
ライブドアショック発生
第1回ワールド・ベースボール・クラシックで日本が優勝
北海道佐呂間町で竜巻発生
大地の芸術祭　越後妻有アートトリエンナーレ2006（十日町市・津南町）

2007

とがび第三期　キッズ学芸員　解体

第4回　とがび開催

●実施日：10月6日、7日
●参加生徒：美術部員30名＋選択美術3年生40名　計70名
●助成：アサヒビール芸術文化財団
●後援：千曲市教育委員会　千曲市観光協会
●協力：長野県信濃美術館・東山魁夷館　現代美術製作所　東京工芸大学　金沢市民芸術村　東御市梅野記念絵画館・ふれあい館　丸子修学館高校美術部　千曲市社会福祉協議会　クリエイティブファクト（株）

特徴

●中平紀子、戸倉上山田中学校に赴任
●授業内容の改変により、とがび参加生徒は美術部員と選択美術の授業を履修生徒が中心となる
●アーティストは中学生が表現したいことを形にするアシストをするという構図に関係性が変化していく
●中学生の自主的な作品が表れ始める　生徒作品『ヲタクの部屋』が話題を集める
●美術部1年生チーム自主企画「垂絵画プロジェクト」実施。自主企画の萌芽
●卒業生が進学した高校の丸子修学館高の校美術部を連れての展示

参加アーティスト
木村仁
圓井義典
塩川岳
住中浩史
たかはしびわ
水内貴英
森本秀樹
ヤノベケンジ
長野県信濃美術館・東山魁夷館
丸子修学館高校美術部

生徒作品「ヲタクの部屋」

【2007】
第1回東京マラソン開催
新潟中越沖地震発生
日本郵政公社が解散、日本郵政株式会社が発足
43年ぶりとなる全国学力調査実施
教育改革関連3法が国会で可決、成立。内容は教育免許更新制の導入、30時間以上の更新講習の受講義務化など
教育再生会議が「社会総がかりで教育再生を・第三次報告　学校、家庭、地域、企業、団体、メディア、行政が一体となって、全ての子供のために公教育を再生する」を提出
第1回中之条ビエンナーレ開催（2007～　群馬県中之条町）

2008

第5回　とがび開催

●メガとがび2008
●実施日：10月12日
●参加生徒：美術部　3年選択美術
●参加学校：戸倉小、五加小、更埴西中、屋代小、戸倉保育園、丸子修学館高校美術部、上田西高校美術部
●共催：長野県美術教育研究会　更埴美術教育研究会
●助成：アサヒビール芸術文化財団　長野市芸術文化振興助成金
●後援：長野県信濃美術館・東山魁夷館　東御市梅田記念絵画館・ふれあい館　千曲市社会福祉協議会
●総入場者600人

特徴

●中平千尋の赴任した長野市の中学校や周辺の学校でも広域的プロジェクト「ながのアート・プロジェクト」実施（戸上中、櫻ケ岡中、信更中、川中島中、吉田小参加）
●特別支援学級の作品展示実施
●小中高大学の参加実現
●ポスターデザインアイデアは全面的に中学生のアイデアで制作

3年選択美術作品

参加アーティスト
柿崎順一
圓井義典
酒井博之
住中浩史
久塚真央
ながはり朱美
宮沢真
長野県信濃美術館・東山魁夷館
戸倉保育園
戸倉小学校
五加小学校
屋代小学校
更埴西中学校
上田西高校美術部
丸子修学館高校美術部

【2008】
リーマンショック発生
チベット自治区ラサで大規模暴動が発生
四川大地震発生
秋葉原通り魔事件発生
学習指導要領改訂
脱ゆとり化へ。中学校で選択教科の廃止。言語活動および、伝統や文化に関する教育の充実など。
旅するムサビプロジェクト（2008〜）
横浜トリエンナーレ2008
TIME CREVASSE タイムクレヴァス（横浜市）

2009

第6回　とがび開催

●メガとがび2009
●実施日：9月20日、21日
●参加生徒：美術部員、3年選択美術36名
●助成：アサヒビール芸術文化財団　ちゅうでん教育振興財団
●共催：長野県美術教育研究会　更埴美術教育研究会
●後援：千曲市教育委員会　千曲市観光協会
●協力：長野県信濃美術館・東山魁夷館　東御市梅野記念絵画館・ふれあい館　千曲市社会福祉協議会　東京工芸大学　武蔵野美術大学　バンタンデザイン研究所 Xseed　丸子修学館高校美術部　上田西高校美術部　上田染谷丘高校美術部　クリエイティブファクト（株）

特徴

●アートの枠がさらに解体される
●アーティストとの共同作品が減少。逆に生徒作品が目立つ
●桃蓮華鏡（中学生のアーティスト名）のシャンソンライブと住中浩史によるドキュメンタリー映画
●「とがび」について考えるパネルディスカッションを開催
●バンタンデザイン研究所とのコラボレーション

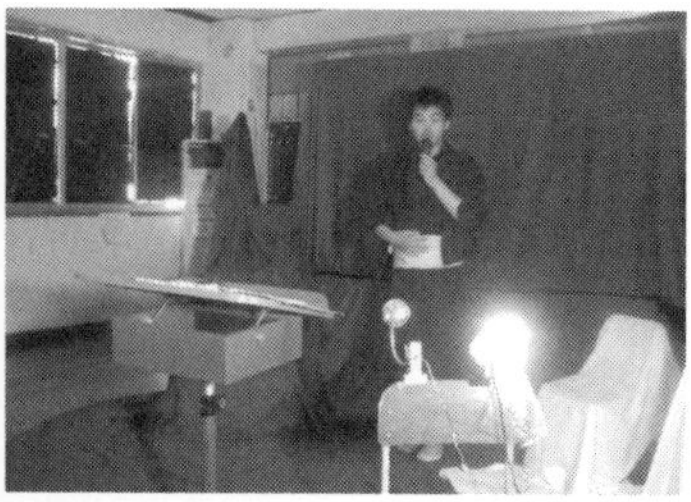

生徒作品「桃蓮華鏡」

参加アーティスト

大岩由佳
圓井義典
住中浩史
増山士郎
久恒亜由美
abnormal system
百瀬文
長野県信濃美術館
東山魁夷館
武蔵野美術大学
バンタンデザイン研究所
丸子修学館高校美術部
上田西高校美術部
上田染谷丘高校美術部

【2009】

バラク・オバマ氏が黒人初のアメリカ合衆国大統領に就任

国際宇宙ステーションで日本が担当する実験棟「きぼう」が24年かけて完成

裁判員制度開始

日経平均株価がバブル経済崩壊後最安値を更新

文部科学省「学校における携帯電話等の取扱い等について」を通知。児童生徒の小・中学校へ携帯電話の持ち込みを原則禁止に

別府現代芸術フェスティバル「混浴温泉世界」（大分県別府市）

大地の芸術祭　越後妻有アートトリエンナーレ2009（十日町市・津南町）

2010

第7回　とがび開催

●メガとがび2010
●実施日：10月10日
●参加生徒：美術部、科学研究部、3年選択美術26名
●助成：アサヒビール芸術文化財団
●共催：長野県美術教育研究会 更埴美術教育研究会 長野県中学校美術教育連盟
●後援：千曲市教育委員会　千曲市観光協会
●協力：長野県信濃美術館・東山魁夷館　東御市梅野杵絵画館・ふれあい館　千曲市社会福祉協議会　武蔵野美術大学校友会　丸子修学館高校美術部　上田西高校美術部　上田染谷丘高校美術部　クリエイティブファクト（株）

特徴

●中学生が自発的に発案し、アーティストのアシストを受けない作品があらわれ始める
●校内の一角に「廊下アートセンター」開設（住中浩史）
●美術部員と山本耕一郎による「とがびの部屋」
●桃蓮華鏡活動10周年記念コンサート
●美容師とのコラボによる化粧コスプレ変身プロジェクト
●京都造形芸術大学による鑑賞教育プログラム「ACOP」実施
●所沢市立南小学校1年生「ザリガニハウス」

参加アーティスト

大岩由佳
尾花藍子
帯川みなみ
木村仁
圓井義典
児玉やすつぐ
住中浩史
塩川岳
水谷優香
山本耕一郎
長野県信濃美術館
東山魁夷館
東御市梅野絵画館
丸子修学館高校美術部
上田西高校美術部
上田染谷丘高校美術部
所沢市図画工作美術教育研究会有志

住中浩史「廊下アートセンター」

山本耕一郎＋美術部「とがびの部屋」

【2010】
アラブの春始まる（〜2012）
上海で万博開催
はやぶさ（探査機）が小惑星イトカワから地球へ帰還
公立高等学校授業料無償化の開始
生徒指導に関する学校・教職員向けの基本書「生徒指導提要」配付
第1回 あいちトリエンナーレ2010「都市の祝祭」（愛知県）
第1回 瀬戸内国際芸術祭 2010 アートと海を巡る百日間の冒険（岡山県、香川県）

2011

とがび第四期　脱アーティスト

第8回　とがび開催

●メガとがび2011
●実施日：10月9日
●参加生徒：美術部、3年選択美術39名、科学研究部、演劇部、ヒップホップ出演生徒
●卒業生参加者：桃蓮華鏡
●他校参加：櫻ケ岡中学校美術部　北部中学校美術部　長野養護学校　丸子修学館高校美術部　上田西高校美術部　上田染谷丘高校美術部　東京芸術大学鍛金研究室
●助成：アサヒビール芸術文化財団
●共催：長野県美術教育研究会　更埴美術教育研究会　長野県中学校美術教育連盟
●後援：千曲市教育委員会　千曲市観光協会
●協力：長野県信濃美術館・東山魁夷館　東御市梅野杵絵画館・ふれあい館　千曲市社会福祉協議会　武蔵野美術大学校友会　丸子修学館高校美術部　上田西高校美術部　上田染谷丘高校美術部　長野養護学校

特徴

●音楽や映像、化粧によるコスプレなど、中学生の自己開示的・自己表現的作品の展示が進む
●ヒップホップダンス、生花などパフォーマンス的な表現を得意とする生徒や作家の参加が目立つ
●校内の空き教室を改造した「廊下小劇場」開設（住中浩史）
●桃蓮華鏡リサイタル
●FMラジオ局「ど貴族ラジオ」

参加アーティスト

伊豆牧子
尾花藍子
柿崎順一
クリスパー
圓井義典
住中浩史
世界装置
水内優香
山本耕一郎

長野県信濃美術館
東山魁夷館
櫻ケ岡中学校
美術部
北部中学校美術部
長野養護学校
丸子修学館高校
美術部
上田西高校美術部
上田染谷丘高校
美術部
東京芸術大学
鍛金研究室部

【2011】
世界の人口が70億人を突破
日本全国でタイガーマスク運動広がる
大相撲八百長問題
東日本大震災発生
福島第一原子力発電所事故が発生
FIFA女子ワールドカップドイツ大会でなでしこジャパン優勝
アナログ放送終了、デジタル放送へ
ヨコハマトリエンナーレ2011 OUR MAGIC HOUR―世界はどこまで知ることができるか？―（横浜市）

2012

第9回　とがび開催

●メガとがび2012
●実施日：10月7日
●参加生徒：美術部　科学研究部
●卒業生参加者：9名
●助成：アサヒグループ芸術文化財団
●共催：長野県美術教育研究会　更埴美術教育研究会
●後援：千曲市教育委員会　千曲市観光協会
●協力：千曲市社会福祉協議会　千曲アート協会　武蔵野美術大学　長野美術専門学校　丸子修学館高校美術部　上田染谷丘高校美術部　株式会社芝電　御菓子司青柳

特徴

●「選択美術」の授業が廃止。参加生徒は美術部が中心に
●生徒の「アーティストは必要ない」発言により脱アーティスト化
中学生の自己開示表現化が進む。参加作家は2名のみ
●美術館からの作品借用展示は行わず
●FMラジオ局「壊れかけのRadio」
●桃蓮華鏡×憂月コンサート
●「ヲタ・サミット2012」（ヲタクの部屋の作者による）

参加アーティスト

山本耕一郎
住中浩史
武蔵野美術大学
長野美術専門学校
丸子修学館高校
美術部
上田染谷丘高校
美術部
卒業生

「ヲタ・サミット2012」

【2012】
ノーベル平和賞にEU選ばれる
山中伸弥がiPS細胞でノーベル生理学・医学賞を受賞
東京スカイツリー開業
中学校での武道必修化開始
大地の芸術祭　越後妻有アートトリエンナーレ2012（十日町市・津南町）

第10回　とがび開催

- ●戸倉上山田びじゅつ中学校
- ●実施日：9月20日、21日
- ●参加生徒：美術部員、3年選択美術36名＋卒業生40名

特徴

- ●最後の「とがび」
- ●「GENTEN　ただいまとがび」を卒業生が主催。それぞれの「とがびとは？」を言葉にした展示や、過去のとがびの作品や部活で制作した作品を再構成して展示した
- ●とがび前に中庭の倉庫を改造した「中庭21世紀美術館」開設（住中浩史）
  とがびでは卒業生寺嶋美咲の展示を行った。
- ●本年度をもって中平紀子、小布施町の中学校へ転勤
- ●卒業生有志による「とがび10周年記念展」

参加アーティスト

卒業生
丸子修学館高校

【２０１３】
ボストン・マラソン爆発テロ事件発生
アベノミクス始動
富士山が世界文化遺産に登録
いじめ防止対策推進法の成立
ヴェネチア・ビエンナーレ・田中功起の日本館が特別表彰（蔵屋美香）
あいちトリエンナーレ２０１３「揺れる大地―われわれはどこに立っているのか：場所、記憶、そして復活」
瀬戸内国際芸術祭２０１３「アートと島を巡る瀬戸内海の四季」
「和食日本人の伝統的な食文化」が無形文化遺産に登録
特定秘密保護法成立

【２０１４】
イスラム国勢力拡大
ろくでなし子がわいせつ物頒布等の疑いで逮捕（その後一部有罪）
札幌国際芸術祭２０１４（坂本龍一）
愛知県美術館で鷹野隆大作品わいせつ指摘（作品の一部を隠す措置）
集団的自衛権を認める閣議決定

【２０１５】
パリ同時多発テロ
渋谷区で初の同性カップル条例が成立
Chim↑Pom発案「Don't Follow the Wind」
東京都現代美術館「おとなもこどもも考える　ここはだれの場所？」展　会田誠作品に美術館が撤去要請
マイナンバー制度開始
改正公職選挙法成立　選挙権年齢が18歳以上に引き上げられる
文部科学省が高校生の政治的活動を限定的に認める通知を発出

2014
中平紀子、とがびの戸倉上山田中学校から小布施町立小布施中学校
中平千尋、教職を休職し、群馬大学教育学部大学院に入学
「平成25年度　文化庁長官表彰（文化芸術創造都市部門）」千曲市（とがびで）受賞
中平千尋、11月7日に病気により逝去（享年48歳）

2016
この本の制作へと繋がっていく「中学校を美術館にした10年間の記録～とがびアーカイヴプロジェクト～」がNプロジェクトによって開始（AAF2016参加企画）
AAF Café vol.15「中平さんが問いかけ続けてきたこと、そして未来へ！」
アサヒアートスクウェア（東京都墨田区　3月19日）
とがび展@まえばし未来アトリエ　広瀬川美術館（群馬県前橋市　9月13日～25日）

2019
『とがびアートプロジェクト―中学生が学校を美術館に変えた』（茂木一司編集代表、東信堂）
出版。同出版記念シンポジウム開催（2月）

【2016】
東京都現代美術館「MOTアニュアル2016　キセイノセイキ」展
イギリスEU離脱を国民投票で決定
トランプ米大統領誕生
熊本地震発生
新潟・糸魚川で大規模火災
【2017】
幼小中学習指導要領告示・アクティブラーニングの導入へ
障害者芸術文化活動普及支援事業（厚生労働省）始まる
Reborn-Art Festival 2017（石巻、宮城、小林武史）
森友・加計問題
地質時代名に「チバニアン」命名
【2018】
オウム松本元死刑囚らの刑執行
【2019】
天皇退位・元号令和になる
パリ・ノートルダム大聖堂火災
アイヌ新法
あいちトリエンナーレ2019（津田大介）「表現の不自由展」抗議・脅迫により展示中止
ICOM（国際博物館会議）京都で開催
【2020】
新型コロナウィルスCOVID-19感染症拡大・緊急事態宣言
オンライン学習と日本のICT教育の遅れ
安倍首相辞任・菅内閣発足
バイデン米大統領誕生
【2021】
東京オリンピック・パラリンピック開催

主要関連文献・情報一覧

〔凡例〕

・とがびアート・プロジェクトおよび中平千尋・紀子とNプロジェクトの活動に関する文献・情報を、単行書、逐次刊行物、テレビ・ラジオ番組、ウェブサイト、研究および実践発表・講演・シンポジウム・トークイベント、アート・プロジェクト・展覧会・映画に分けて掲載した。
・各項目について詳細不詳のものにはその旨を記載するか、（　）で編集者註として情報を補った。
・テレビ・ラジオ番組については多数あると予測されるが、実際の放映が確認できたもののみを掲載した。

単行書

・『アサヒ・アート・フェスティバル２００６　活動の記録』アサヒ・アート・フェスティバル実行委員会、２００６年　＊以降も２０１６年まで毎年掲載。
・『平成19年度　美術館を活用した鑑賞教育の充実のための指導者研修』独立行政法人国立美術館、２００７年　中平千尋「〔事例紹介　中学校での実践事例〕中学校を美術館にしよう！とがびアートプロジェクトにみる中学生のチカラ」
・無記名「ブログ利用者アンケート　中平千尋さん」『くらしを豊かにするハンドブック―インターネット活用編』地方公務員等ライフプラン協会、２００７年
・大坪圭輔・三澤一実編『美術教育の動向』武蔵野美術大学出版局、２００９年
中平千尋「事例23　美術教育の未来―とがびプロジェクトとキッズ学芸員―」
・京都市立芸術大学美術教育研究会・日本文教出版編集部編『美術資料』秀学社、２００９年　＊ながのアートプロジェクト、とがびアートプロジェクトについて掲載。
・仲嶺盛之・中平千尋・新里義和・今村清輝・吉田悦治・小橋川啓・戸ヶ瀬哲平「美術教育を考えるシンポジウム「美術の先生は何を考えているのか。」」『シンポジウム「美術の先生は何を考えているのか。」報告集』小橋川啓・戸ヶ瀬哲平、２０１０年
・吉川久美子　修士論文『中高生と美術との出会い方―表現手段としての美術の可能性―』武蔵野美術大学、２０１０年
・『WiCAN 2010 DOCUMENT』千葉アートネットワーク・プロジェクト、２０１１年
中平千尋・中平紀子・曾我部昌史・神野真吾「シンポジウム#2「学校はＡｒｔ不足？」」
・中学校美術科教科書（平成24〜27年度用）、日本文教出版、２０１２年
・三澤一実監修『美術教育の題材開発』武蔵野美術大学出版局、２０１４年
中平千尋「〔第3章「教科経営」第4節〕教科の広がり」
・藤浩志・ＡＡＦネットワーク『地域を変えるソフトパワー　アーチプロジェクトがつなぐ人の知恵、まちの経験』青幻社、２０１２年
「学校は「教わる場」じゃなくて、「学ぶ場」なんだ！　中学校が美術館になる、長野県・戸倉上山田中学校」
・『ＡＡＦネットワーク２０１３-１４活動報告書』ＡＡＦネットワーク実行委員会、２０１５年
中平千尋「中学生が主導権を持ったアートプロジェクトに見る成功するプロジェクトとは」
大澤寅雄「中平さんに伝えたかったことと、検証を通して見えてきたこと」
・中平千尋文、中平紀子協力、太田伸幸編『中平語録』太田伸幸（manz-design/KICHI.inc）、２０１６年
・『AAF Review 2002-2016 ―アサヒ・アート・フェスティバル15年の軌跡と波紋』アサヒグループホールディングス株式会社、２０１８年

逐次刊行物

（論文）

・特集「「とがびプロジェクト」―学校が美術館になった日」『長野県信濃美術館紀要』1号、２００７年3月
木内真由美「とがびプロジェクトと長野県信濃美術館」
中平千尋「中学校を美術館にしよう　とがびアートプロジェクト（戸倉上山田びじゅつ中学校）の3年間」
門脇篤「「とがび」の拓いたもの〜一参加作家から見た「とがびプロジェクト」〜」
奥村高明「空間と世代を交差するコミュニケーションとしての「とがびプロジェクト」」
三澤一実「とがびプロジェクト」
・中平千尋「とがびアート・プロジェクト10年の歴史―とがびアート・プロジェクト第

1期：借り物アート期」『美術教育学』（美術科教育学会誌）35号、２０１４年3月
・中平千尋（未公刊）「とがびアート・プロジェクト10年の歴史　第二報（上）―とがびアート・プロジェクト第2期：キッズ学芸員覚醒期（２００５年～２００６年）」
＊『美術教育学』（美術科教育学会誌）36号掲載決定後、著者逝去により辞退
・伊藤羊子「『アートファンを増やそう！』中平千尋先生との実践」『長野県信濃美術館紀要』９号、２０１５年3月
・春原史寛・喜多村徹雄・茂木一司・宮川紗織・深須砂里・西村圭吾・飯島渉・中平千尋「Gの杜プロジェクト「かこ・いま・みらい」（1）―美術館と大学との連携において学生は何を学んだのか―」『群馬大学教育実践研究』32号、２０１５年3月
・春原史寛・喜多村徹雄・茂木一司・宮川紗織・深須砂里・相良浩「Gの杜プロジェクト「かこ・いま・みらい」（2）―美術館と大学の連携はどのような成果を生んだのか―」『群馬大学教育実践研究』33号、２０１６年3月
・春原史寛・茂木一司・手塚千尋・木村祐子・小田久美子・宮川紗織・茂木克浩・高木蕗子「まえばし未来アトリエ」における学びの成果と課題―アーツ前橋・群馬大学連携による人材育成事業の意義―」『群馬大学教育実践研究』34号、２０１７年3月

（雑誌）

・中平千尋「美術ファンを増やそう！『戸倉上山田びじゅつ中学校』プロジェクト」『長野県美術教育研究会会報』72号、２００４年8月
・無記名「げた箱が、廊下が、階段の踊り場が美術館に！」『市報ちくま』14号、２００４年11月、28頁
・無記名「〔フォト・ニュース〕闇に浮かぶ幻想の世界　戸倉上山田中学校「暗闇美術館」」『市報ちくま』29号、２００６年2月
・土屋典子「SCOPE　キッズ学芸員が中学校を美術館にする日　長野県千曲市　千曲市立戸倉上山田中学校「とがびアート・プロジェクト」」『地域創造』22号、２００７年
・加藤種男（インタビュー）「アートのヴィジョンを社会の中で拓いていくこと。」『美術手帖』９０４号、２００８年2月
・中平紀子「〔授業実践・中学校〕とがびアートプロジェクト～アーティストとキッズ学芸員の夢のコラボレーション～」『教育美術』７９５号、２００８年9月
・中平千尋「〔Art Topics〕中学校を美術館にしよう　とがびアートプロジェクトの可能性」『メセナnote』57号、２００８年9月
・特集「中学校美術のこれから」『教育美術』８０２号、２００９年4月
中平千尋「アートプロジェクトで美術教育の危機を突破する」
三澤一実・中平千尋・濱脇みどり・鷹野晃「造型・美術教育フォーラム　中学校美術の危機」
・無記名「〔WEB SITE〕学校を美術館にしよう　ながのアートプロジェクト」『教育美術』８０３号、２００９年5月
・中平千尋「〔特集　アート・プロジェクトって何？〕アート・プロジェクトは美術教育の諸問題を解決する～中学生がコミュニケーションしたくなる場～」『美育文化』59巻6号、２００９年11月
・三澤一実「〔エッセイ〕学校が美術館「ムサビる！」」『ＭＡＵニュース』、２００９年12月
・中平千尋「夜楽塾「学校を美術館に」―ながのアートプロジェクトの取組み」『茅野市美術館報２０００～２００７　研究紀要第3号』２０１０年3月
・中平紀子（インタビュー）「中学校を美術館にしよう！　夢のアートプロジェクト」『えるふ』28号、２０１０年4月
・中平紀子（アンケート回答）「〔特集　教師の仕事～図工・美術編―「授業実践」の背景―〕」『教育美術』８１７号、２０１０年7月
・中平千尋「社会と連携し、美術を通して子どもを育てる～さくらびアートプロジェクトの実践から～」『教育美術』８２２号、２０１０年12月
・太田信幸「〔グラビア〕美」『たぁくらたぁ』22号、２０１０年12月
・執筆者不詳「記事名不詳」『tsunagu』（信州大学教育学部総合演習によるフリーペーパー）2号、２０１０年2月
・赤木里香子・森弥生・中平千尋他「共同討議　つながる力をともに育てる美術館と学校―地域からの、地域への発信（第59回日本美術教育学会学術研究大会岡山大会報告）」『美術教育』（日本美術教育学会）２９４号、２０１１年
・中平千尋「子どもがやりたいと思うことを、大人が協力し、ともに実現する。」『パッソ』（岡学園トータルデザインアカデミー）28号、２０１１年9月
・中平千尋「〔新人教師のための図工・美術アイデア集〕展示を疑え～生徒自身の「見せたい」気持ちを大切に」『教育美術』８４９号、２０１３年3月
・神野真吾「〔連載　地域いろいろ・多様な日本〕「空間」をめぐる学び　戸倉上山田中学校の廊下アートセンター」『建築雑誌』１６４５号、２０１３年5月

（新聞）

・無記名「五感で鑑賞「暗闇美術館」戸倉上山田中で20日夜」『信濃毎日新聞』

２００３年２月18日朝刊
・無記名「〔写真グラフ〕夜の学校が「美術館」見て触れて聴いて　怖さと感動」『信濃毎日新聞』２００３年２月24日朝刊
・無記名「街中が展覧会場　長野と三水　地図片手に鑑賞「アートナビ」」『信濃毎日新聞』２００３年10月６日夕刊
・無記名「戸倉上山田中暗闇美術館　県信濃美術館　学校活動を紹介」『信濃毎日新聞』２００４年２月３日夕刊
・無記名「信濃美術館　開館延長し企画展　中学生も初めて出展へ」『長野市民新聞』２００４年２月５日
・無記名「ユニーク　信濃美術館　屋根裏美術館」『長野市民新聞』２００４年５月13日
・福沢和義「見て触れて驚き…　長野・信濃美術館　夜の屋根裏美術館展」『中日新聞』（長野総合版）２００４年２月13日朝刊
・無記名「明日からアート万博２００４　今年は「地域」に目　楽しみ戸倉上山田中学校」『週刊長野』２００４年10月２日
・無記名「〔戸倉上山田びじゅつ中学校〕　夢実現！　学校が美術館に変身　東山魁夷・池田万寿夫作品も展示」『週刊上田』２００４年10月２日
・中平千尋「戸倉上山田びじゅつ中学校　「参加型」のイベント」『長野市民新聞』２００４年10月５日
・無記名「学校全体を美術館に　千曲の戸倉上山田中　あすまで東山魁夷や生徒作品多彩に展示」『信濃毎日新聞』２００４年10月９日朝刊
・松本猛「〔展望台〕中学校美術館」『松本平タウン情報』２００４年10月20日
・無記名「戸倉上山田びじゅつ中学校　学校まるごと美術館・生徒と作家が競作」『週刊上田』２００４年10月30日
・無記名「学校美術館「とがび」の交流　長野でまとめの展示会」『信濃毎日新聞』２００５年１月９日朝刊
・無記名「「学校が美術館」振り返るシンポ」『信濃毎日新聞』２００５年１月14日朝刊
・無記名「戸倉上山田中の芸術学習　生徒らがシンポ開く」『週刊長野』２００５年１月29日
・無記名「屋根裏美術館」『週刊長野』２００５年２月19日
・無記名「学校を美術館に　戸倉上山田中に東山画伯らの作品」『信濃毎日新聞』２００５年10月９日
・無記名「戸倉上山田中　「暗闇美術館」開き　父母ら五感で鑑賞」『信濃毎日新聞』２００５年12月22日朝刊
・無記名「学校まるごと美術館に変身　長野の試みを講演」『北陸中日新聞』２００６年12月24日朝刊
・無記名「〔アート〕生徒の感性に磨き　長野の「美術委中学校プロジェクト」」『北陸中日新聞』２００７年１月14日朝刊
・無記名「〔夜のやねうら美術館〕」『信濃毎日新聞』２００７年２月13日夕刊
・無記名「〔夜のやねうら美術館〕」『長野市民新聞』２００７年２月15日
・無記名「戸倉上山田中の生徒　１０００年後に残すオブジェ作り」『長野市民新聞』２００７年３月20日
・無記名「独特の美術教育を紹介　戸倉上山田中生の作品展」『信濃毎日新聞』２００７年３月22日朝刊
・無記名「学校が美術館に返信戸倉上山田中　６・７日に公開」『週刊長野』２００７年９月30日
・無記名「戸倉上山田中　絵画やオブジェ校内に作品展示　きょうとあす」『長野市民新聞』２００７年10月６日
・無記名「観て聴いて触る「五感でアート」　長野・桜ケ岡中牛　小布施で展示」『信濃毎日新聞』２００７年10発22日朝刊
・無記名「芸術的発想育てる教育のあり方議論　池田でシンポ」『読売新聞』（長野版）２００７年11月18日朝刊
・無記名「不用品で「アート展」　市リフレッシュプラザが初開催　来月３日から市内を巡回」『長野市民新聞』２００８年１月１日
・無記名「〔廃材アート〕工夫凝らし　長野・桜ケ岡中　イベント出品へ制作」『信濃毎日新聞』２００８年１月25日朝刊
・もりから堂「教室を飛び出せ！　さくらびアート」『風の森三郎』（社会福祉法人森と木）７号、２００８年３月
・無記名「夏休み校舎を美術館に　長野と千曲の５小中学校　子どもら制作や展示の知恵絞る」『信濃毎日新聞』２００８年５月19日夕刊
・無記名「あなたの笑顔をアート作品に　吉田小の６年生　長野駅前で撮影」『信濃毎日新聞』２００８年７月15日朝刊
・無記名「学校を美術館に　市内４校でアートプロジェクト」『週刊長野』２００８年

8月2日

・無記名「走りの風景と旬な人　美術教育で感性を広げ人との交流を図る　中平千尋さんの巻」『ウィークエンドアサヒ』2008年8月8日

・中村桂吾「〔写真グラフ〕中学生ファッション発信　戸倉上山田中　服飾学ぶ学生と洋服作り」『信濃毎日新聞』2009年3月2日朝刊

・無記名「幻想的彩り「夜の美術館」長野の桜ケ岡中でイベント」『信濃毎日新聞』2009年3月15日朝刊

・太田伸幸（インタビュー）「今しかできないことがある　秘めたパワーを引き出そう」『信濃毎日新聞』2009年3月19日朝刊

・無記名「長野・桜ケ岡中改築しても「忘れない」　思い出の校舎絵で記録　美術部が27日写生大会計画」『信濃毎日新聞』2009年6月17日朝刊

・無記名「〔長野〕消える校舎写生で残そう　改築前　桜ケ岡中で生徒・卒業生ら」『信濃毎日新聞』2009年7月2日朝刊

・無記名「「ながのアートプロジェクト」内容発表会　校舎美術館みたいに」『信濃毎日新聞』2009年7月12日朝刊

・無記名「学校を美術館に！　吉田小と桜ケ岡中で」『週刊長野』2009年8月8日

・無記名「〔みすず調〕」『信濃毎日新聞』2009年8月18日夕刊

・無記名「「地中美術館」づくり　未来の人に思い込めた陶器埋める　長野・桜ケ岡中3年　新校舎予定地に」『信濃毎日新聞』2010年2月6日朝刊

・無記名「頑張る商店会　七瀬通り商店会　地域中学校とのコラボで街を作品発表の舞台に」『タウン57』（長野商店会連合会会報）2010年2月15日

・無記名「夜の校舎〝美術館〟に　桜ケ岡中　五感をテーマに作品」『長野市民新聞』2010年2月27日

・佐藤美千代「〔学びの森〕「学校を美術館に」試み3年目」『朝日新聞』（長野全県版）2010年7月28日朝刊

・無記名「〔高原調〕」『信濃毎日新聞』2010年9月27日朝刊

・無記名「桜ケ岡中が美術館に！」『週刊長野』2010年10月23日

・松田慧「長野・桜ケ岡中と千曲・戸倉上山田中「学校アートプロジェクト」開催　生徒が自由に表現活動」『信濃毎日新聞』2010年10月29日朝刊

・無記名「七瀬通りアート展示　中学生や市内外作家ら」『長野市民新聞』2010年12月21日

・無記名「夢テーマ　美術集大成　桜ヶ岡中3年生、絵や造形」『長野市民新聞』2011年3月10日

・無記名「長野県民文化会館に「桜道」　桜ケ岡中生徒の手作り緞帳展示」『信濃毎日新聞』2011年3月18日朝刊

・無記名「手作りの花輪で祝い　桜ケ岡中美術部員　改築の体育館に展示」『長野市民新聞』2011年4月12日

・無記名「〔長野〕東北の復興願う「六千羽鶴」　桜ケ岡中の美術部　タペストリー作り」『信濃毎日新聞』2011年6月30日朝刊

・無記名「生徒が自由に作品を展示」『信濃毎日新聞』2011年7月5日朝刊

・無記名「折り鶴8500羽に復興願い　長野市民ら巨大壁掛け作り」『信濃毎日新聞』2011年7月30日朝刊

・無記名「もんぷらで作品展　桜ケ岡中美術部」『週刊長野』2011年8月6日

・執筆者不詳「折り鶴プロジェクト　被災地に願いを込めて」『桜中新聞』2011年9月27日

・中平千尋（連載　全12回）「〔学校スケッチ〕中学校美術館」『朝日新聞』（長野全県版）2012年3月〜2013年3月

「最高の時間、あの時に戻りたい」2012年3月14日朝刊

「任せればルールは自分で作る」2012年4月18日朝刊

「コミュニケーションしたくなる経験」2012年5月16日朝刊

「無秩序で衝動的な気持ちに形」2012年6月13日朝刊

「自由楽しむためのルール・制限」2012年8月1日朝刊

「アートで輝く1日限りの「学芸員」」2012年9月12日朝刊

「「もの作り」を楽しむ「人作り」」2012年10月10日朝刊

「言葉にならない思い「モアイ」に」2012年11月7日朝刊

「「今を生きよう」叫ぶ卒業制作」2012年12月19日朝刊

「看板づくりに挑戦、受信力磨く」2013年1月16日朝刊

「「こちょ☆ぷろ」天井からマスク」2013年2月13日朝刊

「面白いことで「社会変えよう」」2013年3月13日朝刊

・無記名「取り壊す校舎に思い出の絵筆　長野市桜ケ岡中の美術部員」『信濃毎日新聞』2012年4月28日朝刊

・無記名「中学生のパワーあふれる芸術　長野桜ケ岡中美術部企画展」『信濃毎日新

聞』２０１２年８月23日朝刊
・無記名「長野市桜ケ岡中　愛されるお店へ　美術部デザイン」『信濃毎日新聞』２０１２年11月21日朝刊
・無記名「障害者が働く喫茶店　玄関を飾る看板完成　長野市桜ケ岡中美術部員が考案・制作」『信濃毎日新聞』２０１２年12月27日朝刊
・無記名「長野・桜ケ岡中美術部も協力　障害者働く喫茶店18日開店」『信濃毎日新聞』２０１３年６月13日朝刊
・無記名「青春をテーマに水彩画など展示　長野で桜ケ岡中美術部」『信濃毎日新聞』２０１３年８月18日朝刊
・無記名「〔群青の風　若者×社会〕「とがび」の経験　教え子が継ぐ」『信濃毎日新聞』２０１６年３月17日朝刊
・無記名「「中学校を美術館に」長野のアートプロジェクト前橋で作品紹介」『上毛新聞』２０１６年９月16日朝刊

テレビ・ラジオ番組

・「戸倉上山田びじゅつ中学校」、番組名不詳、ＮＨＫ長野放送局、２００４年10月12日
・「戸倉上山田びじゅつ中学校」、番組名不詳、テレビ信州、２００４年10月14日
・「夜の屋根裏美術館」『ＡＢＮステーション』長野朝日放送、２００５年２月９日
・「暗闇美術館へようこそ」『元気発見』信越放送、２００５年２月16日
・「中学校を美術館に！」『イブニング信州』ＮＨＫ長野放送局、２００５年９月７日
・「＃29　中平千尋×伊藤羊子」『知恵の輪』テレビ東京、２００６年10月29日（３分間）
・「廃材アート２００８」『報道ゲンバ』テレビ信州、２００８年２月７日
・「ながのアートプロジェクト」『スーパーニュース』長野放送、２００８年８月11日
・「ながのアートプロジェクト」『ニュース６』信越放送、２００８年８月11日
・「ながのアートプロジェクト」『さやかのsmily smile』ＳＢＣラジオ、２００９年８月16日
・「ながのアートプロジェクト」『グッドモーニングレディオ』ＦＭ長野、２００９年10月15・22・29日
・「廃材アート２０１０」『エコロジー最前線』信越放送、２０１０年３月６日（15分間）
・「五感でアート楽しむ」『千曲ニュース』ケーブルネット千曲、２０１１年２月25日
・「柿崎順一＋ＮＥＰＲＯＪＥＣＴ」『イブニング信州』ＮＨＫ長野放送局、２０１１年9月29日
・「「ありえない・バースデー・ケーキ」プロジェクト」『エコロジー最前線』信越放送、２０１２年１月14日（15分間）
・「全国中学校体育大会冬季大会応援フラッグ」『ふれ愛ながの市政ガイド』テレビ信州、２０１３年１月12日（５分間）

ウェブサイト

・中平千尋他「とがびアート・プロジェクト　ブログ」２００５‐２０１４年　http://www9012uh.sakura.ne.jp/weblog/myblog/1267
・中平千尋他「とがびアート・プロジェクト　ブログ」２００５年　https://togabi.exblog.jp/m2005-10-01/
・Ｎプロジェクト「Ｎプロジェクト　ブログ」http://nproject.blog.shinobi.jp/
・Ｎプロジェクト「とがび　facebookページ」https://www.facebook.com/togabi/
・Ｎプロジェクト「ながのアートプロジェクト　twitter」https://twitter.com/naganoartprojec
・旅するムサビプロジェクト「武蔵野美術大学　旅するムサビプロジェクト　ブログ」https://tabimusa.exblog.jp/
・横永匡史「中学校を美術館にしよう！」『PEELER』２００６年　http://www.peeler.jp/review/0610nagano/index.html
・中平千尋・中平紀子（インタビュー）「参加者すべてがハッピーになる　学校を美術館に変身させる」『アサヒグループホールディングス・ハピ研・ハピプロインタビュー』２００８年　http://www.asahigroup-holdings.com/company/research/hapiken/interview/bn/20080711/
・「美術党　党首　櫻美たろう政見放送」『YouTube』２００９年　https://www.youtube.com/watch?v=qZco9IIPVxY
・「ながのアートプロジェクト2010～学校を美術館にしよう【AAF2010報告会1-2】」『YouTube』２０１０年　https://www.youtube.com/watch?v=eO_u43mA5Ag
・「おはよう→おはよう　ＨＯＵＫＡＩ×ｗｏｒｌｄｅｒ」『YouTube』２０１０年　https://www.youtube.com/watch?v=rhWwLQWv_eI
・「中平千尋の手紙」『YouTube』２０１５年　https://www.youtube.com/watch?v=0IsUXpyRVho

研究および実践発表・講演・シンポジウム・トークイベント

・松本猛・ムトウイサム・吉本伊織・宮沢真「パネルディスカッション　「アートの力」―地域をめぐって―」、とがび２００４、戸倉上山田中学校図書室、２００４年10月９日
・中平千尋・キッズ学芸員・とがび参加アーティスト「シンポジウム　とがびをふりかえって」、とがびアートプロジェクトのまとめ展、長野県信濃美術館、２００５年１月13日
・Ｎプロジェクト（活動報告）、アサヒアートフェスティバル・ネットワーク会議（２月）および報告会（11月）、アサヒアートスクエア、２００６年２月　＊２０１３年まで継続参加。
・中平千尋（実践報告）、日本美術教育連合平成18年度造形・美術教育フォーラム、東京学芸大学、２００６年８月20日
・中平千尋「とがびアート・プロジェクト　ここまでできる！　中学校を美術館にしよう」、石川県図工・美術研究大会準備委員会、石川県金沢市高岡中学校、２００６年12月23日
・中平千尋「中学校を美術館にしよう　とがびアートプロジェクトにみる中学生のチカラ」、平成19年度美術館を活用した鑑賞教育の充実のための指導者研修、国立新美術館、２００７年８月７日
・高森俊・武田美穂・中平千尋・松本猛・浜尾朱美「シンポジウム　明日の安曇野を考える　アートは子どもを救えるか！」、安曇野アートライン推進協議会、池田町創造館、２００７年11月17日
・中平千尋・堤康彦・住中浩史・水内貴英・曾我高明、シンポジウム「学びがアートになるとき」、向島アートまち大学、墨田区・現代美術製作所、２００８年１月20日
・中平千尋（実践報告）、筑波大学附属小学校初等教育研修会、筑波大学附属小学校、２００８年２月15日
・中平千尋「夜楽塾「学校を美術館に」―ながのアートプロジェクトの取組み」」、茅野市美術館、２００８年３月８日
・中平千尋、シンポジウム「アートでつなぐ人と町　がっこうアートプロジェクトの取り組みと可能性」、美術館拡大利用研究会、埼玉県立近代美術館、２００８年３月20日
・中平千尋・塩川岳・山口尚之、シンポジウム「現役の学校で行うアート展の実践と展開について」、富山市立樫尾小学校、２００８年７月６日
・三澤一実・鷹野晃・中平千尋・濱脇みどり、造形・美術フォーラム２００８シンポジウム「中学校美術の危機」、日本美術教育連合、筑波大学附属小学校、２００８年12月14日
・中平千尋・蔭山ヅル他、ディスカッション「小中学校と美術の連携の可能性を考える」、ワタラセアートプロジェクト２００９、桐生市・旧桑原利平マンガン工場、２００９年５月４日
・中平千尋・長崎至宏「ながのアートプロジェクト　―学校を美術館にしよう―」、第59回造形教育センター夏の研究大会、お茶の水女子大学附属中学校、２００９年８月１日
・キッズ学芸員代表・小林稜治・児玉亮士・住中浩史・中平千尋・穴澤秀隆「とがびパネルディスカッション　とがびが残したもの」、メガとがび２００９、千曲市立戸倉上山田中学校、２００９年９月20日
・中平千尋（講師）、善光寺平表参道ギャラリーライン第２回勉強会、長野市ギャラリー・ガレリア表参道、２００９年10月15日
・中平千尋（提案）、美術による学び研究会山梨大会、山梨県立美術館、２００９年11月７日
・仲嶺盛之・中平千尋・新里義和・今村清輝・吉田悦治・小橋川啓・戸ヶ瀬哲平「美術教育を考えるシンポジウム「美術の先生は何を考えているのか。」」、沖縄県立博物館・美術館、２０１０年１月10日
・中平千尋（講師）、山梨県造形教育研究会合同研修会、２０１０年２月25日
・佐藤哲夫・大成哲雄・中平千尋・三澤一実、パネルディスカッション「造形活動を通したコミュニケーション力」、大学美術教育学会・全国美術部門合同２月フォーラム、お茶の水女子大学附属中学校、２０１０年２月28日
・中平千尋（プレゼンター）、ペチャクチャナイト長野＃12、D&DEPARTMENT PROJECT NAGANO by COTO、２０１０年５月15日
・中平千尋「中学校を美術館にしよう―とがびが救う、美術教育」、京都造形芸術大学アートプロデュース学科特別講義、京都造形芸術大学、２０１０年７月14日
・中平千尋（プレゼンター）、ペチャクチャナイト東京＃75、六本木スーパーデラックス、２０１０年７月28日
・赤木里香子・森弥生・中平千尋・山﨑博之・岡本裕子、シンポジウム「つながる力をともに育てる美術館と学校―地域からの、地域への発信―」、第59回日本美術教育学会学術研究大会岡山大会、岡山県立美術館、２０１０年８月７日

・中平紀子、分科会10「「みる」ことと言語活動を考える」、第50回関東甲信越静地区造形教育研究大会静岡大会、グランシップ、２０１０年８月10日
・神野真吾・中平千尋・村上タカシ・大成哲雄、シンポジウム「プロジェクトとしての美術―その可能性と課題―」、第49回大学美術教育学会東京大会、武蔵野美術大学、２０１０年９月19日
・清水隆史・モリヤコウジ・中平千尋・太田伸幸・小池マサヒロ、トークイベント「ぱてぃお大門　蔵庭あそびVol.7　アートってなんだろう？　アートってどうなんだろう？」、長野市パティオ大門、２０１０年11月23日
・提言：中平千尋・中平紀子、コメント：曾我部昌史、モデレーター：神野真吾「教室から始まる5つの提案　シンポジウム＃２「学校はＡｒｔ不足？」」、千葉市美術館、２０１０年11月27日
・中平千尋「シンポジウム　５７５０分展Ⅲ―ようこそ美術室！」Saitama Muse Forum、埼玉県立近代美術館、２０１１年９月17日
・中平千尋「美術を日常化する」、造形教育シンポジウム、富山県造形教育連盟、高志会館、２０１１年11月19日
・中平千尋・紀子「び会」シンポジウム　なぜ美術を勉強するのか」、武蔵野美術大学、２０１２年８月１日
・中平千尋「中学校を美術館にしよう」、第62回日本色彩教育研究会本部研修会、２０１２年８月20日
・茂木一司・中平千尋・エメリー・チャンガー・梶原千恵・武谷大介「「アートが境界線を越えるとき～遠足プロジェクトの可能性」セッション２　学校が変わる。学びが変わる。」、遠足プロジェクト実行委員会、大阪府立江之子島文化芸術創造センター、２０１３年８月３日
・中平千尋「生活者が主体的に生活空間の課題発見や課題解決にアートを活用する社会を目指して―なぜ中学生たちは自然発生的に「とがび」「こちょ☆プロ」で自分自身の殻を突破することができたのか―」、第62回日本美術教育学会学術研究大会新潟大会、新潟日報メディアシップ、２０１３年８月23日
・ヨー・リアン・ヘン・蔭山ヅル・中平千尋・小田マサノリ・大澤寅雄「私たちはなぜアートプロジェクトを立ち上げ、継続しようとするのか」、ＡＡＦネットワーク実行委員会、アサヒ・アートスクエア、２０１４年６月14日
・茂木一司・住中浩史・中平紀子・戸倉上山田中学ＯＢ「AAF Cafe vol.15「中平さんが問いかけ続けたこと、そして未来へ！」」、ＡＡＦネットワーク実行委員会、アサヒ・アートスクエア、２０１６年３月19日
・中平紀子・小林稜治・住中浩史・杉浦幸子・茂木一司「中平千尋のとがび…それ以降…美術教育はこれから何ができるのか」、まえばし未来アトリエ、広瀬川美術館、２０１６年８月31日
・越ちひろ・伊藤羊子・藤巻傑・中平紀子・橋本光明「「全造連70周年の成果と課題、これからの造形美術教育は如何に！？」」、第70回全国造形教育研究大会、軽井沢中学校、２０１７年11月18日

「とがび」に関するアート・プロジェクト・展覧会・映画

・「学校が美術館になった日　とがびアートプロジェクトのまとめ展」長野県信濃美術館、２００５年１月８日～25日
・ドキュメンタリー映画（石崎豪監督）『≒（ニヤイコール）大明屋尚』ビー・ビー・ビー株式会社、２００６年公開（２００７年ＤＶＤ化）
・「Ｎスパイラル展　ギャラリーで美術授業」元麻布ギャラリー佐久平、２００７年３月19日～29日　＊25日に中平千尋によるギャラリートーク実施
・「長野スクールフィルムプロジェクト２００８」映画上映・講演会（住中浩史）、文教大学（学生企画）、２００９年１月24日
・「図画工作・美術なんでも展覧会２００９」うらわ美術館、２００９年３月18～29日
・「カイイに挑戦！～長野市櫻ヶ岡中学校全生徒による緞帳制作」ホクト文化ホール、２０１１年３月17日～22日
・「『授業』の展覧会　図工・美術をまなび直す」うらわ美術館、２０１３年９月14日～10月27日
・「勝手に中平千尋個展」山本耕一郎、まちぐみラボ（青森県八戸市）、２０１６年４月～５月
・「とがび展＠まえばし未来アトリエ」まえばし未来アトリエ、広瀬川美術館（群馬県前橋市）、２０１６年９月13日～25日
・Aceh-Japan Community Art Project 2017（インドネシア、２０１７年12月17日～30日、ディレクター：門脇篤）「Togabi Project(melaporkan) Museum Tsunami Aceh 17-26 Des.」http://miyato.info/communityart/2017/togabi.html　http://miyato.info/communityart/guidebook2007.pdf

とがびポスター・リーフレット

２００４年に開始したとがびは当初は中平夫妻の手作り感が強く、リーフレットは生徒の手書きでした。その後、２００６年からアサヒアートフェスティバルに参加して、チラシとリーフレットも外部に依頼して制作するようになりその後の拡大へと繋がりました。

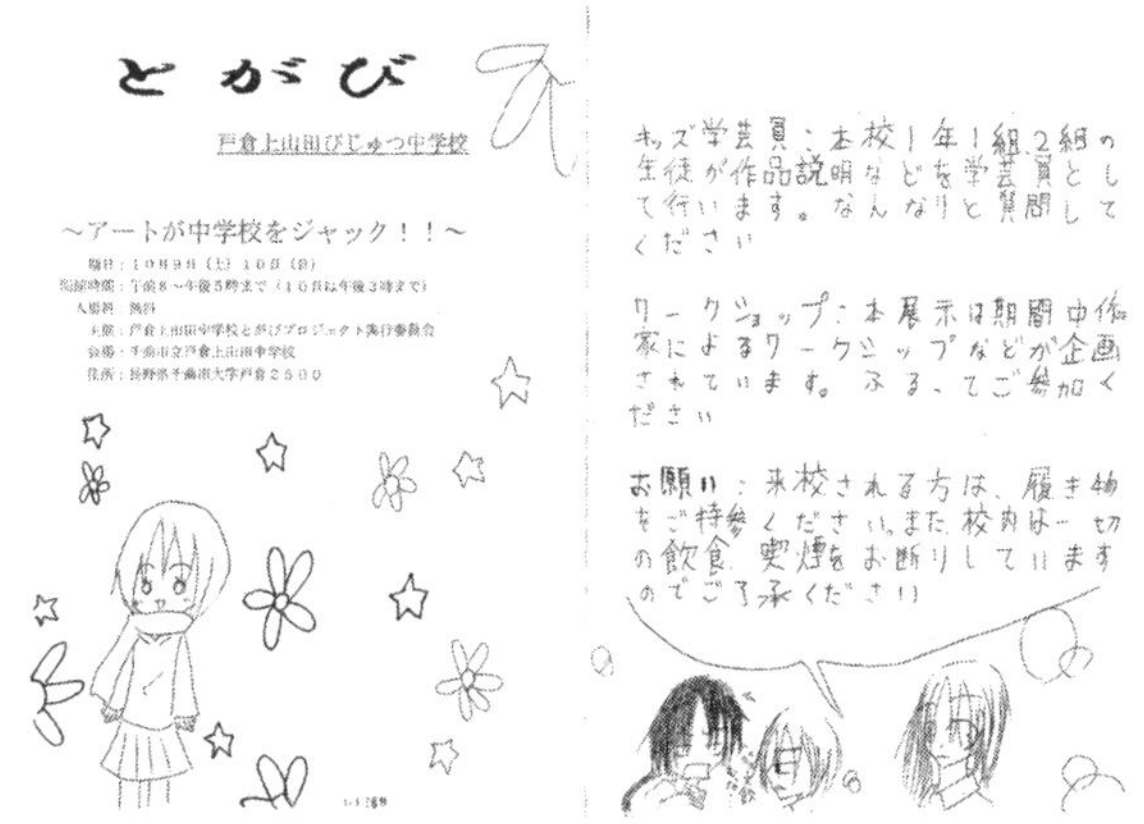

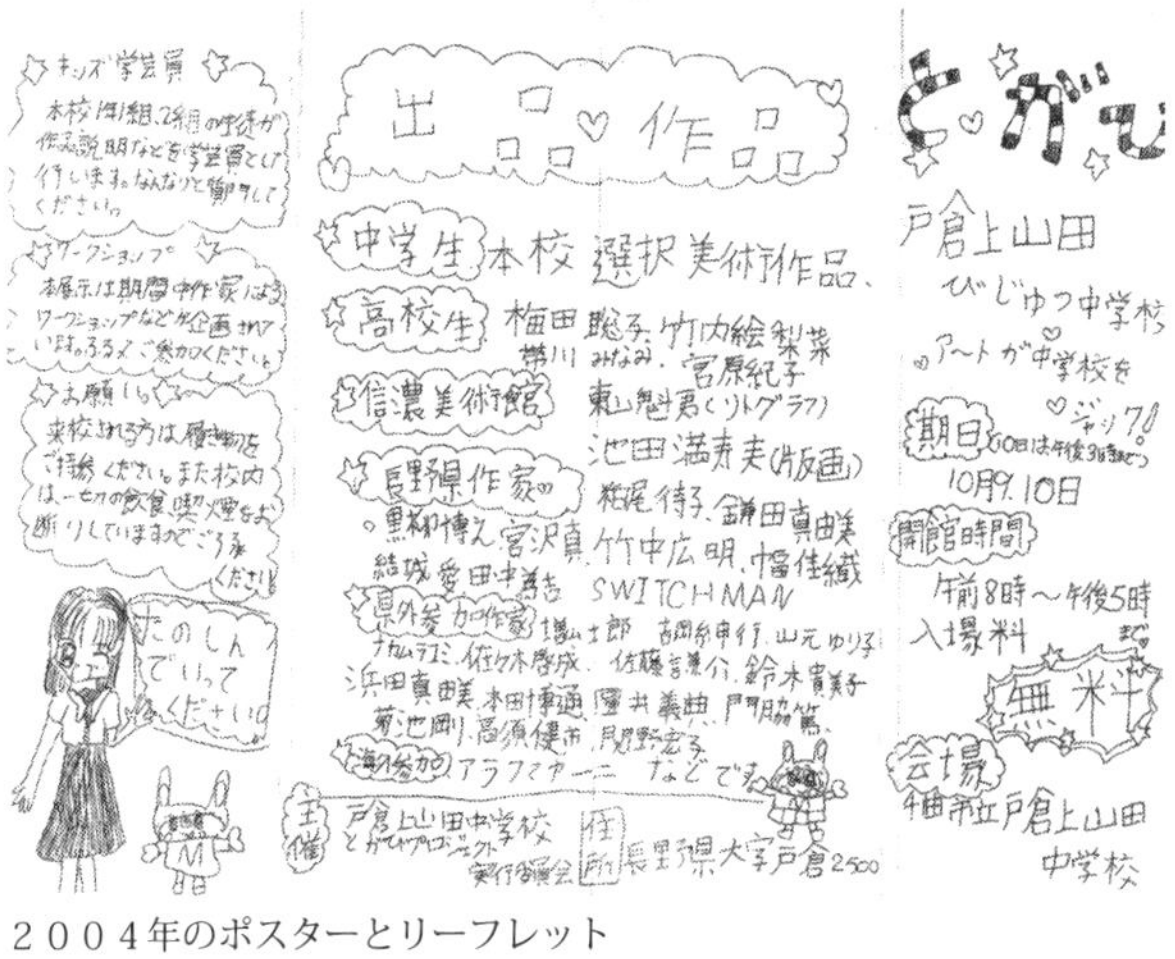

２００４年のポスターとリーフレット

2007年のリーフレット表紙

2006年のリーフレット表紙

2007年のリーフレットの中面

2012年のポスター

2009年のリーフレット表紙

2012年のリーフレットの中面

著者紹介　◎―編集代表　●―編集

◎編集代表―茂木　一司　Kazuji MOGI

跡見学園女子大学文学部人文学科教授

専門：美術科教育・インクルーシブアート教育論

1956年　群馬県生／前橋市在住

筑波大学大学院修士課程芸術研究科デザイン専攻修了。九州芸術工科大学大学院博士後期課程芸術工学研究科情報伝達専攻修了。博士（芸術工学）。鹿児島大学教育学部講師・同助教授、群馬大学教育学部教授を経て、現職。構成教育（Basic Design）、R・シュタイナーの芸術教育から、身体・メディア＋学習環境デザイン＋アートワークショップ＋障害児の表現教育を経て、現在インクルーシブ・アート教育を研究中。"International Dialogues about Visual Culture, Education and Art"（共著、Intellect、2008）、『協同と表現のワークショップ　第2版』（代表編集、東信堂、2014）、『ワークショップと学び2　場づくりとしての学び』（共著、東京大学出版会、2012）、『色のまなび事典』（全3巻、星の環会、2015）、『美術教育ハンドブック』（共著、三元社、2018）、『美術教育学叢書①美術教育学の現在から』（共著、学術研究出版／ブックウェイ、2018）、『色彩ワークショップ』（日本色研事業、2020）、ほか。日本色彩教育研究会会長、一般社団法人ワークショップデザイナー開発機構代表理事、非特定営利法人まえばしプロジェクト理事。

●住中　浩史　Hiroshi SUMINAKA

美術家

専門：コミニュケーション型アートプロジェクト

1977年　広島県生／東京都在住

群馬大学教育学研究科修士課程教科教育実践専修美術教育修了。地域・学校「で」アートを行うのではなく、その地域・学校「の」アートは何かを模索しながら、制作・行為・対話の中で実践する。主な活動は新しいドラマが生まれる「場づくり」と、今起きているドラマが加速する「アイテムづくり」を行う。これらのコンセプトは、とがびにて「廊下アートセンター」のプロジェクトを実施後明確になった。「つながる装置、仕組みを考える」プロジェクト（wican）「つなぐ場づくりでつなぐ人づくりの連続講座」（茅野市民館）「DASHI-JIN プロジェクト」（ポータルミュージアムはっち）「アーツ六中プロジェクト」（アーツ前橋アーティスト・イン・スクール事業）など様々なコミュニティや学校にまつわるプロジェクトを実施。

●春原　史寛　Fumihiro SUNOHARA

武蔵野美術大学芸術文化学科准教授

専門：日本近現代美術史・美術科教育研究・博物館学

1978年　長野県生／東京都在住

筑波大学芸術専門学群芸術学専攻卒業。筑波大学大学院博士後期課程人間総合科学研究科芸術専攻修了。博士（芸術学）。財団法人大川美術館（現・公益財団法人大川美術館）学芸員、山梨県立美術館学芸員、山梨県立博物館学芸員、群馬大学教育学部准教授を経て、現職。

●中平　紀子　Noriko NAKAHIRA

千曲市立屋代中学校教諭

1973年　長野県生／長野市在住

東京家政大学服飾美術学科美術専攻卒業。長野県諏訪養護学校、長野市立東部中学校、千曲市立戸倉上山田中学校、小布施中学校を経て、現職。2007～2013年まで夫の千尋の後任として、とがびプロジェクトを引き継ぎ、運営する。

●Nプロジェクト　N Project

「美術を好きになってもらいたい」という思いから、美術教論・中平千尋氏が発案、「中学校を美術館にしよう」を合い言葉に2004年から始まったアート・プロジェクト。その意思を引き継ぎ、とがびのアーカイブを作成するプロジェクトでAAF2016に参加し、Facebook等で発信している。メンバー：中平紀子　小林稜治　大久保みさ。

伊藤 羊子 Yoko ITO
（一財）長野県文化振興事業団 芸術文化推進室次長
専門：日本中近世美術史
1968年 静岡県生／長野市在住
実践女子大学大学院修士課程文学専攻（美術史学）修了。一般財団法人長野県文化振興事業団 長野県立歴史館学芸員、長野県信濃美術館学芸員、同館学芸課学芸係長を経て、現職。現在、全国一の数を誇る長野県のミュージアム（美術館、博物館等）の連携事業に従事。

乾 茂樹 Shigeki INUI
京都市立藤森中学校教諭
1967年 兵庫県生／京都市在住
京都精華大学美術学部造形学科立体造形卒。1995年より京都市公立中学校勤務、2010年より現職。

大澤 寅雄 Torao OOSAWA
（株）ニッセイ基礎研究所芸術文化プロジェクト室主任研究員、九州大学ソーシャルアートラボ・アドバイザー、NPO法人アートNPOリンク理事、NPO法人STスポット横浜監事
専門：文化生態観察
1970年 滋賀生／福岡県在住
慶應義塾大学卒業後、劇場コンサルタントとして公共ホール・劇場の管理運営計画や開館準備業務に携わる。2003年文化庁新進芸術家海外留学制度により、アメリカ・シアトル近郊で劇場運営の研修を行う。帰国後、NPO法人STスポット横浜の理事および事務局長、東京大学文化資源学公開講座「市民社会再生」運営委員を経て現職。共著＝『これからのアートマネジメント〝ソーシャル・シェア〟への道』『文化からの復興 市民と震災といわきアリオスと』『文化政策の現在3 文化政策の展望』。

大島 賢一 Kenichi OOSHIMA
信州大学学術研究院教育学系助教
専門：美術教育
1979年 兵庫県生／長野市在住
東京学芸大学大学院連合学校教育学研究科学校教育学専攻修了。博士（教育学）。2012年より現職。美術教育史を中心として研究を行っている。近年の論文に、「ハーバート・リードとトマス・マンローの美術教育と国際理解思想—InSEA設立に関わる言説をめぐって—」（2014）、「長野県教育界における石井鶴三の受容—『信濃教育』掲載の石井鶴三言及記事の検討—」（2017）など。

加藤 種男 Taneo KATO
クリエイティブ・ディレクター
1948年生
アサヒビールでアサヒ・アートフェスティバル（AAF）など多様なプロジェクトを立ち上げる。草の根市民社会の創造的ネットワークを提唱して、アートNPOフォーラムを立ち上げる。すべての人が創造的になる社会をめざして『創造列島（Creative Archipelago）』を提唱。横浜市芸術文化振興財団専務理事等を歴任し、創造都市横浜の基礎を築く。企業メセナ協議会専務理事などを歴任し文化政策を提言。2008年度芸術選奨文部科学大臣賞受賞。『芸術文化の投資効果 メセナと創造経済』（水曜社、2018）など。

門脇 篤 Atsushi KADOWAKI
現代アーティスト
1969年 宮城県生／仙台市在住
東京外国語大学アラビア語学科卒。2003年仙台市中心部の商店街でのアートプロジェクトに参加したことから誰かと協働してつくる表現活動に興味をもち、現在も各地で取り組みをつづけている。復興住宅での「おしるこカフェ」、障がいのある人たちとのアートな仕事づくり「アート・インクルージョン・ファクトリー」、いろいろな人と作るラッププロジェクト「ラップ・インクルージョン」、インドネシア・アチェでの「アチェ＝ジャパン・コミュニティアート・プロジェクト」など。

熊倉 敬聡 Takaaki Kumakura
芸術文化観光専門職大学教授
専門：芸術学、文化実践
1959年 新潟県生／京都府在住
パリ第7大学大学院博士課程修了。博士（文学）。慶應義塾大学教授、京都芸術大学教授を経て現職。フランス文学・思想、特にステファヌ・マラルメの貨幣思想を研究後、コンテンポラリー・アートやダンスに関する研究・批評・実践等を行う。大学を地域・社会へと開く新しい学び場「三田の家」、社会変革の〝道場〟こと「Impact Hub Kyoto」などの立ち上げ・運営に携わる。主な著作に『藝術2.0』、『瞑想とギフトエコノミー』、『汎瞑想』、『美学特殊C』、『脱芸術／脱資本主義論』などがある。

斉藤 篤史 Atsushu SAITOU
元長野県軽井沢高等学校美術科教諭／カルビ顧問
長野県上田染谷丘高等学校
1973年 長野県上田市生まれ。
東京造形大学彫刻科卒業。高校美術教諭として授業・生徒会・美術部を通して活動を校内外で展開。主な活動に「アサヒアートフェス中学校を美術館にしよう〜とがび〜」、「アーツ千代田3331マルビ展」、「梅野記念絵画館マルビ展」、「北御牧芸術むら公園こどもワークショップ」、NBS長野放送「カルビ〜人生の変わる美術室〜」ドキュメンタリー番組放映（フォーカス信州）、「軽井沢千住博美術館ギャラリーカルビ展」、「おひさまクラブ幼稚園こどもワークショップ」、「JR長野新幹線20周年記念CM・ポスター制作」等がある。

塩川　岳　Takeshi SHIOKAWA
美術家
専門：アートコミュニケーション　現代美術
1966年　東京都生／東久留米市在住
多摩美術大学大学院美術研究課修了　群馬大学長期研修院美術教育在籍
「出前アート大学」「ワークショップ×ワークショップedu」「美術部長はアーティスト」「ピカソの気持ち」など、学校とアートをつなぐプロジェクトを企画・実施。

神野　真吾　Shingo JINNO
千葉大学教育学部准教授
専門：芸術学
1967年　横浜市生／千葉市在住
東京藝術大学大学院美術研究科博士前期課程修了（美学）。芸術学修士。山梨県立美術館学芸員を経て、2005年より現職。社会と美術／美術教育の関係について理論的、実践的研究に取り組む。千葉市美術館と千葉大学の協同プロジェクト「千葉アートネットワーク・プロジェクトWiCAN」代表。『社会の芸術／芸術という社会』（2016）、『美術教育ハンドブック』（2018）ほか。

杉浦　幸子　Sachiko SUGIURA
武蔵野美術大学芸術文化学科教授
専門：美術館教育、鑑賞教育、プロジェクトマネジメント
1966年　東京都生／東京都在住
お茶の水女子大学文教育学部哲学科美学美術史専攻卒業。ウェールズ大学大学院教育学部修了。修士（教育学）。横浜トリエンナーレ2001教育プログラム担当、森美術館パブリックプログラムキュレーター、京都造形芸術大学プログラムコーディネーターを経て、現職。現在、乳児による美術館体験の可能性を研究中。『ミュゼオロジーの招待』（共著、2016）ほか。

芹沢　高志　Takashi SERIZAWA
P3 art and environment 統括ディレクター
専門：環境計画・アートプロデュース
1951年　東京都生/東京都在住
神戸大学理学部数学科、横浜国立大学工学部建築学科卒業。生態学的地域計画の研究に従事したあと、1989年、P3 art and environmentを設立。以後、現代美術、環境計画を中心に数多くのプロジェクトを展開する。アサヒ・アート・フェスティバル事務局長（2003〜2016）、横浜トリエンナーレ2005キュレーター、別府現代芸術フェスティバル「混浴温泉世界」総合ディレクター（2009、2012、2015）、さいたまトリエンナーレ2016ディレクターなどを歴任。『月面からの眺め』（1999）、『別府』（2012）ほか。

高尾　隆　Takashi Takao
東京学芸大学芸術・スポーツ科学系音楽・演劇講座演劇分野准教授
専門：インプロ（即興演劇）、吹奏楽教育
1974年　島根県生／東京都在住
一橋大学大学院社会学研究科博士課程修了。博士（社会学）。一橋大学学生支援センター専任講師、東京学芸大学特任准教授を経て現職。
インプロでは、学校・劇場・企業・地域などでワークショップをおこない、主宰するインプログループ「即興実験学校」では舞台にも立つ。吹奏楽教育では、ノーステキサス大学音楽学部吹奏楽研究室で指揮法・指導法を学び、学校吹奏楽部で指導にあたりながら実践と研究を進めている。著書に『インプロ教育：即興演劇は創造性を育てるか?』（単著、フィルムアート社、2006）、『インプロする組織』（共著、三省堂、2012）などがある。

日沼　禎子　Teiko HINUMA
女子美術大学教授、アート・プロデューサー、キュレーター
1999年より国際芸術センター青森（ACAC）の設立に関わり、2011年まで同学芸員としてアーティスト・イン・レジデンス（AIR）事業を担当。AIRを中心とした展覧会、アート・プロジェクトを数多く手がけ、さいたまトリエンナーレ2016ではプロジェクトディレクターを務めた。2013年より、陸前高田市におけるAIRプログラムを新たに立ち上げ、現在、プログラムディレクターを務める。緑と花と彫刻のミュージアム（山口県宇部市）アート・ディレクター等を兼務。

圓井　義典　Yoshinori MARUI
東京工芸大学芸術学部教授
専門：写真制作・写真表現史・写真論
1973年　大阪府生／東京都および群馬県在住
東京藝術大学美術学部デザイン科卒業、東京綜合写真専門学校研究科修了。現在、制作と理論の両面から写真と記憶の関係性を研究中。展覧会に「点ー閃光」（個展、2016）、「沖縄プリズム　1872-2008」（グループ展、2008）ほか。論文・著書に「ホワイトヘッドの抱握理論の写真への適用」（論文、2017）、『圓井義典　2000-2010』（写真集、2010）など。

三澤　一実　Kazumi MISAWA

武蔵野美術大学教授
専門：美術教育・鑑賞教育

1963年　長野県生／東京都在住
東京芸術大学大学院美術研究科修士課程修了。埼玉県の公立中学校美術教員、埼玉県立近代美術館主査、文教大学専任講師を経て、現職。「旅するムサビ」など、美術館と学校との連携および地域との連携活動を展開している。美術教育と美術教材の題材開発及び評価について研究する。『美術教育の題材開発』（武蔵野美術大学出版局）など。

山本　耕一郎　Kouichirou YAMAMOTO

コミュニティアーティスト、まちぐみ組長、barスマモリ店長

1969年　名古屋生／青森県八戸市在住。

筑波大学卒業。英国Royal College of Art大学院修了。「うわさプロジェクト」や「このまちのカレンダー（まちカレ）」、「barスマモリ」など、全国で地域と深く関わるプロジェクトを展開中。

2014年より八戸市中心街で『なんか楽しそう』をつくり出す市民集団「まちぐみ」を発足し、南部菱刺しや南部せんべいなどの地域の宝を市民とおもしろく発信するプロジェクトを進行中。http://machigumi.main.jp/blog/

Art Lab Ova（スズキクリ＋蔭山ヅル）

アーティスト・ランの非営利団体として1996年に設立。2010年、多文化な下町若葉町にある独立系映画館「シネマ・ジャック&ベティ」のとなりにアートスペース「横浜パラダイス会館」を開設。現在ブラジル炭火焼肉屋「ガウシャ」とコンテンポラリーダンサー青山るり子（モン族のパートナーと2児を子育て中）ともシェアしながら、アトリエ、フリーマーケット、喫茶など状況に応じて変化する多目的なスペースとして運営中。毎年夏に「よこはま若葉町多文化映画祭」と「横浜下町パラダイスまつり」を同時並行開催している。Art Lab Ovaは、日常の風景・場景の奥行きと広がりをみつめ、それらを自分たちを含めた〈状況〉としてとらえ、同じ日常の地平において、関わりとしての表現を試行しています。

編集　茂木　一司（代表）
　　　住中　浩史
　　　春原　史寛
　　　中平　紀子
　　　Nプロジェクト

新版増補　とがびアートプロジェクト──中学生が学校を美術館に変えた

2019年2月10日　初　　版　第1刷発行
2021年8月30日　新版増補　第1刷発行

編集代表©茂木一司　発行者　下田勝司
印刷・製本／中央精版印刷
東京都文京区向丘1-20-6　郵便振替　00110-6-37828
〒113-0023　TEL (03)3818-5521 FAX (03)3818-5514
Published by TOSHINDO PUBLISHING CO., LTD.
1-20-6, Mukogaoka, BUnkyo-ku, Tokyo, 113-0023 Japan
E-mail: tk230444@fsiner.or.jp　Http://www.toshindo-pub.com
発行所
株式会社　東信堂
ＩＳＢＮ 978-4-7989-1730-6　C3037